"十三五"国家重点出版物出版规划项目

中国道路

社会建设卷

中国农村劳动力转移与农民工市民化

RURAL LABOUR FORCE MIGRATION AND MIGRANT WORKER URBANISATION IN CHINA

冉昊 著

中国财经出版传媒集团
经济科学出版社
Economic Science Press

图书在版编目（CIP）数据

中国农村劳动力转移与农民工市民化/冉昊著．—北京：经济科学出版社，2017.9（2018.5重印）

（中国道路·社会建设卷）

ISBN 978-7-5141-8477-8

Ⅰ．①中⋯ Ⅱ．①冉⋯ Ⅲ．①农村劳动力-劳动力转移-研究-中国②民工-城市化-研究-中国 Ⅳ．①F323.6②D422.64

中国版本图书馆 CIP 数据核字（2017）第 236159 号

责任编辑：何　宁
责任校对：隗立娜
责任印制：李　鹏

中国农村劳动力转移与农民工市民化
冉昊　著

经济科学出版社出版、发行　新华书店经销
社址：北京市海淀区阜成路甲 28 号　邮编：100142
总编部电话：010-88191217　发行部电话：010-88191522
网址：www.esp.com.cn
电子邮件：esp@esp.com.cn
天猫网店：经济科学出版社旗舰店
网址：http://jjkxcbs.tmall.com
北京季蜂印刷有限公司印装
710×1000　16 开　19 印张　250000 字
2017 年 9 月第 1 版　2018 年 5 月第 2 次印刷
ISBN 978-7-5141-8477-8　定价：57.00 元
（图书出现印装问题，本社负责调换。电话：010-88191510）
（版权所有　侵权必究　举报电话：010-88191586
电子邮箱：dbts@esp.com.cn）

《中国道路》丛书编委会

顾　　　问：魏礼群　马建堂　许宏才

总　主　编：顾海良

编委会成员：（按姓氏笔画为序）
　　　　　　马建堂　王天义　吕　政　向春玲
　　　　　　陈江生　季　明　季正聚　竺彩华
　　　　　　周法兴　赵建军　姜　辉　顾海良
　　　　　　高　飞　黄泰岩　魏礼群　魏海生

社会建设卷

主　　　编：陈江生　向春玲

《中国道路》丛书审读委员会

主　任：吕　萍

委　员：（按姓氏笔画为序）
　　　　刘明晖　李洪波　陈迈利　柳　敏

总　　序

中国道路就是中国特色社会主义道路。习近平总书记指出，中国特色社会主义这条道路来之不易，它是在改革开放三十多年的伟大实践中走出来的，是在中华人民共和国成立六十多年的持续探索中走出来的，是在对近代以来一百七十多年中华民族发展历程的深刻总结中走出来的，是在对中华民族五千多年悠久文明的传承中走出来的，具有深厚的历史渊源和广泛的现实基础。

道路决定命运。中国道路是发展中国、富强中国之路，是一条实现中华民族伟大复兴中国梦的人间正道、康庄大道。要增强中国道路自信、理论自信、制度自信、文化自信，确保中国特色社会主义道路沿着正确方向胜利前进。《中国道路》丛书，就是以此为主旨，对中国道路的实践、成就和经验，以及历史、现实与未来，分卷分册作出全景式展示。

丛书按主题分作十卷百册。十卷的主题分别为：经济建设、政治建设、文化建设、社会建设、生态文明建设、国防与军队建设、外交与国际战略、党的领导和建设、马克思主义中国化、世界对中国道路评价。每卷按分卷主题的具体内容分为若干册，各册对实践探索、改革历程、发展成效、经验总结、理论创新等方面问题作出阐释。在阐释中，以改革开放近四十年伟大实践为主要内容，结合新中国成立六十多年的持续探索，对中华民族近代以来发展历程以及悠久文明传承进行总结，既有强烈的时代感，又有深刻的历史感召力和面向未来的震撼力。

丛书整体策划，分卷作业。在写作风格上注重历史与现实、理论与实践、国内与国际结合，注重对中国道路的实践与经验、过程与理论作出求实、求真、求新的阐释，注重对中国道路作出富有特色的、令人信服的国际表达，注重对中国道路为发展中国家走向现代化和为解决人类问题所贡献的"中国智慧"和"中国方案"的阐释。

在新中国成立特别是改革开放以来我国发展取得重大成就的基础上，近代以来久经磨难的中华民族实现了从站起来、富起来到强起来的历史性飞跃，中国特色社会主义焕发出强大生机活力并进入了新的发展阶段，中国特色社会主义道路不断拓展并处在新的历史起点。在这新的发展阶段和新的历史起点上，中国财经出版传媒集团经济科学出版社精心策划、组织编写《中国道路》丛书有着更为显著的、重要的理论意义和现实意义。

《中国道路》丛书2015年策划启动，首批于2017年推出，其余各册将于2018年、2019年陆续推出。丛书列入"十三五"国家重点出版物出版规划、国家主题出版重点出版物、项目和"90种迎接党的十九大精品出版选题"。

《中国道路》丛书编委会
2017年9月

目 录

导论 中国农村劳动力转移与农民工市民化的基本理论与国际经验借鉴 …………………… 1

 一、中国农村劳动力转移的基本理论和国际经验借鉴 / 1

 二、中国农民工市民化的基本理论和国际经验借鉴 / 7

第一章 中国农村劳动力转移与农民工市民化的改革历程 …………………… 14

 一、中国农村劳动力转移的改革历程 / 14

 二、改革开放以来中国农民工市民化的改革历程 / 26

第二章 中国农民工市民化改革和发展的成效 ………… 34

 一、农民工市民化的"供给侧"改革 / 34

 二、农民工市民化的经济成效 / 38

 三、农民工市民化对消费需求的提振 / 45

 四、农民工市民化推动社会与人口结构的改变 / 52

第三章 中国农村劳动力转移与中国农民工市民化的实践探索 …… 55

一、中国农村劳动力转移实践探索的三重维度 / 55
二、中国农民工市民化实践的制度条件 / 63
三、中国农民工市民化的结构性探索 / 83
四、中国农民工市民化的社会性探索 / 99
五、中国农民工市民化的成本要素探索 / 112

第四章 中国农民工市民化的新挑战 …… 132

一、中国农民工市民化的公民资格、社会权利与劳动权益挑战 / 132
二、中国新生代农民工市民化的出现及挑战 / 150
三、中国农民工市民化的政治参与 / 163

第五章 中国农民工市民化的创新 …… 174

一、中国农民工市民化的制度与结构化创新 / 174
二、中国农民工市民化的主体性路径创新 / 200
三、中国农民工市民化的治理创新 / 211

第六章 中国农村劳动力转移与农民工市民化实践探索和创新对传统理论的挑战与拓展 …… 236

一、中国经验验证了古典理论的局限与不足 / 236
二、发展理论之于中国经验的适用性 / 243
三、结构理论对中国经验的贡献与局限 / 253
四、市民化理论的创新 / 260

结语 农村劳动力转移与农民工市民化的中国道路 ……… 270

一、中国特色的农村劳动力转移与农民工市民化发展的有利条件 / 270

二、中国农村劳动力转移与农民工市民化的未来趋势 / 272

参考文献 / 278

导 论

中国农村劳动力转移与农民工市民化的基本理论与国际经验借鉴

中国农村劳动力转移与农民工市民化,是一对既有区别又有联系的命题。其区别在于,农村劳动力转移可能有多种渠道,既可以本地转移,也可以往城市转移,还可以往其他地区农村转移,甚至可以往国外转移;而农民工市民化则是一个具体而特定的过程,即它的流动主客体已经界定了。而两者的联系在于,一方面,农村劳动力转移可能是包含更大范畴的概念,而农民工市民化是包含于农村劳动力转移这个概念之中的,两者具有逻辑上的属种关系;另一方面,农民工市民化可能成为农村劳动力转移的一个结果,但不是唯一结果。导论部分将对中国农村劳动力转移与农民工市民化的基本理论与国际经验借鉴进行分析。

一、中国农村劳动力转移的基本理论和国际经验借鉴

中国农村劳动力转移的基本理论是什么?与老牌资本主义国家以及后发的东亚发展型国家相比,中国的农村劳动力转移又有何不同?本节将就以上问题进行分析。

（一）中国农村劳动力转移的基本内涵

对于农村劳动力的定义，国内学者并未达成一致的意见。一般认为，农村劳动力指户籍所在地为农村社区的人口中 15~64 周岁的男性和女性个人，主要是以中国特有的"户籍制度"定义的，它的范围不包括在校学生、服兵役人员，以及因身体原因不能劳动的人员。农村劳动力是按照劳动力的地域特征划分的，它与城镇劳动力相对应。

农业劳动力是按照劳动力所从事的产业划分的，与之相对应的是非农业劳动力，即从事工业或服务业的劳动力。农村劳动力与农业劳动力的概念不一样，二者包含的范围也不同，农村劳动力的范围更广些，根据定义农村劳动力可以划分为农村中从事农业生产活动的劳动力和从事非农业生产活动的劳动力。现实中，与农村劳动力相对应的城镇劳动力一般都从事于第二、第三产业，这样农村劳动力就包括了农业劳动力和从事非农生产活动的农村劳动力。

农村劳动力转移体现为产业层面、制度层面、意识层面三个层次的转变。产业层面的转变是劳动力生计来源变迁的主要体现，也是农村劳动力转移的基本表现。制度层面的转变构成劳动力变迁的路径依赖，构成农村劳动力转移的激励与约束框架意识层面的转变，既是劳动力经济层面变迁的体现，又形成新的心智范式，并构成劳动力效率改进的根本源泉。总体来看，转型时期，农村劳动力转移不仅包括产业层面的生计来源的转变，还包括政治层面的生产关系的重构，更有意识层面的劳动力心智范式的重塑。

（二）中国农村劳动力转移的总体特点

一是"渐进转移"。也就是分阶段促进农村劳动力转移就业和融入城市。20 世纪 80 年代逐步放松农民"离土"的限制，允许农民"离土不离乡,进厂不进城";90年代逐步消除农民"离乡"的限制,允许农民跨地区流动和进城打工;进入21世纪,逐步放宽对农民工在城镇落户定居的限制,确保农村人口转移和城镇化有序推进。已经由农业领域转向非农领域的劳动力,仍然长期与农村保持着千丝万缕的联系,他们的根基依旧在农村,并没有完成由农民向市民的彻底转化。"离土不离乡""离乡不离土""进厂不进城",这种现象在农业剩余劳动力转移中是普遍存在的。以吉林省为例,据抽样调查资料显示,2001年吉林省外出劳动力为167.3万人,多为省内周边地区,其中1年内外出打工时间在1~5个月的有104万人,占转移劳动力总数的62.5%[①]。

二是"保障地权"。坚持依法保障农民的土地承包经营权,让农民既进得了城,又回得了乡,能够在城乡间双向流动、进退有据,不会既失业又失地,确保在农业不衰退、农村不凋蔽、农民不破产的情况下推进工业化、城镇化进程。

三是从人口文化素质来看,转移出去的农业剩余劳动力文化水平普遍偏低。进城农民主要从事工业、建筑业、商业、饮食业等劳动密集的、体能消耗大的初级服务性行业,这与他们文化素质普遍不高,缺乏专业技能培训密切相关。另外,优先转移出去的往往是那些具有高中及以上文化程度的劳动力,然后是那些具有初中文化水平的就业人口,剩下文化水平低的农业剩余劳动力适应不了非农产业、城镇化的发展,转移具有一定难度。

四是从人口的流向来看,农业剩余劳动力主要是从农村流往城市,从内地流往沿海,由北往南,广东、上海、北京、江苏、浙江、福建等省市是农民工流动的主要目的地,这些省市经济发展领先于全国,吸引了大量农业富余劳动力来此就业,而四川、

[①] 鲁燕、于素秋:《中国农业剩余劳动力转移问题研究》,载于《人口学刊》2006年第1期。

河南、安徽、湖南、湖北、江西等省是人口的主要流出地。

（三）中国农村劳动力转移的国际经验借鉴

1. 老牌资本主义国家农村劳动力转移：工业化、集中化和国家主导。

（1）工业化直接推动农村劳动力的转移。作为工业革命发源地的英国，16世纪以后，由于毛纺织业的迅猛发展以及世界市场的开辟，使得毛纺织品供不应求，羊毛的需求量大增，羊毛的价格不断上涨，养羊业成为获利丰厚的产业，于是领主们开始了大规模的"圈地运动"，将农民赖以生存的土地用篱笆圈起来，变成领主私有的牧场或农场。失去了土地的农民受到生存的压力，被迫涌入城市。而城市由于制造业的机械化和工厂化使其生产规模急剧扩大，正遇到劳动力严重短缺的难题，众多无地农民的流入，正好充当了廉价的劳动力，机器、劳动力、纺织业原料自然地结合在一起，造就出机器大生产制度下新的生产力。工业的发展带动与之相关的采矿、建筑、交通运输、商业和其他服务业的发展，从而使容纳劳动力的空间大大拓展，为农村人口进城准备了充足的就业岗位。英国的农民就是在这样一个工业化逐步向更广阔领域展开的宏大潮流中，离开土地，转移到非农产业，移居进城市，成为市民阶层的。

（2）农村人口主要向大城市转移，走的是"集中式"转化道路。美国是一个移民国家，欧洲移民的快速增长是美国城市化的最初动因，而欧洲移民及两次世界大战时期的迁移人口流向的主要目标就是大城市。美国式的城市化以大城市为战略重点，时间短、势头猛，城市化开始之前，城市规模一般都不大，城市化过程中，城市不断扩张，企业纷纷向城市迁移，电车、地铁、高架公路、摩天大楼等相继在城市出现，城市人口越聚越多，许多中小城市迅速成长为大城市、超大城市。这种以大城市为主体的城镇体系结构容易产生人口过多、空间拥挤、管理低效、资源短

导论　中国农村劳动力转移与农民工市民化的基本理论与国际经验借鉴

缺等"大城市病"。

（3）在农村劳动力转移过程中，老牌资本主义国家政府采取了国家干预的做法。在工业革命之前，英国的人口流动受旧时法律的限制，农村劳动力转移较为困难。工业革命之后，为了满足工业对劳动力的需求，英国政府颁布了一系列法律，逐步放宽对居民迁移的限制，如1795年的《贫民迁移法》和1846年的《贫民迁移法（修正案）》，允许居民在规定的教区内迁移；1865年英国议会通过了《联盟负担法》，扩大了救济贫民的区域范围和贫民的居住地范围，限制人口流动的法律制度障碍彻底消除，农村迁移人口数量大幅度增加。实际上，始于15世纪初一直持续至18世纪的圈地运动，本身就是英国政府用强力手段消灭小农经济的过程，这是英国所独有的现象，也是政府强制性干预农村劳动力转移的表现。

2. 东亚发展型国家农村劳动力转移：产业政策导向和农业政策调整。

（1）以制造业出口为导向的工业化发展模式为农村劳动力的转移创造了积极条件。例如，韩国是第二次世界大战后亚洲地区经济迅速起飞的国家之一，其经济起步首先是从制造业开始的，当时韩国政府认为，在自然资源缺乏、人多地少的国度里搞农业为基础的发展是不可能的，结合当时的国际环境，选择了先轻后重、先工后农、以制造业出口为导向的经济启动战略。从20世纪60年代初开始，韩国大力发展轻纺工业品的出口，以轻纺工业品出口生产为杠杆，不仅实现了工业的增长，也带动了其他产业的发展。以轻纺工业品为主体的外向型工业化的迅速发展，促进了农村劳动力的转移，加速了韩国的城市化进程，受出口导向工业化发展模式的驱动，大量的农村人口进入城市成为产业工人，城市人口逐渐增加，韩国进入城市化快速发展的时期。

（2）劳动密集型企业成为吸纳农村劳动力转移的最重要途

径。例如，韩国政府先后采取了经济优先、企业第一的新政策，有力地促进了劳动密集型企业的新发展。据统计，韩国从 1960 年开始至 1980 年平均每年至少有 1 万家新的法人企业诞生，其中劳动密集型企业大约占 70% 的比重。企业的连年猛增创造了足够的产业空间，充分扩展的劳动密集型企业成为吸收农村劳动力转移的最重要途径，有数据显示，从 1960~1980 年，韩国农村人口在总人口中的比重从 66% 下降至 34%，减少了近 50%。[①]这种劳动密集型经济增长阶段，保证了社会成员较高的就业水平，韩国之所以能够进入第二次世界大战后全球农业劳动力转移较为成功的国家行列，劳动密集型的经济发展战略在解决农业富余劳动力转移问题上无疑发挥了重要作用。

（3）农村劳动力的转移和工农整合发展政策，实现了农业现代化，统筹了城乡发展。例如，随着工业经济的迅速发展、农村劳动力的转移，韩国经济出现了不均衡的增长，农业被"无意识地忽视"了，农业和农村问题随之凸显出来。为扭转工农业两大部门经济发展不平衡的局面，韩国政府于 20 世纪 60 年代末提出"为实现农业现代化奠定基础"的发展目标，主动实施工农整合发展策略。通过多元化、多渠道的制度安排包括实行农产品价格保护政策、对农业进行资本投入补贴、进行农业机械化建设、培育农作物高产品种等，推动"新村运动"，振兴农业，增加农业收入，实现工农业均衡发展。韩国政府对农业的政策调整，使传统农业生产方式发生了根本性突破，韩国实现了农业现代化，较好地解决了工农业之间、城乡之间统筹发展的难题。

3. 中国农村劳动力转移：政策限制和分散化。

（1）我国农村劳动力转移主要由社会主义的社会制度变革要求而起，并非工业化的直接推动。我国的社会主义工业化起始

[①] 史美兰：《农业现代化：发展的国际比较》，民族出版社 2006 年版，第 139~141 页。

于 1953 年，从此城市工业进入了大规模建设时期；随后的"大跃进"，全民办工业，在城市布置了很多大型工业项目；至改革开放之前，我国建立了独立的、完整的工业体系，城市工业获得了长足的发展。与工业化进程不相适应的是，由于我国长时期依靠农业积累支撑城市的工业化，加上对人口流动的严格限制，延迟了农村劳动力的转移过程。改革开放之后，我国对人口流动的限制逐步放宽，农民有了进城打工、就业的自由，同时政府出台了一系列鼓励、支持社队企业发展的方针、政策，乡镇企业逐渐兴起，大量农村劳动力步入乡镇企业这种"就地式"的转移路径。可以说，我国的农村劳动力转移是在改革开放之后才真正起步的，明显滞后于工业化的启动。

（2）我国农村劳动力转移的主要载体是小城镇、小城市，走的是"分散式"的转化道路。改革开放以后，我国采取了通过发展乡镇工业促进小城镇建设的策略，一度把发展小城镇作为推动城市化的单一模式，城市化的最初动力可以说是来自位于城镇体系基础部位的中小城市、小城镇的强大推力。受该城市化模式的影响，我国农村人口转移的主要目标也是指向数量众多的中小城市、小城镇，尽管现有大城市也有外来人口，但数量只占转移农民总量的一小部分，中小城市、小城镇是容纳农村人口的主体。这种分散型的城市化应避免的主要问题是，小城市、小城镇发展的失控和无序，齐头并进、小而全、同构化，小城镇布局的过度散乱、扩散、传播污染等。

二、中国农民工市民化的基本理论和国际经验借鉴

怎样理解中国的农民工市民化？它对我国的农业发展、城镇化建设以及经济增长等方面具有什么样的重要价值？老牌资本主

义国家与后发的东亚发展型国家或地区类似于我国农民工市民化的案例,对我国的农民工市民化有何种借鉴意义?本节将围绕上述问题进行分析。

(一) 中国农民工市民化的相关概念

关于农民工市民化的概念,有不同的定义。从类型进行定义,如有的认为农民工市民化需要转化的是户口性质、居住地域、所从事产业、文化(农民生活观念、思维方式、行为习惯和社会组织形态等)四个方面;[①] 有的认为农民工市民化包括身份转变、地域转换、职业和产业转换、农民工自身素质的提高以及农民工意识形态、价值观念、生活方式、行为方式和社会组织形态的变化;[②] 有的认为,农民工市民化包括职业身份的变换(非农化)、居住地域的转移(城市化)以及生活方式、角色意识、思想观念以及行为模式的变迁(城市化)三个方面。[③] 从过程进行定义,强调市民化主要是一种社会学术语,市民化的理论意涵包括:一方面农民在实现身份与职业转变之前接受现代城市文明的各种因子;另一方面在实现转变之后,发展出相应的能力(capability)来利用自身的市民权利,完全融入城市。因此,市民化是指作为一种职业的"农民"(Farmer or Cultivator) 和作为一种社会身份的"农民"(Peasant) 在向市民(Citizen) 转变的进程中发展出相应的能力、学习并获得市民的基本资格、适应城市并具备一个城市市民基本素质的过程。[④] 或者认为农民工市民

[①] 赵立新:《城市农民工市民化问题研究》,载于《人口学刊》2006年第4期;姜玉婷:《中国农民工市民化途径探析》,载于《新学术》2007年第4期。
[②] 王竹林:《农民工市民化的行为因素分析》,载于《西北工业大学学报》2007年第2期。
[③] 高峰:《苏南地区外来农民工市民化长效机制的构建》,载于《城市发展研究》2006年第4期。
[④] 郑杭生:《农民市民化:当代中国社会学的重要研究主题》,载于《甘肃社会科学》2005年第4期。

化是农民工在职业、地域和身份上向市民的转化过程,这一过程包括了农村退出、城市进入和城市融合三个相互联系的时序环节。① 从逻辑内涵进行定义,将农民工市民化分成广义和狭义分别阐述:狭义上说,指农民工获得与城市居民相同的合法身份和社会权利的过程;广义上说,指借助于工业化和城市化的推动,使传统农民在身份地位、价值观、社会权利及生活方式等方面向市民转化,实现城市文明的社会转变过程。②

(二) 中国农民工市民化的总体意义

当前,我国农村人口转移将进入"以技能提升促就业,以公共服务均等促定居"的阶段,农民工市民化将进入关键时期。推进农民工市民化的总体意义在于以下几个方面。

第一,推进农民工市民化对于农业现代化的发展有重要意义。一方面,我国"三农"问题突出,城乡居民收入差距持续扩大,根本原因在于农村人口多、农民转移不彻底、农业劳动生产率水平低。农民在户均不足半公顷的土地上搞农业,是不可能全部实现富裕的。只有减少农民、增加市民,从根本上改善城乡资源配置,才能扩大农业经营规模和农产品市场规模,才能为发展现代农业、持续增加农民收入创造条件,才能富裕农民和繁荣农村。另一方面,农民工市民化是转变农业经济增长方式的关键。大量的乡村劳动力滞留在农业内部,使我国农业表现为一种超小型的经营规模,以这种超小型经营规模为主要经营单位,不仅无法让农民致富奔小康,同时也不能实现农业与工业的互动发展,阻碍了整个经济发展的进程。由于进城农民不能获得城市户籍和平等地成为城市公共产品的供给对象,他们即使多年在城市

---

① 王竹林、王征兵:《农民工市民化的制度阐释》,载于《商业研究》2008年第2期。

② 何晓红:《农民工市民化的战略地位探析》,载于《红河学院学报》2006年第3期。

工作和生活，但大部分仍保留在农村的责任田，导致农地经营规模长期处于一种超小型状态。因此，只有通过农民工市民化来打破我国农业超小型经营规模的逻辑。

第二，推进农民工市民化有助于推进城镇化的健康发展。从第五次人口普查开始，我国将进城就业、居住半年以上的流动人口（主体是农民工）计入"城镇常住人口"。按照这一口径计算，目前每4个城镇常住人口中，就有1个是外来流动人口。[①]近年来，我国城镇化水平的提高很大程度上源于农民工进城就业。但是，在我国目前的城乡分割二元体制下，农民工仍被视为城市的"过客"，不能享受同城市居民同等的待遇，没有获得市民身份。从这个角度看，我国城镇化是"夹生"的。城镇化要以吸纳农民并使之向市民转变为目标。大量农民工不能沉淀在城镇，工业化进程与农民工市民化进程相脱节，是制约城镇化健康发展的一个突出矛盾。随着我国城镇化进程的加快，农村劳动力将继续大量涌向城市，推进农民工市民化是大势所趋。必须改变将进城农民工拒于城市社会之外的制度环境，促进农民工向市民角色的整体转型。

第三，推进农民工市民化可以确保我国宏观经济持续稳定增长。一方面，进城农民市民化可以为城市第二和第三产业发展提供充裕的劳动力。2004年，长江三角洲和珠江三角洲不同程度地出现了"民工荒"，原因之一就是进城农民工的劳动权益没有像城市正式职工那样得到正规制度的尊重和维护，工资水平长期偏低导致的。由于民工短缺，很多企业无法正常开工，不同程度地影响了生产。另一方面，进城农民市民化可以增加城市消费水平，扩大内需。如果农民工消费能从农村消费转型为城市消费，那么他们的人均消费水平将提高1.8倍。此外，其对住房、医疗

[①] 韩俊：《农民工市民化与公共服务制度创新》，载于《行政管理改革》2012年第11期。

以及对城市基础设施的需求,都将构成扩大内需的强大动力。

第四,推进农民工市民化有助于加快产业结构优化升级。农民工不能在城镇定居,流动性强,使企业不能形成稳定的、不断积累经验和技术的产业大军,对企业的人力资本积累、技术进步和产业升级造成了不利影响。无论是加强传统产业的技术改造,发展先进制造业,还是加快发展战略性新兴产业,都需要为农民工在城市定居创造条件,努力造就一支稳定而熟练的工人队伍。服务业是扩大就业的重要渠道,服务业发展的规模,与人口城镇化和人口集聚的规模密切相关。我国服务业发展严重不足,推进农民工市民化可以带动服务业发展,提高服务业比重,优化经济结构。

(三) 中国农民工市民化的国际经验借鉴

"农民工"是一个本土概念,在别的国家虽然并不存在这个概念,但类似的进程是有的,即农民的市民化。

1. 老牌资本主义国家农民市民化。

以英国为例。英国农村人口非农化的过程最早开始于11~12世纪大规模的农村劳动力转移,这是世界上第一次出现农村人口向城市持续转移的浪潮。这一时期迁移的主要群体是穷人,迁移的主要目的是为了生存,距离也比较长。在15~17世纪,英国又出现了第二次劳动力快速向城市转移的浪潮。这一时期迁移的主要群体是商人、工匠和青年人,迁移的目的是为了获得丰富的生活资料,迁移的距离较短。而英国劳动力流动最稳定、规模最大的时期是从18世纪下半叶的工业革命开始的。前两阶段虽然劳动力转移规模较大,但到工业革命前的18世纪60年代,英国的农业人口仍占80%以上,而此后的圈地运动使英国的农业人口骤降至总人口的25%。从转移模式来看,英国农村人口非农化主要是以圈地运动为核心的强制性转移模式。英国城镇非农产业所需要的劳动力主要也是通过暴力的方式从本国农村强制性转移出去的。①

2. 东亚发展型国家和地区农民市民化。

首先，东亚发展型国家中经济崛起和政治民主化较早的日本。日本是一个山地多、耕地少、土地贫瘠、资源缺乏，但劳动力资源十分丰富的国家。1947年，日本农村就业人口占总就业人口的比重约为54.2%，属于典型的"传统型"产业结构国家。此后，随着日本经济的高速发展，日本农村就业人口占总就业人口的比重急剧下降，1955年为40.2%，1975年为13.9%，1998年为5.2%。日本农村劳动力能够顺利转移出去，首先得益于其就业容量较大的非农产业，工业地区主导产业迅速发展所带来的就业机会的扩大是其根本原因。另外，迅速发展的机械工业、钢铁工业等产业大量吸收了从农村分离出来的剩余劳动力。日本政府在农村人口非农化过程中发挥了重要作用，针对本国人多地少、资源短缺的特点，对农村剩余劳动力转移进行了有效干预，通过立法等形式促进农业现代化，改变原有农业结构。多种因素共同促使日本农村人口非农化使其成为东亚发展型国家农民市民化成功模式的典范。

其次，韩国和中国台湾地区。韩国和我国的台湾地区是发展中国家和地区中农村剩余劳动力转移速度最快的。目前，它们的农业劳动力份额都已下降至20%以下，比第二次世界大战初期下降了50%以上。从具体的转移模式看，韩国选择了集中型转移方式，其农村剩余劳动力主要涌向大城市；而我国台湾地区则选择了分散化转移方式，其农村剩余劳动力的转移方向是多元的，既有向大城市流动的，也有向中小城市转移的，还有被农村非农产业吸收的。若从促使农村剩余劳动力转移的具体发展战略和政策上看，两者则有共同之处，一方面，韩国和我国台湾地区

---

① 王一：《农民工市民化的政策支持研究》，载于《改革与开放》2017年第2期。

资金都较为雄厚，这为农村剩余劳动力转移提供了资金保证；另一方面，韩国和我国台湾地区在经济起飞初期都实行了以劳动密集型工业为重点的工业发展战略，吸收了从农村分离出来的剩余劳动力。

3. 对中国农民工市民化的借鉴。

归纳国外及我国台湾地区的农民市民化历程，可以得到几点启示：一是要注意中国特色。以上各种农村剩余劳动力向城市转移的典型模式，其具体特点和效果千差万别，但有一个共同点，就是它们的农民一旦转移到城市就自动取得城市市民身份，成为城市市民中的一员，不存在类似我国大陆地区的户籍制度等原因造成的城市农民工和城市市民的制度分野和差异，更不存在着类似我国大陆地区农民工在城市与农村之间进行"候鸟型"转移的现象。因此，在制定政策时要充分考虑我国大陆地区城市化进程中农民—农民工—市民的特殊发展轨迹。二是要创造后发国家的优势。就相关经验来说，要统筹城乡发展，兼顾劳资利益，形成农民工市民化与城市和谐相处的状态。在农民工市民化过程中一定要坚持市场导向，保证农民在城市的就业，统筹城乡发展，推进农村土地等制度改革。三是要以人的现代化为导向。发达国家农民市民化早期并不重视流动农民的权利，我们在制定相关政策时要把农民工市民化与国家现代化进程的整体思路相衔接，真正重视农民工的权利保护，才能在国家治理体系与治理能力现代化的总体发展思路下不断完善农民工的市民化进程。

第一章

中国农村劳动力转移与农民工市民化的改革历程

中国农村劳动力转移与农民工市民化的历史变迁各有其脉络，但当前的很多研究往往将二者混为一谈。事实上，农村劳动力转移的历史渊源毫无疑问要早于农民工市民化——尤其当我们不对历史溯源做出任何限定的话。因此，我们有必要在一定的限定条件下，对其各自的发展改革历程重新进行梳理。本章将尝试这项工作。

一、中国农村劳动力转移的改革历程

如果不对农村劳动力转移做出限定，那么中国农村劳动力转移可以上溯两千年甚至更早。战乱引起的民族迁徙，和失地导致的流民产生，某种程度上也可以视为劳动力的转移。因此，本节把研究对象限定于中华人民共和国成立之后。然而即使从这个角度上说，农村劳动力转移的产生与发展过程，也早于农民工市民化的产生与发展过程。笔者大致把中国农村劳动力转移的改革历程划分为如下四个阶段。

（一）根本制度更替下的劳动力变革：农村劳动力自由流动（1949~1958年）

1949年新中国的建立标志着新民主主义革命的胜利。社会主义制度开始逐步在我国建立起来。这种根本制度变革下，劳动力的流动在事实上不受限制。在1958年以前，我国没有实施户籍制度，人口流动相对自由，故而农村劳动力流动也相对自由。这一阶段农村劳动力流动大致有两个方向：一是流动到农村的非农产业部门；二是流动到城市的工业部门。据统计，从1953~1957年，城市全民所有制工业部门的就业人数从510万人增加至2 316万人，年均增长35.3%，增量部分绝大多数来自农村劳动力。① 城市人口从1952年的7 000万人左右，增加至1957年的9 949万人。可见，在相对宽松的人口流动体制下，大量农村人口流动到城市并定居。

其中一个重要原因是，新中国成立初期，我国参照苏联的模式，将重工业放在优先发展的地位。为了实现工业的迅速发展，不得不牺牲农业的发展和农民的利益，工业建设的资金主要依靠工农业产品价格的"剪刀差"来实现。而由于重工业通常是资本密集型的，中国城市工业部门对农业劳动力的吸纳能力一直非常有限，以致工业产值在国内生产总值中所占的比重远远超过非农业劳动力在总人口中所占的比重。② 因此，城市工业部门迫切需要大量农村劳动力来弥补劳动密集型产业所需劳动力的短缺。

但这并不意味着人口流动的完全自由。无论在城市还是农村，政府对人口的必要管理始终存在。

一方面是城市的人口流动管理。1950年8月12日，中华人

---

① 张国胜：《中国农民工市民化：社会成本视角的研究》，人民出版社2008年版，第31页。
② 李俊：《工业化与城市化的变奏曲：我国人口流动历史考察》，载于《理论月刊》2012年第2期。

民共和国公安部总结新中国成立后十多个月的户籍管理工作经验，制定并在全国公安保卫系统内部颁发了《特种人口管理暂行办法（草案）》。这是新中国户籍管理制度开始形成的起点，标志着公安机关对重点人口的管理工作正式开始。特种人口分为两种："一、政治性：凡曾为反动党团、特务、军政官员，或为反动派掌握的外围组织之活动分子，尚无证明其确已改悔者，及有反革命可疑尚不足构成侦察条件者，均得认为政治性之特口。二、社会性：凡属封建地主、封建会门、散兵游勇、隐藏武器、扰乱金融、假冒伪造、抢劫偷盗、贩毒、窝娼等首要分子、可疑分子及前科犯、假释犯，均得认为社会性之特口。"①

1950年11月，第一次全国治安行政工作会议在北京召开，会议要求先在城市开展户籍管理工作并且制定了《城市户口管理暂行决定》（次年公布实施时改称《暂行条例》）。时任公安部部长罗瑞卿在这次会议的总结报告中指出："户籍工作是一件巨大的工作，做好了，对于我们保卫人民利益，发现和控制反革命分子的活动均有很大好处，并可得到很多国家施政参考的有价值的材料。……户籍工作必须从长远打算，不要想一下子就都做好了，但又要有计划有步骤的耐心去做。现在先在城市做起，农村户口工作，可从集镇试办，然后逐步推广。"②

另一方面是农村的流动人口管理。1953年4月18日，公安部发出通知③，要求各地公安机关在办理城乡居民户口迁移手续时，一律采用由公安部统一制定的《户口迁移证》。通知规定：迁移证的发放范围是迁出本户口管辖区的常住人口；中央直辖市和省辖市辖区内所用迁移证统一由市公安局印制，县、县级市和森林、矿区公安局所用迁移证由省、自治区公安厅印制；在设公

---

①② 王素善：《新中国户籍制度形成与演变过程的历史考察（1949~1978）》，中央党校硕士论文，2002年。

③ 此通知见公安部三局编印：《中华人民共和国户口管理资料汇编（1950~2014）》，中国人民公安大学出版社2015年版。

安派出所的地区，迁移证由公安派出所签发，未设公安派出所的地区，由乡（镇）人民委员会签发。①

1954年12月20日，内务部、公安部和国家统计局联合发出《关于共同配合建立户口登记制度的联合通知》，要求普遍建立农村的户口登记制度，加强人口统计工作，并确定了农村的户口登记工作由内务部主管，城镇、水上、工矿区、边防要塞的户口登记由公安部主管，人口统计资料的汇总业务由国家统计局负责的户籍管理格局。②

可以说，此时的户籍管理制度尚处于雏形，从效力上来说较弱，从范围上来说还不普及，因而政府对人口流动尤其是农村劳动力人口流动的管理仍然比较松散。但它却为1958年正式建立户籍制度奠定了基础。

（二）户籍制度始建：农村劳动力限制流动（1958~1978年）

这个阶段又分为两个时期，一是户籍制度的正式建立期；二是户籍制度的失序混乱期。

第一个时期是户籍制度的正式建立期。1958年1月9日，经全国人大常委会第九十一次会议讨论通过，毛泽东同日签署中华人民共和国一号主席令，颁布了新中国第一部户籍制度《中华人民共和国户口登记条例》（1958年1月9日起施行），确立了一套较完善的户口管理制度，它包括常住、暂住、出生、死亡、迁出、迁入、变更7项人口登记制度。

然而，1958年春夏之交紧随而至的"大跃进"运动，使得刚刚建立的户籍制度形同虚设。"大跃进"过程中，国家下放劳动权限后，各地又招收了大量农民临时工、预约工进城，这一方面造成农业生产缺乏劳动力，另一方面使城市人口再度急剧膨

---

①② 王素善：《新中国户籍制度形成与演变过程的历史考察（1949~1978）》，中央党校硕士论文，2002年。

胀。而就在"大跃进"运动迅猛发展的同时，新中国农村又掀起了"人民公社化"的运动高潮。伴随着大办工厂、大修水利、大炼钢铁运动，不少生产建设单位大量招用民工，出现了大批人口流动现象，新增职工数量迅速达2 082万人，城镇职工总数高达4 532万人，比1957年增加了67.5%。[①] 其结果是，大量农村劳动力离开土地，间接导致了粮食减产。

这个时期，农村流动人口管理的体制也在调整。人民公社化运动以后，原来的城市户口登记机关即公安派出所变成了人民公社的治安保卫部门，农村的户口登记机关即乡镇人民委员会已与公社合一，于是，具体的户口登记工作势必下放给人民公社的基层生产组织或社会组织，公社主要进行业务指导、调查研究和综合研究工作。1958年10月，公安部在《关于人民公社化后怎样管理农村户口的几点意见》中提出，户口管理工作"由人民公社管理，由生产队登记""人民公社，生产大队和生产队的户口管理人员，一般还是由会计员和计帐员兼任为好""户口登记簿可以和社员基本情况登记簿合而为一"等几条意见。从此，户政管理制度开始与人民公社制度相互融合，筑起城乡隔绝的两道闸门，成为稳定和维持城乡二元社会结构的两个最主要制度保障。[②]

直至1963年，"农业户口"与"非农业户口"的概念得到了官方的确认。1963年以后，公安部在人口统计中把是否吃国家计划供应的商品粮作为划分户口性质的标准，吃国家供应粮的居民即城镇居民被划归"非农业户口"，其余则被划为"农业户口"。在具体的管理形式上，非农业户口公民和农业户口公民所持有的《户口簿》是不同的。公安部统一制发的《常住户口登记表》的左上方显目位置上印有"户别"栏，专门用于区别

[①②] 王素善：《新中国户籍制度形成与演变过程的历史考察（1949～1978）》，中央党校硕士论文，2002年。

"农业"与"非农业"。①

第二个时期是户籍制度的失序混乱期。1966年"文化大革命"开始后，原有的户籍管理制度实际上已经不起作用，人口流动出现了罕见的"逆转移"。它主要体现在三个方面。

一是基层改造。从1967年6月开始，在贯彻毛泽东《五·七指示》的名义下，数百万党政干部被"下放"到山区、农村、基层和各种"五七干校"，其中许多干部家属的户口和粮油关系也随之迁移。②

二是知青"上山下乡"。1968年下半年，动乱局面稍有缓和，各地根据毛泽东"知识青年到农村去，接受贫下中农的再教育，很有必要"的号召，进行了广泛的动员工作，2 000多万大专院校和中学的学生被送往全国农村，从事农业产生劳动。③

三是"三线"建设。1969年9月以后，"三线"建设和军工生产扩大，国家分期分批地把大批沿海职工迁到内陆，规定内迁职工一律在内迁企业所在地落户，职工家属原是农村户口的，内迁后可在迁入地的农村落户。④

要言之，这种"逆转移"就是人口从城市大量涌向农村的状况。究其原因，一方面是"文革"造成的社会整体失序的涟漪效应；另一方面是当时国家实施的重工业优先发展战略带来的迟滞效应，即城市就业供给普遍不足，城市居民就业开始出现问题，而此前由农村转移到城市的大量劳动力更面临着失业和生活无据等问题，因而需要一个合理的渠道把这些劳动力转移出去。

(三) 改革开放：农村劳动力就地转移 (1978～1988年)

改革开放前后，政府对于人口流动尤其是农村人口流动的管理重新恢复了秩序。伴随着农村家庭联产承包责任制的改革，农

---

①②③④ 王素善：《新中国户籍制度形成与演变过程的历史考察（1949～1978）》，中央党校硕士论文，2002年。

村生产力水平得到了释放,农业生产力大幅度提高。这样一来,富余的农村劳动力又开始流动起来。但与此同时,在这一时期,由于城市的商品粮和副食品供给能力还比较低,大量的农村人口涌入城市,不仅会加重城市的负担,并进而影响到农业生产;城市的就业问题非常突出,企业、事业单位冗员充斥,同时还有大量的待业人员等待安置,解决城镇劳动力的就业安置问题是政府考虑的重点。因此,国家继续采取了严格限制农村劳动力向城市流动的政策。

在农村劳动力富余与城市对农村劳动力转移管制的双重压力下,农村劳动力的就地转移成了解决当时农村劳动力富余问题的重要途径。1981年12月30日,国务院下发了《国务院关于严格控制农村劳动力进城做工和农业人口转为非农业人口的通知》,要求对农村多余劳动力通过发展多种经营和兴办社队企业,实行就地安置,并提出了严格控制从农村招工,认真清理企业、事业单位使用的农村劳动力,加强户口和粮食管理等控制农村劳动力进城的具体要求。①

农村富余劳动力就地安置的具体方式,就是发展乡镇企业。乡镇企业和小城镇的发展使得农村劳动力可以进厂进镇,在本地域内(县以下乡镇)从事非农职业。就地转移吸收了大量的农村劳动力,增加了农民收入,避免了由于大量的农村人口流向城市而造成的"城市病",因此在当时被称为"具有中国特色的农村剩余劳动力转移的一条新路"。但转移出来的农村劳动力要么还是农村户口,要么与农村有着生产生活方面的紧密联系(如亦工亦农、家住农村),所以就地转移是不彻底的城市化。② 据统计,1978~1983年,乡镇企业总产值从493.07亿元

---

① 钱正武:《农民工市民化问题研究》,中央党校博士论文,2006年。
② 李俊:《工业化与城市化的变奏曲:我国人口流动历史考察》,载于《理论月刊》2012年第2期。

迅速增加至1 016.83亿元，职工人数从2 826.56万人增加至3 234.64万人。[①]

随后乡镇企业的容量进一步扩大。1984年3月，中共中央、国务院转发农牧渔业部和部党组《关于开创社队企业新局面的报告》的通知，将社队企业、部分社员联营的合作企业、其他形式的合作工业和个体企业，正式改称为乡镇企业。1984年，中国的乡镇企业数量明显增长，达606.52万家，较上年增加了350%。[②]1984年全国乡镇企业的总产值达1 500亿元以上，比1978年的493.1亿元多两倍多。一些原来基础薄弱的地区，如福建省、安徽省、深圳市，增长幅度都在30%以上。一些原来比较雄厚的地区，如江苏、广东、浙江等省以及山东、辽宁等地也继续保持高速度的势头。[③] 到了1988年，中国乡镇企业总数已发展到1 888.16万个，总产值达到6 495.66亿元，乡镇企业的职工达9 545.46万人。[④]可以说，乡镇企业容量的扩大，为就地安置农村富余劳动力起到了重要疏导作用。

（四）产业变迁下的劳动力变革："民工潮"与"民工荒"的起伏（1989年至今）

20世纪80年代末90年代初，乡镇企业自身的局限逐渐显现，即使它发展再迅速，也无法容纳我国农村不断增加的剩余劳动力。于是，"民工潮"逐渐开始出现，农村劳动力的跨地区流动日趋活跃，并逐渐成为农村劳动力转移的主要形式。据资料显示，在1989年春节期间及以后的一段时间里，广州、武汉、郑州、上海、兰州、乌鲁木齐和东北等地的车站、码头人满为患，运载能力告急，城市承受能力受到了挑战。由此掀起了一发不可

[①②④] 邹晓涓：《1978年以来中国乡镇企业发展的历程回顾与现状解析》，载于《石家庄经济学院学报》2011年第2期。

[③] 闫海涛、杜秀娟：《乡镇企业的崛起及发展历程》，载于《社会科学辑刊》2003年第2期。

歇止的"民工潮"。从此,"民工潮"成了大众传播媒体追踪报道的"热点"。① 据统计,20世纪80年代末,尤其是进入90年代,农村劳动力异地转移的规模日益扩大。据1994年12月全国流动人口管理工作会议的估计,全国流动人口在七八千万之间,若按农业部"民工潮的跟踪调查与研究"课题组1994年5月对11个省区的75个固定观察点村庄调查结果,跨省流动农村劳动力占总流动人口的36.2%进行推断,其中跨省区流动的农村劳动力有2500万~2900万人。"民工潮"的涌动主要是由这些跨省区的农村劳动力形成的。②

究其原因,有改革开放带来的政策原因,有城乡二元的结构性原因,有工农业产品价格"剪刀差"的原因,也有户籍管理机制的原因,本节主要探讨与农村劳动力转移相关的原因,即农村劳动力的剩余。按照现有的耕作水平,我国农业劳动力剩余60%左右,虽然乡镇企业和城市的一些企业能吸收一部分剩余的农业劳动力,但还有相当一部分农民处于"闲赋"的位置,同时随着建筑用地、土地恶化等原因,中国的可耕土地面积仍然在逐渐减少,人多地少的矛盾越来越突出,农村劳动力剩余的增加,在当时不可避免。③ 数据表明,我国人均耕地从1949年的3亩,减少至1994年的1.2亩。与此同时,沿海开放地区以及经济较发达地区和一些城市生产力的解放产生了对劳动力的需求。有需求,又有供给,依据市场经济规律,农民工便顺其自然流向了城镇。农民工的输出与流入的正常衔接,不会形成什么浪潮,但当输出者多而接纳者少时,也就出现了横流的局面,潜流汇成了潮流,"民工潮"也就应运而生了。④

然而,进入21世纪,有趣的现象发生了,这就是"民工荒"

---

①②④ 刘豪兴:《"民工潮"的发展趋势初探》,载于《复旦学报》(社会科学版)1995年第3期。
③ 董楠、李莉莉:《从"民工潮"和"民工荒"看中国农村劳动力的转变》,载于《法制与社会》2006年第9期。

的出现。"民工荒"的出现,是一个渐进的过程。它首先出现在东南沿海等原先劳动密集型产业聚集的省区。从2003年开始在东南沿海的个别企业和行业中出现了用工短缺现象,据国家劳动和社会保障部调查显示,珠三角是缺工最为严重的地方,有近200万人的缺口,其中深圳市约缺少40万人,沿海等地均有不同程度的招工难问题。[1] 2004年劳动和社会保障部课题组调研结果显示,企业缺工主要发生在珠三角、闽东南、浙东南等加工制造业聚集地区,其中深圳市民工缺口约40万人,东莞17%的企业表示用工短缺。[2] 在广东省,按照"十五"规划,至2005年广东省对技能工人的需求总量为502.4万人,而实际只有365万人,缺口达130万人。[3]

此外,外出农民工的增量,在金融危机以前已经开始逐年减少。虽然外出6个月以上的农民工人数从2000年的7 849万人迅速增加至2008年的1.4亿人,但是增长速度却已经显著地降低。同时,不包括农民工在内的城镇就业总量却继续增长,保持稳定的增长速度。[4] 如表1-1所示。

表1-1　2001~2009年我国农民工与城镇就业的数量及增长速度

年份	农民工 人数(万)	年增长率(%)	城镇就业 人数(万)	年增长率(%)
2001	8 399	7.0	23 940	3.4
2002	10 470	24.7	24 780	3.5
2003	11 390	8.8	25 639	3.5

---

[1] 董楠、李莉莉:《从"民工潮"和"民工荒"看中国农村劳动力的转变》,载于《法制与社会》2006年第9期。
[2] 张国胜:《中国农民工市民化:社会成本视角的研究》,人民出版社2008年版,第42页。
[3] 黎民、杨惠:《民工潮、民工荒与中国农村劳动力的战略转移》,载于《社会科学战线》2006年第3期。
[4] 蔡昉:《"民工荒"现象:成因及政策涵义分析》,载于《开放导报》2010年第2期。

续表

年份	农民工		城镇就业	
	人数（万）	年增长率（%）	人数（万）	年增长率（%）
2004	11 823	3.8	26 476	3.3
2005	12 578	6.4	27 331	3.2
2006	13 212	5.0	28 310	3.6
2007	13 697	3.7	29 350	3.7
2008	14 041	2.5	30 210	2.9
2009	14 500	3.3	31 312	3.6

资料来源：国家统计局（2009）；国家统计局农村社会经济调查司（历年）；2009年数字来自国家发展和改革委员会（2010）。

"民工荒"出现的原因，根本上说有三点。

一是农村劳动力的"理性人"因素。作为"理性经济人"，农村劳动力转移到城市的自身考量的最重要因素是收益大于成本。然而，由于农民工工资增速远远小于城镇物价水平上涨，加之我国社会保障体制不完善，农村劳动力转移到城市之后的生活成本大大提升，收益逐年下降。据统计，珠江三角洲地区1996~2008年的月工资只增加了68元。[1] 同时，原先偏远落后的西部地区，现在正处于工业化高潮，农村劳动力原籍所在地招商引资力度逐年加大，工作机会大量增加，且薪资比之过去大幅增加。这样一来，回到当地工作和生活的收益，可能要高于外出打工所获得的收益。所以出现了农民工返乡的情况，而发达地区的劳动力供给自然减少。

二是劳动力供求结构失衡。上述地区所短缺的实际是总体素质比较高、技术熟练或有一定经验的技能型劳动力，而缺乏技能或低素质的普通工人并不缺乏。同时，"民工荒"主要发生在加工及制造业聚集和经济发展比较快的东部经济发达地区，如广

---

[1] 张国胜：《中国农民工市民化：社会成本视角的研究》，人民出版社2008年版，第44页。

第一章　中国农村劳动力转移与农民工市民化的改革历程

东、福建、浙江、江苏等省,尽管"民工荒"也有向内地扩展的趋势,但全国大部分地区特别是经济欠发达地区并未出现明显的民工短缺。从行业结构来看,发生民工短缺的主要是"三来一补"的劳动密集型行业,如服装加工、制鞋、玩具制造等行业,而资本密集型和技术密集型行业基本未出现民工短缺。因此,"民工荒"对"民工潮"的替代实际上反映了农民工供给与需求在结构方面的失衡。①

　　三是劳动年龄人口增长率的下降。"民工荒"现象归根结底是一种劳动力市场供求关系的表现,既有其宏观经济周期因素,更反映长期人口结构变化趋势。劳动力供给的基础是劳动年龄人口。在经济高速增长期间,中国整体上具有劳动力无限供给的特征,即作为以往"婴儿潮"的回声,劳动年龄人口高速增长,其占总人口的比重迅速提高,为经济增长提供了人口红利。随着中国人口转变早已进入低生育阶段(早在20世纪90年代后期总和生育率就下降至替代水平之下),劳动年龄人口的增长已经显著减慢。2000年以来,劳动年龄人口的增长率已经开始迅速减缓,每年平均只有1%略强。目前城市经济增长所需要的劳动力供给主要来自农村,由于农村劳动年龄人口的增长率也在减慢,外出农民工的数量在金融危机之前也处于逐年减少的态势。据估算,农业剩余劳动力已经接近于吸纳殆尽,2015年,农村向外转移的劳动年龄人口数量已不足以补偿城市的需要量,此后劳动年龄人口呈现负增长,比总人口负增长提前10余年。因此,长期的劳动力供求格局发生变化,成为"用工荒"的根本原因之一,②如图1-1所示。

---

　　① 宋晶:《从民工潮到民工荒:基于劳动力市场管制视角的分析》,载于《财经问题研究》2005年第10期。
　　② 蔡昉:《"民工荒"现象:成因及政策涵义分析》,载于《开放导报》2010年第2期。

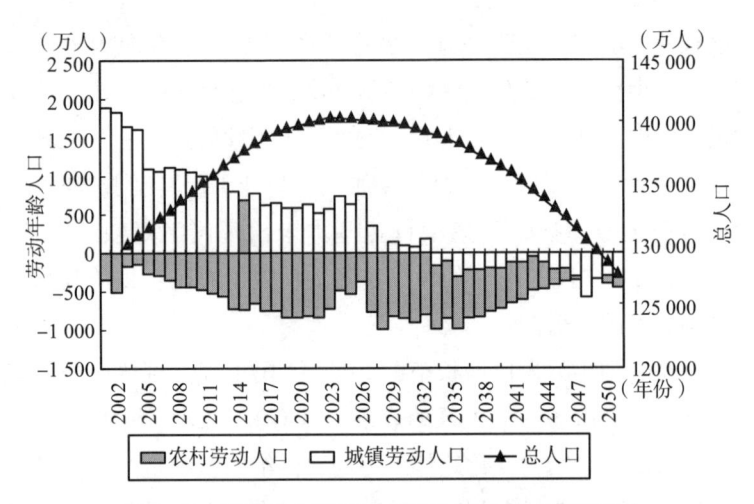

图 1-1　我国总人口和城乡劳动年龄人口增量预测

资料来源：蔡昉：《"民工荒"现象：成因及政策涵义分析》，载于《开放导报》2010 年第 2 期。

二、改革开放以来中国农民工市民化的改革历程

中国农民工市民化的改革历程，与农村劳动力转移的改革历程，在阶段性上有所不同。具体而言，我国改革开放以来农民工市民化可以分为四个阶段。

（一）农民工雏形：不安与躁动（1979~1984 年）

这个阶段是农民工的形成阶段，其重要特点是非农化与管控并行。20 世纪 80 年代初，随着农村联产承包经营责任制的推行，农民获得了生产经营自主权，使得农业生产率大幅提高，产生了农村剩余劳动力。同时，如前所述，乡镇企业迅速发展，这又吸引了大量农村剩余劳动力实现就地转移。这个过程就是农民的非农化。这些就地转移的农民，实际上就是农民工的雏形——

虽然仍在农村，但已经不再从事农业劳动，而是从事非农产业劳动，其身份已经发生了实质性的改变；但同时由于户籍等人身关系并未发生变化，因此他们可以被称作某种意义上的"农民工"了。

与此同时，政府对农村劳动力的转移还是有所控制，因而只能说形成了"农民工"的雏形，而不能说形成了真正的"农民工"，更谈不上农民工的市民化。1981年中共中央、国务院《关于广开门路，搞活经济，解决城镇就业问题的若干意见》指出，对农村剩余劳力要就地安置，严格控制使用农村劳动力，继续清退来自农村的计划外用工。1981年12月国务院发出《关于严格控制农村劳动力就业务工和农业人口转为非农业人口的通知》，再次强调要严格控制从农村招工，认真清理企事业单位使用的农村劳动力。[①]

（二）"离土不离乡"：农民工始现（1984~1989年）

从1984年以后，国家关于农村劳动力进城的政策开始出现变化，1984年国家开始允许农民自筹资金、自理口粮，进入城镇务工经商。这是农村劳动力流动及就业政策变动的一个标志。1984年1月1日，中共中央《关于1984年农村工作的通知》（一号文件）要求：允许务工、经商、办服务业的农民自理口粮到集镇落户。1985年1月1日，中共中央国务院《关于进一步活跃农村经济的十项政策》（一号文件）进一步提出：要扩大城乡经济交往，允许农民进城开店设坊，兴办服务业，提供各种劳务，城市要在用地和服务设施方面提供便利。1986年7月，国务院《关于国营企业招用工人的暂行规定》强调，企业招用工人，应当公布招工简章，符合报考条件的城镇从业人员和国家允

[①] 王兴周、张文宏：《城市性：农民工市民化的新方向》，载于《社会科学战线》2008年第12期。

许从农村招用的人员,均可报考。1988年7月,劳动部、国务院贫困地区经济开发领导小组《关于加强贫困地区劳动力资源开发工作的通知》指出,按照"东西联合、城乡结合、定点挂钩、长期协作"原则,组织劳动力跨地区流动;沿海经济发达地区、大中城市劳动部门要有计划地从贫困地区吸收劳动力,要动员和组织国有企业招用一部分贫困地区的劳动力等。①

(三)"离土离乡":非农化与城市化的结合(1989~2000年)

20世纪80年代末以后,农民逐渐从"离土不离乡"转变为"离土离乡"。这种转变的出现,有三个因素在起作用。

一是乡镇企业发展遇到瓶颈,导致大量农村剩余劳动力无法持续在本地进行消化和转移。1989年和1990年,乡镇企业年均吸收农村劳动力开始出现负增长。其间很多乡镇企业面临困境,一部分农民被解雇。②

二是第一个"民工潮"的到来。前面已经介绍,20世纪80年代末和90年代初,是第一个"民工潮"时期。据统计,外出就业农民工数量从90年代初期的6 000万人左右发展到20世纪末的1亿人左右。农民工流动范围扩大,跨省流动比重大幅上升。1993年全国跨省流动的农民工约为2 200万人,跨省流动的比重达35.5%。③

三是政策的调整。尤其是1992年以后,我国经济进入快速发展时期,农民非农化就业政策开始从控制盲目流动向宏观调控下的有序流动转变,开始实施以就业证卡管理为中心的跨地区流动就业制度,并对小城镇户籍管理制度进行了改革。1993年11月,劳动部在《关于印发〈再就业工程和农村劳动力跨地区流

---

①② 王竹林:《城市化进程中农民工市民化研究》,中国社会科学出版社2009年版,第117~118页。
③ 《中国经济时报》,2011年4月21日。

动有序化——"城乡协调就业计划"第一期工程〉的通知》中要求,发展各种服务组织,完善信息网络,强化区域协调和部门配合,实现跨地区流动就业的有序化。1993年11月,中共中央《关于建立社会主义市场经济体制若干问题的决定》,鼓励和引导农村剩余劳动力逐步向非农产业转移和地区间有序流动。1994年11月劳动部《关于农村劳动力跨省流动就业的暂行规定》首次规范就业证卡管理制度。1997年6月,国务院《关于小城镇户籍管理制度改革试点方案》允许已在小城镇就业、居住并符合一定条件的农村人口办理常住户口,以促进农村剩余劳动力就近、有序地向小城镇转移。同年11月,国务院办公厅发出《关于进一步做好组织农民工有序流动工作的意见》提出,要加快劳动力市场的建设、建立健全劳动力市场规则,维护劳动力市场的正常秩序。1998年6月,中共中央、国务院《关于切实做好国有企业下岗职工基本生活保障和实施再就业工作的通知》要求,鼓励和引导农村剩余劳动力就地就近转移,合理控制进城务工规模。[1]

(四)市民化阶段(2000年至今)

21世纪以来,我国的农民工流动才进入了真正意义的"市民化"阶段,即农民工在进行职业身份的变换(非农化)、居住地域的转移(城市化),并展开生活方式、角色意识、思想观念以及行为模式的变迁(城市化)。

在市民化阶段,农民工流动的状况出现了两个显著特征。

一是农民工市民化的政策环境愈渐宽松。进入21世纪,党和政府有关农民进城务工的就业政策有两大显著的变化:一方面是取消对农民进城就业的各种不合理限制,逐步实现城乡劳动力

---

[1] 王竹林:《城市化进程中农民工市民化研究》,中国社会科学出版社2009年版,第117~118页。

市场一体化；另一方面是维护农民工的合法权益，推进就业、劳动保障、户籍、教育、住房、小城镇建设等多方面的配套改革。2000年7月，劳动和社会保障部等部委发出《关于进一步开展农村劳动力开发就业试点工作的通知》，要求改变城乡分割体制，取消对农民进城就业的不合理限制。2000年6月中共中央、国务院《关于促进小城镇健康发展的若干意见》提出：凡在县级市市区、县级人民政府驻地镇及县以下小城镇有合法固定住所、稳定职业或生活来源的农民，均可转为城镇户口，与城镇居民一样享有子女入学、参军、就业等方面的政策待遇，不得收取城镇增容费和其他费用。2001年，国务院《关于推进小城镇户籍管理制度改革的意见》对上述有关规定进行了具体阐述。同年3月，《中华人民共和国国民经济和社会发展第十个五年计划纲要》发布强调要打破城乡分割体制，逐步建立市场经济体制下的新型城乡关系，改革城镇户籍制度，取消对农村劳动力进城务工的不合理限制，引导农村富余劳动力在城乡地区间有序地流动，坚持统筹城乡的改革方向，推动劳动力市场逐步一体化。2001年底，国家发展计划委员会要求在2002年底以前取消对农民工的七项收费。2002年初，中共中央专门下发2号文件，要求公平对待进城农民，合理引导，搞好服务。同年底，中共中央专门召开政治局常委会，强调要依法严厉查处恶意拖欠、克扣农民工工资的违法行为，保障农民工的合法权益。2003年1月国务院办公厅下发了《关于做好农民进城务工就业管理与服务工作的通知》，从提高认识、取消对农民进城务工就业的不合理限制、切实解决拖欠和克扣农民工工资问题、改善农民工的生产生活条件、做好农民工培训工作、多渠道安排农民工子女就学、加强对农民工的管理七个方面，阐述了党和政府关于农民非农化就业的政策。各级政府按照中央的要求，着重解决拖欠工资、劳动环境差、职业病和工伤事故等问题，积极开展农民工维权活动。2004年5月，劳动和社会保障部、公安部、国家工商行政管理局、全国总工会联合开展了主题为"认真贯彻《劳动法》、切实维护农民工合法权益"的专项检查活动。2006年3月,国务院下发了《关于解决农民工问题的若干意见》,其政策要点如下:农民工问题事关我国经济和社会发展全局,对于改革发展稳定的全局和顺利推进工业化、城镇化、现代化都具有重大意义;维护农民工权益是需要解决的突出问题,因为它直接关系着社会的公平正义和和谐稳定。解决农民工问题是建设中国特色社会主义的战略任务,要站在建设中国特色社会主义事业全局和战略的高度,充分认识解决好农民工问题的重要性、紧迫性和长期性;对农民工要公平对待一视同仁、强化服务完善管理、统筹规划合理引导、因地制宜分类指导、立足当前着眼长远;要抓紧解决农民工工资偏低和拖欠问题,依法规范农民工劳动管理,搞好农民工就业服务和培训,逐步实行城乡平等的就业制度,积极稳妥地解决农民工社会保障问题,切实为农民工提供相关公共服务,健全维护农民工权益的保障机制,促进农村劳动力就地就近转移就业,加强和改进对农民工工作的领导。[1]

二是农民工市民化过程中的"准市民化""半市民化"和"后市民化"特征。"准市民化"意味着农民工的迁移基本完成,可以长期工作生活在城市,收入足以使其本人和家庭过上基本的城市生活,生活方式也基本城市化,但没有获得户口。"半市民化"包括大部分个体工商业者,在二三产业打工的中基层管理人员和技术员工,也包括那些雇用少许工人的个体工商业者。[2] 当然,"准市民化"和"半市民化"在逻辑外延上有交叠之处,"准市民化"的农民工有可能是"半市民化"的;"半市民化"的农民工也可能是"准市民化"。"后市民化"是指农民工在获

---

[1] 王兴周、张文宏:《城市性:农民工市民化的新方向》,载于《社会科学战线》2008年第12期。
[2] 胡杰成:《农民工市民化研究》,知识产权出版社2012年版,第212页。

得城市户籍并完成市民化后的状态。因而,"后市民化"与前两者之间倒是构成了逻辑上的时间先后关系。

研究表明,农民工从"半市民化"向"后市民化"的进程中,遭到了种种阻隔。农民工市民化发展严重滞后的关键因素就是农民工进入"后市民化"的壁垒始终没有打开。① 如图1-2所示。

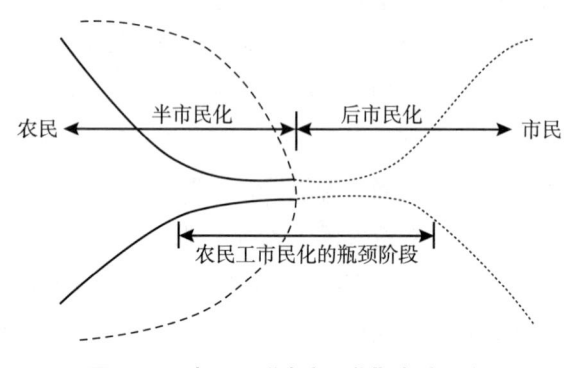

图1-2 农民工"半市民化"与市民化

资料来源:钟水映、李魁:《农民工"半市民化"与"后市民化"衔接机制研究》,载于《中国农业大学学报》(社会科学版),2007年第3期。

在农民工从"半市民化"到"后市民化"转型过程中,农民工及其所处的社会结构出现了如下一些特点。第一,"非城非乡"。既是农民又是工人;既是乡下人又在城里打工;既在农忙时回家种收,又在农闲时进城务工的城乡双向流动"候鸟式"人群。农民工与土地的天然脐带仍未完全割断,土地依然是农民工市民化失败后回流的最后一道保障。第二,"二元化"屏蔽。二元社会结构、二元户籍制度、二元劳动力市场结构、二元社会保障制度、二元身份、二元文化结构等屏蔽了农民工。第三,

---

① 钟水映、李魁:《农民工"半市民化"与"后市民化"衔接机制研究》,载于《中国农业大学学报》(社会科学版),2007年第3期。

第一章 中国农村劳动力转移与农民工市民化的改革历程

"边缘化"及弱势循环。边缘化体现在工作边缘化、地位边缘化、政治边缘化、生存边缘化、居住边缘化、心态边缘化、权利边缘化。作为一个弱势群体,大多数农民工没有享受到较好的教育,在城市无法立足,被迫重返农村。农村教育水平低、教育质量差、起点不公平、机会不均等导致绝大多数农民工子女成为下一代农民工,继而进入"弱势循环"怪圈。第四,经济接纳、社会排斥。经济上鼓励农民工进城务工,但在社会系统、文化系统、政治系统、制度系统等各个方面却排斥农民工。第五,"城乡二元结构"畸变为"城市二元结构"。随着农村劳动力的转移,传统的城市和乡村二元结构演化为城市地理中的市民和农民工两大阶层,二元化问题发生地理空间上的转移,却没有得到很好的解决。[1]

---

[1] 钟水映、李魁:《农民工"半市民化"与"后市民化"衔接机制研究》,载于《中国农业大学学报》(社会科学版),2007年第3期。

第二章

中国农民工市民化改革和发展的成效

本章主要探讨了中国农民工市民化过程中的成效包括"供给侧"视角建立的在限定条件下农民工市民化产生的改革,以及在经济、消费需求和社会人口发展方面的经验总结。

一、农民工市民化的"供给侧"改革

如果借用当前热议的"供给侧结构改革"来描述农民工市民化的改革和发展成效,那么一个重要视角是农民工市民化在充分条件和不充分条件下对我国经济社会发展所产生的影响。因此,本节将从农民工市民化的供给侧结构模型入手来分析,并进一步探讨其在供给充足和不足条件下产生了何种影响。

(一)农民工市民化供给侧结构模型

农民工市民化的"供给侧",包含两层含义。一方面,它指农民工劳动力数量的"供给";另一方面,它指农民工市民化本身的"供给"程度。

第一种情况是农民工劳动力数量的供给变化。与第一代农民工家庭效用最大化不同,新生代农民工的显著特点是个人效用最大化,以及更偏重于对个人闲暇的追求,所以,其无差异曲线是一条比较陡峭的凸向原点的曲线。并且随着"90 后"新生代农民工不断进入劳动力市场,其无差异曲线有进一步陡峭的趋势,这意味着他们对收入的要求更高。新生代农民工外出务工时也往往能从父母那里得到一笔额外的现金补贴。然而,由于新生代农民工已完全放弃了农村的农业收入,因此,这部分失去的农业收入应该在其打工收入中得到补偿才能与第一代农民工的生活水平持平。所以,其预算约束线不再是一条直线而是一条折线,如图 2-1 中的 KGH 和 FGH 所示,其中 GH 线段表示的收入为农民工从父母那里得到的非劳动收入。收入和闲暇的替代率即预算约束线的斜率等于工资水平,当工资水平低于或等于 W_1 时,农民工放弃工作,保持 24 小时的闲暇时间,因为此时农民工的最大效用只能是角点解,即图 2-1 中的 G 点。只有当工资水平进一步上升至如 W_2 的水平时,农民工才进入劳动力市场,并在 E 点处达到均衡水平,此时农民工的劳动供给量为线段 H_1H。

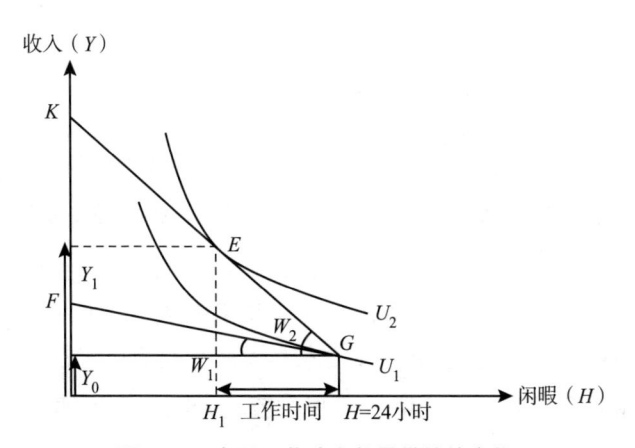

图 2-1 农民工劳动力数量供给的变化

资料来源:佘时飞:《农民工市民化对经济增长的影响研究》,载于《创新》2014 年第 6 期。

第二种情况是农民工市民化本身"供给"程度的差异。这里假设为两种情况。一种假设是农民工市民化供给的不足，即农民工市民化水平还没有达到理想或期待的状况，与社会工业发展程度的客观情况不匹配。它导致的直接后果是经济发展失去动力、产业结构不平衡、消费水平不足以及就业不振等情况。另一种假设是农民工市民化供给的充足，即农民工市民化程度较高，符合社会发展阶段的客观规律。它可以促进经济增长、有利于产业结构调整、刺激消费水平、扩大城市规模并提升就业状况等，如图2－2所示。

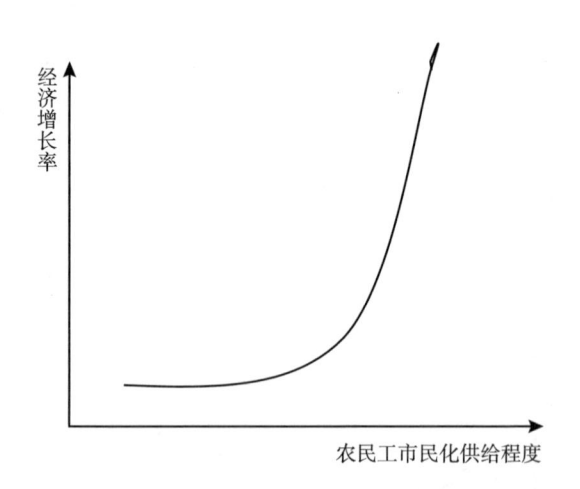

图2－2 农民工市民化供给程度与经济增长水平之间的关系

由图2－2可见，当农民工市民化供给水平较低时，经济增长率相对较低，经济发展相对比较缓慢；而当农民工市民化供给水平相对充足时，经济增长率相对较高，经济发展速度相对比较快。

研究表明，农民工市民化不足与充足条件下其对经济增长的影响可以被测量。虽然在市民化不足情形下，我国经济的增长趋势呈现逐渐减少的趋势，但是我国经济整体上仍然高于基准的情形。在市民化充足的情势下,我国经济的增长速度远远高于市民化不足的情形,并且两者之间的差距逐渐变大。与此同时,与基准情形相比,市民化不足的情形下,经济的增长速度逐渐提高约 0.6 个百分点,而市民化充足的情形下,我国经济增长的速度比市民化不足的增长速度高约 0.9 个百分点。[①]

(二)农民工市民化供给不足的局限

按照上述第一种情况即农民工劳动力数量的供给变化来看,假如农民工劳动力数量供给不足,它会对农民工收入水平产生影响,并可能是导致"民工荒"的一个重要因素。具体而言,中国进入城市化快速发展阶段后,虽然政府不断增加对公共设施的供给及其他公共政策的实施,但是以利润最大化为目标的企业很难快速满足第二代农民工对提高工资收入的要求,因此,企业仍然将农民工工资维持在原来低水平,"民工荒"现象随之出现,从而导致企业开工不足、生产资源闲置,抑制了经济可持续性的增长。因此,在企业无法短期内大幅度提高农民工工资的情况下,政府应该通过农民工市民化为他们提供隐性收入,即普通市民享受的待遇,如五险一金等,这一政策的实施会增加农民工的劳动力供给,解决"民工荒"问题从而促进经济增长。

按照上述第二种情况即农民工市民化本身"供给"程度的差异来看,假如农民工市民化本身不足,那么有可能导致的具体问题,首当其冲是内需不振。从总需求结构看,我国当前内需不足的主要问题在于消费需求不足。一个正在高速实现工业化和城市化的发展中大国,内部需求特别是消费需求持续不振,反映了整体经济和社会结构的失衡。而内需不足的主要原因,就是由于步入工业化进程中的几亿农民工未进入城市化过程作为市民消

[①] 李新磊、张荣:《基于实证分析的新生代农民工市民化与经济增长关系探讨》,载于《中国管理信息化》2015 年 2 月。

费，从而产生了巨大的供需缺口，造成工业化与城市化严重脱节。进一步，农民工市民化不足使得农民工事实上无法在城市可持续地立足，于是农民工只消费低质量消费品而放弃了高质量最终产品的消费，这一方面迫使本应该由他们消费的高质量消费品退出了市场，直接导致了高质量消费品市场的萎缩；另一方面，由于高质量消费品退出市场间接导致高质量的中间产品退出了市场，从而减少了企业的研发投入、降低了均衡经济增长率。

二、农民工市民化的经济成效

本节着重探讨农民工市民化的经济成效。主要包括农民工市民化如何促进宏观经济增长、提升产业结构、增加就业和收入，以及优化经济结构四个重要方面。

（一）推动宏观经济增长

研究表明，在2010年，市民化情景下的GDP总量比基准情景增加了3 602亿元，经济增长速度提高了1.06个百分点。从支出法结构看，经济增长速度的提高主要是由于消费和投资增长带动的，其中农村居民消费有所减少（减少330亿元），这主要是由于农村居民人数相对减少，城镇居民消费显著增加（增加1 855亿元），这其中既有人口增加的因素，也有由于经济增长而使居民收入提高的综合反馈因素，政府消费也有显著增加（增加576亿元），固定资产投资增长较多，达1 584亿元，而净出口略有减少（减少83亿元），这主要是由于国内需求增加，因此进口有所增加。

就经济结构维度而言，一方面，农民工市民化的储蓄/支出结构趋同效应对于经济结构及经济增长的积极作用。在该效应的影响下，浙江经济需求侧的消费比重上升而投资比重下降且内需总体比重上升，生产侧的产业结构也得以升级，同时促进了经济增长。但研究进一步显示，该效应对收入分配侧的影响存在不足，没有实现营业盈余比重和要素收入比重的此消彼长，而是相反。另一方面，农民工市民化的工资待遇公平化效应同样对地方经济结构及经济增长有一定的积极作用。在该效应的影响下，经济收入分配侧的要素收入比重上升而营业盈余比重下降。这一点与储蓄/支出结构趋同效应具有互补性。同时，该效应对需求侧和生产侧的影响存在不足，内需总体比重下降，且产业结构未呈现升级。这一点与储蓄/支出结构趋同效应也具有互补性。而该效应同样能够促进地方经济增长，与储蓄/支出结构趋同效应具有协同性[1]。

就经济拉动的效果而言，劳动力要素成本整体下降和农民工市民化带动的市场需求，提升了出口规模，促进了长期消费增长；通过前期投资增长效应、稳健消费增长效应以及长期出口增长效应实现了"时间换空间"的增长红利。具体而言，投资规模随着资本回报率的前期上升而出现快速增长，拉动 2011～2016 年的经济增长，并在 2015 年达到最高水平。出口规模则受到要素价格上升的影响，成本竞争优势相对有所下降，在保持增长的同时也在 2011～2016 年对 GDP 增速有所拖累，但之后又出现了明显的拉动效应。相比而言，消费对经济增长的持续拉动作用则更为稳健，2015～2020 年的实际消费累计增长 1.18%，对 GDP 的贡献率也不断上升，2020 年达 0.71%，体现出内需对经济增长的拉动作用，如图 2-3 所示。

---

[1] 胡秋阳：《农民工市民化对地方经济的影响——基于浙江 CGE 模型的模拟分析》，载于《管理世界》2012 年第 3 期。

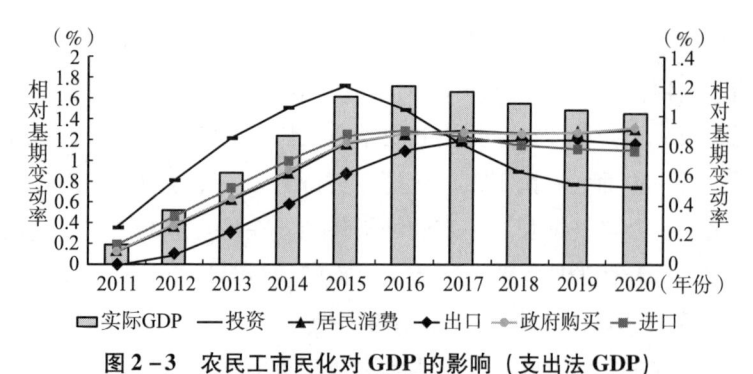

图 2-3　农民工市民化对 GDP 的影响（支出法 GDP）

资料来源：吴琦、肖皓、赖明勇：《农民工市民化的红利效应与中国经济增长的可持续性——基于动态 CGE 的模拟分析》，载于《财经研究》2015 年第 4 期。

（二）促进产业结构升级

在农民工逐渐市民化的过程中，城市不断积累人力资本，为国家优化产业结构提供有利条件。人力资本是促进经济增长的有利因素，然而我国在积累人力资本方面还处于薄弱环节，尚未充分发挥人力资本对经济增长的作用。在偏远的农村，由于受到环境、市场发育不完善、受教育程度较低等因素的影响，农村难以进行人力资本积累，进而对农民工的长远发展产生不利影响，难以实现产业结构的优化升级。同时，在农村地区，接受系统培训、教育的农民少之又少，造成农民的技能水平较低，这也是影响农民工就业的主要原因之一。由于农民工缺乏技能，他们只能做苦力工作，造成工资收入不高。在我国产业结构中，第一产业、第三产业占据的比重较大，而且大部分农民工都是从事服务业工作，工作的技术含量较低，然而农民工转变为城镇市民后，可提高自身的技能水平，进而提高服务业从业人员的素质，为产业结构的优化升级提供有利条件。

从供需结构角度来看，需求侧的结构变化从两个方面影响生产侧的产业结构。首先，由于投资需求中第二产业的比重较高，因此投资需求比重的下降产生降低第二产业比重的影响。其次，

第二章　中国农民工市民化改革和发展的成效

由于农民工居民的生活支出主要是对第一产业产品的支出和对包括租房和子女教育在内的第三产业产品支出，对属于第二产业的工业品需求比重相对较低。在这样的消费结构下，因农民工收入比重的提高而扩大的消费需求比重对生产侧产生提高第一产业和第三产业比重而降低第二产业比重的影响。在上述两个方面影响的共同作用下，产业结构中第一产业和第三产业的比重上升而第二产业的比重下降。如果我们扩大市场准入，提高第三产业市场竞争强度，挤出其中超额利润，形成合理的价格形成机制，则可以促进第三产业发展，推动产业结构升级。

从农民工市民化的产业结果来看，劳动力市场的变化带动不同行业的资本存量积累，推动了产业结构向制造业和服务业的转型，实现了产业结构调整的红利。第一，农业产出略有下降，2020年降幅约为0.88%。第二，工业产出有较大程度增长，其中制造业产出的长期增长效应最明显，其次为电力、热力、燃气及水的生产和供应业。第三，为建筑业和采矿业。在制造业中，短期内水泥、石灰和石膏制造业、耐火材料制造业和农林牧渔专用机械制造业的增长较大，在2011年分别增长0.3%、0.25%和0.24%，但均在政策冲击期后出现增速下降。因此，工业中的行业产出增长长期内有所分化，玩具、体育、娱乐用品制造业、仪器仪表制造业和电子元器件制造业的长期增长幅度更明显，自2011年开始持续增长，至2020年分别增长2.65%、2.62%和2.42%。第四，服务业产出增长较之工业更为显著，长期增幅达1.59%。短期内，其他服务业；房地产业；金融和保险业；交通运输、仓储、邮政及信息传输服务业；租赁、商务服务业和旅游业；贸易、餐饮和住宿业的产出增长依次为0.18%、0.17%、0.16%、0.15%、0.13%和0.12%。长期来看，其他服务业；交通运输、仓储、邮政及信息传输服务业；贸易、餐饮和住宿业产出在政策冲击期后增速减慢，房地产业；金融和保险业；租赁、商务服务业和旅游业的产出增速保持增长，尤其是房地产业，其增速在2020年达2.41%,高于服务业总产出的增速。如果进一步考虑农民工市民化引发的需求偏好改变,内需拉动的制造业和服务业产出的增长幅度将更为可观。

(三) 带动就业和收入增加

农民工市民化的直接红利,一是增加了全社会的有效劳动力就业,从就业总量来看,农民工市民化的短期增量效应显著。2011~2015年劳动力总就业呈现快速增长,由2011年的0.11%增至2015年的0.54%,2016~2020年劳动力就业增速有所下降,但仍保持增长态势;二是通过增加就业促进经济增长。城镇集中居住与农村分散居住的一个特点是,随着城镇居民的集中,会产生许多服务性需求,例如,会增加对餐饮等服务的需求,从而增加了非农就业人员,假设每市民化1 000万人,约可增加就业15万人左右,不过对GDP的影响较小,不到10亿元[①]。

从农民工市民化对行业类别的影响来看,农业就业出现明显下降,工业和服务业就业则显著上升,其中服务业增长尤为明显。城市非熟练劳动力越集中的行业,就业增长也越明显。具体而言,短期内,第一为工业中的建筑业,就业增长最为显著;第二为电力、热力、燃气及水生产和供应业;第三为制造业;第四为采矿业。长期来看,制造业的就业增长则最为显著。这主要是因为建筑业的季节性和高流动性导致转移到建筑业的劳动力就业更易受短期政策的冲击,而制造业作为我国吸纳农民工就业的主体,其就业相对稳定并能形成经验积累,在农民工市民化政策后期的就业效应更加明显。以制造业为例,短期内受农民工市民化政策影响最为明显的是耐火材料制造业、汽车制造业和其他专业设备制造业,2011年较基期分别增长了0.39%、0.37%和

---

① 国务院发展研究中心课题组:《农民工市民化对扩大内需和经济增长的影响》,载于《经济研究》2010年第6期。

0.34%；长期内玩具、体育、娱乐用品制造业、电子元器件制造业和家用电器制造业的就业增长更为显著，2020年较基期分别增加2.86%、2.67%和2.61%。在服务业中，就业增长显著的产业基本集中在为市民化农民工提供吃、穿、住、行的行业，房地产业就业增长最为明显，其次是金融和保险业，接下来依次是交通运输、仓储、邮政和信息传输服务业；其他服务业；租赁、商务服务业和旅游业；贸易、餐饮和住宿业，至2011年分别增长了0.46%、0.36%、0.27%、0.21%、0.19%、0.17%，至2020年分别增长了3.66%、2.87%、1.67%、1.95%、1.75%、1.34%。[1]

从农民工市民化对城乡劳动力就业的差别来看，农民工市民化实现了城乡劳动力就业结构的优化。2020年城市劳动力就业较基期增加了6.16%，农村劳动力就业下降了6.34%。具体而言，城市非熟练劳动力和熟练劳动力的实际就业均有所增加，其中前者的增加速度要略快于后者，2020年相对基期分别增长了3.19%和2.97%。农村农业劳动力、农村非农劳动力和农民工的实际就业都有所下降，其中农民工就业下降速度最快；农村非农劳动力次之；而农业劳动力下降最少，2020年较基期分别下降了2.52%、2.35%、1.46%。城市各类型劳动力的增速均高于农村各类型劳动力降速的绝对值，这说明农民工市民化政策能够增强前期已转移的农民工定居城市，并逐步形成稳定的城市非熟练劳动力供给，其中经验丰富的农民工也能够从非熟练劳动力的岗位转向城市熟练劳动力的岗位。可以看出，这种劳动力市场供给结构的变化可在一定程度上缓解我国的"民工荒"问题，既实现了城市非熟练劳动力和农民工之间的"替代效应"，也实现了

---

[1] 吴琦、肖皓、赖明勇：《农民工市民化的红利效应与中国经济增长的可持续性——基于动态CGE的模拟分析》，载于《财经研究》2015年第4期。

城市熟练劳动力的"升级效应"。[①]换言之,农民工市民化政策的实施,通过城市非熟练劳动力和农民工的"替代效应"直接提升了城市劳动力供给的规模,并通过不同技能劳动力的相对工资变动促进城市非熟练劳动力向城市熟练劳动力的升级,从而实现整个就业市场的结构优化。

从农民工市民化对城乡居民收入差别的影响来看,随着市民化进程加快,农村和城镇居民的收入水平有显著增加,其中农村居民的收入增长幅度大于城镇居民,这是由于随着农村居民和劳动力的减少,农村劳动力的边际产出提高,而且在现有土地制度下,市民化后的人口一定时期内还会获取其农村土地的部分收益,因此农村居民的土地收益有所增加,从事农业的人均收入增长更为显著。

如果我们进一步研究新生代农民工市民化对收入的影响,我们则会发现我国的新生代农民工以及农村居民在三种情形下的人均收入都呈现不断增长的趋势。在不完全市民的情形之下,农村居民与新生代农民工两者的人均收入与基准的情景之间存在越来越大的差距,也就是说,新生代农民工市民化对农村居民与新生代农民工的人均收入的提高具有积极的促进作用。但是,城市居民的人均收入的总趋势却呈现持续下降的形势。造成这种现象的原因主要是新生代农民工的抚养人口会伴随着新生代农民工市民化的趋势成为城市的居民,增加城市人口基数,降低城市居民的人均收入。即使在市民化完全的情形下,城市居民的人均收入与农民工市民化的人均收入相比还需提高。总体而言,我国新生代农民工市民化对我国居民的人均收入的提高具有积极的作用。

(四) 城市规模化效应基础上的经济结构优化

农民工市民化将推进城市化,极大提升经济潜在增长空间。

[①] 吴琦、肖皓、赖明勇:《农民工市民化的红利效应与中国经济增长的可持续性——基于动态 CGE 的模拟分析》,载于《财经研究》2015 年第 4 期。

通常在城市化水平为45%左右的基点上，城市化率的年平均提高速度通常在0.8%~1.2%之间。照此推算，使目前已经被统计为城镇人口的农民工及其家属转化为市民大约为1.7亿人，至少可以提供今后20年左右贡献持续的城市化效应。由此带来的"深度城市化"，将进一步撬动经济结构优化发展。

深度城市化是对应"浅层城市化"而言的，是中国城市化进入新阶段的必然要求，意指在不增加城市常住人口数量的前提下，推动已进城且有条件、有意愿的农民工转变为市民。深度城市化改变农村剩余劳动力"有来有去"式转移，使农民工拥有市民身份，安心落户城市，这将为非农产业发展提供充沛、稳定的劳动力，推动城市二、三产业的快速发展，实现产业结构由制造业向服务业转型，加快我国产业结构的合理化进程。与此同时，农民工市民化诱发其劳动力成本真实化，引致社会成本提高，给东部地区制造业带来压力，促使传统制造业由东部向更具劳动力成本优势的中西部地区转移，缓解经济增长中日益凸显的区域失衡问题，促进东、中、西部地区协同带动经济增长。

三、农民工市民化对消费需求的提振

农民工已经成为一个潜在的新兴消费群体，对扩大中国的消费需求和推动经济增长具有重要意义。然而，由于不具有真正的城市居民身份，农民工就业通常更不稳定，更容易遭受周期性失业的冲击。其收入通常更低，所享受的社会保障和社会保护更少，而且不能均等地享受义务教育和保障性住房等方面的公共服务。根据消费决定理论，收入是影响消费的最基本和最重要的因素，收入较低消费通常也会较低。与此同时，就业稳定状况以及所享受的社会保障和公共服务等状况，对消费水平和消费模式也有重要影响。与城市居民相比，农民工就业相对不稳定，收入更低，社会保障和社会保护缺失，必定严重抑制他们的消费意愿。基于此，尽管农民工的收入水平有了大幅度提高，但是，其消费行为特征与城市居民完全不同。对农民工而言，在市民化过程中如何推动其消费需求？

（一）农民工市民化过程中的消费条件

一是农民工基本生活消费支出比率比市民低。基本生活消费支出主要指衣、食、住、行四个方面的消费。食方面，研究表明农民工食品消费比只有29.75%，比城市居民平均水平的35.67%还要低5.92%，接近城市高收入户的水平，这显然不符恩格尔定律。农民工的食品消费比之所以这样低，是因为很多企业和工厂为农民工提供了工作餐，故削弱了食品消费比；衣方面，农民工的服装开支比为9.97%，与城市居民的平均水平10.72%基本相当；住方面，农民工支付的房租费用比为9.8%，与城市居民房屋消费比9.89%一致；行方面，农民工交通费用比为9.8%，比城市居民的交通通信费比的14.73%要低很多，但是他们上班仍然尽可能采用各种方式方法降低交通费。① 从消费比来看，农民工基本消费支出比与城市居民基本一致，但从消费质量上来看还远远不及城市居民。此外，农民工住房消费水平与城市居民消费相当，但农民工住房的安全、舒适、温馨和私密性等条件远不如城市居民。

二是农民工的医疗保健消费开支比市民低。总体来看，农民工全年医疗保健消费536元，平均每月44.67元，占总消费的2.3%，而全国城市居民全年医疗保健费为871.77元，占消费比6.47%。② 因此，无论从绝对值和消费比来看，农民工医疗保健的支付远比城市居民要低。

---

①② 粟娟、孔祥利：《中国农民工消费结构特征及市民化趋势分析——基于全国28省1 294份有效样本数据检验》，载于《统计与信息论坛》2012年第12期。

三是农民工储蓄比率比市民高。农民工消费结构中,储蓄比率高达31.97%。其中有57.6%选择子女教育是家庭储蓄的第一目的;38%认为防病养老是储蓄的最终目的;32.2%选择存钱盖房为目的;22.4%储蓄是为了筹备结婚和接儿媳妇等红白喜事。[①]以上数据说明这种预防性储蓄在农民工身上非常显著。农民工对预见未来消费最大项目一是子女的教育,二是自己家人的生病医疗以及养老问题。当问及如果政府保证他们的子女教育费用,其是否愿意留在城市,有73%的农民工表示同意。

(二) 农民工市民化通过哪些因素来提振消费需求

一是经济因素。一方面,相对市民的低工资收入水平未能实现农民工收入的帕累托改进。从纵向比较来看,农民工工资增长速度很快,甚至超越了全国城镇单位就业人员工资的增长速度;但从横向比较来看,农民工工资仍比全国城镇单位就业人员工资低。这使得农民工收入的增加未能使所有利益相关者都获益。另一方面,变动性强、薪资低下的岗位和行业就业限制了农民工的消费能力。农民工主要从事技工、服务员以及保管员;技术人员;小工、杂工;少数成为主管、车长、班长;极少数升为部门经理或主管,或是自己成为雇主;相当部分农民工从事的岗位不确定。绝大多数的农民工都属于非正式就业,从事的大多行业平均工资水平低下,且职位低。这势必对其消费需求产生不利影响。

二是社会因素。一方面,教育制度导致农民工子女教育消费支出比例高。我国农村基础教育改革的一个直接结果是促进了农村居民对子女教育支出的迅速增加。2001年《国务院关于基础

[①] 粟娟、孔祥利:《中国农民工消费结构特征及市民化趋势分析——基于全国28省1 294份有效样本数据检验》,载于《统计与信息论坛》2012年第12期。

教育改革与发展的决定》①将调整农村义务教育学校布局列为一项重要工作之后,大规模的"撤点并校"在全国铺开。很多行政村没有了小学,很多乡镇没有了中学,教学资源都集中在乡镇一级,集中设校,而孩子们要上小学和中学,必须要到几里甚至几十里路以外的乡、镇就读,往返时间每天大约需花三四个小时。有条件的家长为了孩子学习的便利和安全,就到镇上、乡上租房屋,安排家中老人或亲戚帮着照顾孩子的饮食起居,如今这种就学模型在南方很多城市成为主流。有的家长把孩子接到打工地就读,但在打工地——城市,学校在接受农民工子女时需要另加费用,加重了农民工的负担。随着我国相继出台的保障农民工权益的条例,很多地方开始关注农民工子弟就学问题,要求不能歧视农民工子女,并在很多政策上给予优惠。但因与城市孩子在教育费用上的消费数量和质量都有很大差别,特别是城市孩子课后的各种特长班和辅导班无形给农民工孩子心理造成了自卑,催生了农民工超越其收入水平的子女教育消费需求。另一方面,医疗保障制度导致农民工的医疗保健费用增加,但开支比低,自新中国成立以来农民工就没有被纳入国家公费医疗体制,直至2002年国家在农村地区全面实施新型农村合作医疗制度,户籍为农民的农民工,在家乡有资格参与该保险制度,开始享受该福利。2006年劳动和社会保障部下达了《关于开展农民工参加医疗保险专项扩面行动的通知》文件,农民工才正式被纳入医疗保障体系之中。虽然部分农民工参加了农村合作医疗保险,但是由于新型农村合作医疗保险的不可转移性,报销手续麻烦,农民工需要花费大量的时间和货币成本。因此,农民工对参与农村合作医疗保险制度热情度并不高,农村合作医疗保险对他们来说只是制度的摆设,很多农民工没能真正地享受其好处。虽然

---

① 详见《国务院关于基础教育改革与发展的决定》,中华人民共和国教育部网站,2001年。

有很多单位和机构为农民工购买了医疗保险和工伤保险，但仍然存在企业钻制度的空子，发生推诿，支付金额拖欠，不能负责到底的现象，因此大部分的医疗支出风险都转化为由农民工自己承担。

三是个体性差异因素。在此不做详细分析。

农民工市民化过程中消费需求的影响机理如图2－4所示。

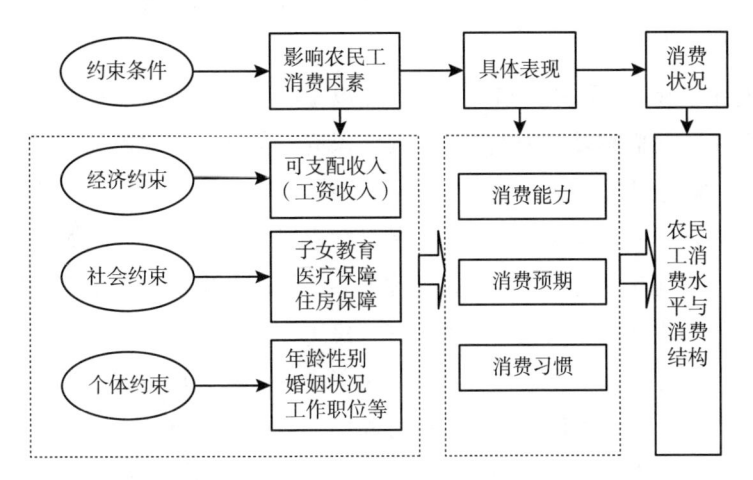

图2－4　农民工市民化过程中消费需求的影响因素

资料来源：孔祥利、粟娟：《我国农民工消费影响因素分析——基于全国28省区1 860个样本调查数据》，载于《陕西师范大学学报（哲学社会科学版）》2013年第1期。

（三）提升城市农民工消费潜力的有效经验

一是提高社会保障覆盖率。按照《中华人民共和国劳动合同法》以及其他法规的要求，农民工从制度上已经被基本保险制度所覆盖。此外，基本养老保险的结转办法，将大幅度提高对农民工的覆盖率。人们普遍认为，社会保障水平低、对未来预期的不稳定是制约消费的重要因素。如果说对于城市劳动者来说，社会保护水平是以从低到高的方式进步的话，对于农民工来说则是从无到有的进步。

二是顺利实现农民工代际转换，从而转变农民工的消费观念。根据国家统计局的调查，在外出农民工中，16~30岁农民工的比例为61.6%，总数为8 952万人。可见，新生代农民工已经成为外出农民工中最大的群体。我们进一步按照农民工家庭的年龄结构，可以将其分为两类：新生代农民工家庭和老一代农民工家庭。如果一个家庭中，16~30岁人口占16岁及以上人口的比例大于50%，我们将其视为新生代农民工家庭；如果一个家庭中，16~30岁人口占16岁及以上人口的比例小于或等于50%，我们将其视为老一代农民工家庭。与老一代农民工家庭相比，新生代农民工家庭的年人均食品、衣着、交通通信、文化娱乐和住房支出都更多。其中，新生代农民工家庭的年人均衣着支出，更是达到老一代农民工家庭的2.2倍；新生代农民工家庭的年人均文化娱乐支出，是老一代农民工家庭的1.9倍。[①]

三是户籍制度的改革将使农民工市民化的充足化有了实现的可能。户籍制度改革将有可能把农民工转化为新市民，从而转变他们的消费模式，在城市基础设施建设、住房建设和消费品生产等领域创造出更大的需求。目前城市基础设施和公共服务供给，并没有把尚未落户的农民工的需求完全地考虑在内。因此，城市化作为经济增长引擎的作用，要在户籍制度改革和农民工市民化的基础上才能充分发挥出来。

（四）扩大农民工消费需求的成效和办法

一是培育新的消费热点，促进农民工消费结构。一方面，食物和服装消费在未来是农民工消费热点。尽管很多农民工不再愿意过着简单的食品、简朴的衣着、简陋的租房的生活，但由于农

[①] 蔡昉：《农民工市民化与新消费者的成长》，载于《中国社会科学院研究生院学报》2011年第3期。

民工工资收入比较低对他们的消费支出构成了约束，因此，在食品和服装市场开发中，可以有目标意识地进行市场细分，为农民工设计一些商品品牌，同时加大劳动力市场价格的管理，重视劳动力价格，保障农民工工资收入。另一方面，教育支出越来越重要。对于农民工子女异地上学来说仍需要承担一大笔支出。并且，随着农民工市民化生活时间越长，对未来高学历收入以及通过受教育而带来社会职业和角色转化认识越深刻，对自身和孩子的教育投资也越来越大。文化教育支出成为农民工的重要支出项目，也是农民工从生存型消费向发展型消费转变的重点。因此，我们要加速出台更多的农民工文化教育的改革政策，落实有关农民工子女教育的政策，加大对城乡义务教育的投入。

二是建立稳定的就业及增收长效机制，增强农民工市民化信心。稳定的就业以及持续增长的工资收入，是农民工消费需求的经济基础，也是农民工市民化的经济门槛。因此，积极进行产业结构的调整，为农民工创造出良好的就业环境，提高农民工的工资收入，确保农民工拥有持久性收入并把它最终转化为消费，让农民工能放心工作、安心消费，才能增强他们市民化的信心。

三是积极完善政策消费环境，弥合城乡消费预期差异。医疗、养老等社会保障和子女教育等构成了中国的政策性消费环境，也是农民工与城市市民消费产生差异的制度因素。由于当前的城市社会保障体系的不完善，农民工作为城市的主要建设者并没有被纳入或是没有被完全纳入城市社会保障体系中，同等工资水平下的农民工消费预期自然要比城市市民低很多。因此，建立健全农民工的医疗保险制度、养老制度以及农民工子女教育制度，是弥合城乡消费预期差异最有效的路径。

四、农民工市民化推动社会与人口结构的改变

本节将从农民工市民化不足和充足两个条件来分析其对社会与人口结构的改变产生何种效果。

(一)农民工市民化不足对社会发展的影响

一是加剧"半城市化"或"虚城市化"的情况。2010年按户籍计算的中国城市化率仅为26%,也就是说,在当今城市常住人口中,有近一半是没有城市户籍的农村流动人口,学者们称之为"半城市化"现象。"半城市化"是指在我国现行户籍制度下,农民与市民在社会福利上的分割与不平等待遇,农民进入城市工作后不能享受市民待遇,只实现了农村人口与城市中低端就业市场的对接,而未完成包括就业、福利、教育在内的全部衔接,使得这些常住城市的人口,"上半身"在城市,根基依然在乡村。我国的"半城市化"表现相当突出。它包括两种情况:一种是没有被城市社会所完全接纳,另一种是不能适应城市社会。由于受到结构性和制度性因素的影响和制约,绝大多数农民工虽然进入城市,但是并没有被城市所完全接纳,一直处于"半城市化"状态。我国农民工的"半城市化"具体表现为"六化":就业非正规化、居住边缘化、生活孤岛化、社会名声污名化、发展能力弱化、社会认同内卷化,且相互联系、相互影响、相互强化。在原有社会结构没有根本改变的情况下,农民工被生硬地嵌入城市社会,使得其在实现现代性和转变为市民的过程中面临困境。毫无疑问,农民工市民化不充足会加剧"半城市化"的效应。农民工在从农村社会化向城市社会化的转移中存在着社会化缺失,他们与市民的社会距离呈现扩大趋势。自20世纪80

年代开始,越来越多的农民工逐渐进入城市,似乎已经城市化了,但实际上从享受城市文明、满足人的基本生存需求及各种不同层次需求的角度看,这一群体只是表面城市化,而非真正的城市化,即"虚城市化"。农民工不能改变其农民身份,难以形成城市认同感和归属感而成为游离于城市之外的特殊群体。

二是促发"中等收入陷阱"。从农民工市民化视角审视上述问题,迟滞的农民工市民化将进一步加剧"中等收入陷阱"问题。原因在于,当代中国工业化进程中所呈现出的农村劳动力流动和农民工市民化"非典型性"的根本原因在于二元分割的体制制度。从体制转型的角度看,中国渐进式的改革进程取得的成就仅仅是"外围突破",计划体制所固有的维护基本利益格局的体制和制度一直被继承和留存,对于长期形成的传统城市中心主义制度和农村边缘化制度依然未有根本性的改变,从而才有了有违常规经验的"非典型性"。如果任由这种"非典型性"长期存在,未来中国的发展陷入的不仅仅是经济层面的"中等收入陷阱",则有可能是经济社会发展的"转型陷阱"。

(二)农民工市民化充足对社会发展和人口结构的推动

一是有利于建立一种可持续的养老保障模式。我国养老保障普遍采取的现收现付制将面临着可能的支付危机,必须向完全的个人积累制过渡,这就要求趁早对仍具有较长劳动年龄且收入相对稳定的人群建立这一制度。当前在城市工作的农民工已有2亿多人,且60%为新生代农民工,若通过加快农民工市民化进程,逐步将这部分人纳入城镇养老保障体系,同时实行完全的个人积累制,这对解决农业转移人口未来的养老问题、缓解整个社会未来的养老压力有着重要意义。而若继续任由农民工"候鸟"般地流动,错失时机,未来中国陷入的不仅是"未富先老",还可能是"老而无养"。

二是有利于改善人口素质结构。与经济结构转型相联系,为适应劳动力供给结构性短缺问题，传统的建立在劳动密集型产业基础上的发展模式须向技术密集型转换，而要实现这一转变，改善劳动力素质结构成为关键。不改变当前农民工"候鸟"般的流动就业状态，要提高作为产业工人主体的农民工的人力资本水平是较为困难的。

第三章

中国农村劳动力转移与中国农民工市民化的实践探索

本章将着重探讨中国农村劳动力转移和农民工市民化的实践探索及其条件。之前相关研究一般会探讨中国农村劳动力转移和农民工市民化实践探索的路径问题，但总结和归纳并不系统。笔者把中国农村劳动力转移的实践探索归纳为三个维度，即历时性维度、共时性维度和指标性维度；而中国农民工市民化的实践探索则更为庞杂，笔者将其实践探索归结为四个方面，即制度性条件、结构性实践、社会性实践和成本要素实践。这样的分类方法，在国内相关研究中尚属首次。

一、中国农村劳动力转移实践探索的三重维度

中国农村劳动力转移的实践探索，可以从三个维度加以考察，即历时性维度、共时性维度和指标性维度。

（一）历时性维度

历时性维度，即在农村劳动力转移的不同阶段的实践探索不尽相同。如果我们把我国农村劳动力转移分为三个阶段，则可以

发现其中差别。

第一阶段是 1991~1996 年，这是我国农村劳动力转移的快速增长期，从图 3-1 中可以发现，这一阶段产业结构因素对农村劳动力转移产生重要影响，原因是 1991~1996 年第二产业和第三产业的 GDP 占比迅速提高，而第一产业占比下降，这使得城市就业需求提升，从而为农村劳动力转移数量提高创造了基本条件。

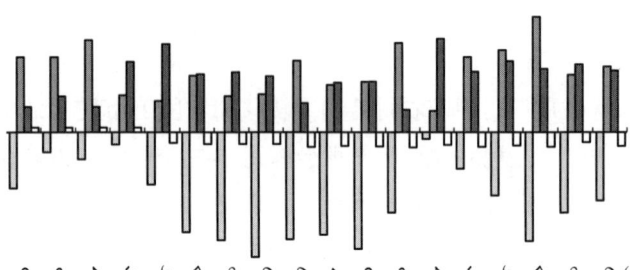

图 3-1 影响我国农村劳动力转移的历时性因素差异

资料来源：何建新、舒宏应、田云：《我国农村劳动力转移数量及影响因素分解研究》，载于《中国人口·资源与环境》2011 年第 12 期。

第二阶段是 1997~2002 年，这是我国农村劳动力转移数量的下降调整期。从 1997~2002 年连续 6 年负增长。图 3-1 表明，这一阶段受经济因素影响较为显著，一方面国有企业改革造成城市工人下岗，并进一步对农村劳动力在城市就业产生挤压效应；另一方面亚洲金融危机的爆发波及国内产业结构，使得第二产业在此阶段比重下降，而第二产业恰恰是吸纳农村转移劳动力的最大产业部门。

第三阶段是 2003 年之后，我国农村劳动力转移数量连续增加。图 3-1 表明，这一阶段产业结构和经济因素对农村劳动力转移起到了共同作用。经济的持续发展和产业结构调整升级的同步进行,为农村劳动力转移的良性与持续性,奠定了坚实的基础。

(二) 共时性维度

共时性维度,即中国农村劳动力转移的实践探索在同一历史横截面的状况。它主要包括以下几个方面。

一是城乡和地区收入差距方面。有学者较早地从城乡收入的角度出发,得出相对收入差距是农村劳动力转移决策的最重要影响因素的结论。之后,根据1996年农业普查数据,推算出我国1988~2000年城乡收入比率和农村外出劳动力数量都呈递增趋势,农村劳动力迁移趋势和城乡之间收入差距的变化方向基本一致。[①] 也有学者通过区域间人口迁移、国民收入增量、国民收入中各产业所占比重的增量三种指标发现,区域经济发展对农村劳动力转移的影响分为经济发展水平因素和经济结构因素,经济发展水平越高劳动力迁移越活跃。[②] 还有学者利用中国30个省区的截面数据建立了扩展的托达罗—菲尔茨模型,结果表明区域收入差距是影响劳动力流动的主要因素,提出了推进中西部城镇化,以扩充中西部城镇吸纳剩余劳动力就业容量的发展战略。[③]

二是地域方面。一方面,输出地特征的因素影响,如所处的地理环境、交通和通信等方面的发达程度、当地非农工作机会的多少等。输出地是否处于平原还是山区对劳动力转移也会产生影响,处于山区的比处于平原地区的农村劳动力更倾向于迁移。利用道路交通和电话网络的发达程度来代表当地非农工作机会的多少,笔者发现交通越不发达,通信越落后的地区的农村劳动力所

[①] 参见蔡昉、都阳、王美艳:《劳动力流动的政治经济学》,上海人民出版社2003年版。

[②] 高国力:《区域经济发展与劳动力迁移》,载于《南开经济研究》1995年第2期。

[③] 马颖:《地区收入差距、剩余劳动力流动与中西部城镇化战略》,载于《福建论坛》2007年第3期。

获得的当地非农工作机会越少，就越倾向于迁移。此外，远离大城市的内地农村的劳动力更倾向于转移。有学者利用对1993年15个省28个村劳动力流动的调查数据，发现外出劳动力规模的大小，与村经济发达程度呈反向相关关系。村级经济越发达，吸收就业的能力就越强，外出劳动力也就越少。[①] 另一方面，输入地特征的因素影响，如移民网络、输入地工作机会的获得、输入地的失业状况以及输入地政府提供公共产品的能力等。几乎所有的调查和文献资料都说明，农村的外出务工劳动力主要靠"三缘"关系——"血缘、人缘、地缘"向外转移，由有关部门组织外出所占的比例较小。这是因为在输入地形成的移民网络能够减少寻找工作的信息成本、心理成本以及失业的可能性，对于农村劳动力转移具有明显的推动作用。有学者在一项对济南市农民工的调查中发现，被调查农民工中有75%以上是通过老乡或亲戚帮助找到进城后第一份工作的。其他的研究文献也有类似的结论[②]。

三是制度方面。它包括户籍制度、农村土地安排制度、社会保障制度、城乡分割的劳动力市场等。比如户籍制度，有研究认为它已成为其他许多歧视农村劳动力的制度根源所在，而这种制度得以维系的主要原因是提供经济转轨时期的政治安全保障。[③] 有定量分析认为城乡收入差异的77%左右可以由户籍制度及相关分配制度所致的城乡分割因素所解释。[④] 还有学者利用五城市劳动力调查数据，通过计量研究发现，外来劳动力与城市本地劳

[①] 赵树凯：《劳动力流动：出村和进村——15省28村劳动力流动调查的初步分析》，载于《中国农村观察》1995年第4期。

[②] "中国农村劳动力流动"课题组：《农村劳动力外出就业决策的多因素分析模型》，载于《社会学研究》1997年第1期。

[③] 蔡昉、都阳、王美艳：《户籍制度与劳动力市场保护》，中国社会科学院人口与劳动经济研究所工作论文，2001年。

[④] Shi, Xinzheng, Terry Sicular and ZhaoYaohui, "Analyzing Urban Rural Income Inequality in China", Paper Presented at International Symposium on Equity and Social Justice in Transitional China, Beijing, 2002.

第三章　中国农村劳动力转移与中国农民工市民化的实践探索

动力之间每小时工资差异的 43% 是由于户籍制度和其他歧视所导致。户籍制度及相关分配制度的差异反映在户籍身份的不同，劳动力市场准入的不同，较好的工作岗位、住房、医疗保险和退休金的获得等方面的歧视。[①]

四是迁移成本方面。迁移成本包括交通成本、生活成本、心理成本、为寻找工作而支付的培训成本和迁移误工造成的机会成本等。有学者将农村劳动力的迁移成本分为直接成本和间接成本，结果发现包括办理"三证"的费用、交通和住房费用等在内的直接迁移成本只能解释城乡工资差异的 30% 左右。[②] 而间接成本如心理成本，尤其担心个人安全和离开家庭的孤单感所造成的心理成本，对人们外出打工的决策具有显著的影响。

五是家庭方面。家庭特征的因素，如家庭劳动力数量、人均所拥有土地数量、家庭所拥有生产资料、家庭所拥有的现金财富、家庭中的未成年孩子数量等。研究表明，家庭中女性劳动力多则倾向于外出打工，而家庭中男性劳动力多则倾向于在本地从事非农活动。而人均拥有土地数量少，家庭中未成年孩子数量少的家庭，倾向于外出打工。[③] 此外，家庭的资源禀赋与劳动力转移倾向呈倒"U"形关系，且该拐点非常接近贫困标准。[④] 这表明有成员要外出打工的家庭必须具有一定的现金财富或者生产资料，最贫困的人群由于相对高昂的迁移成本和风险不会发生迁移，而具有较高收入水平的家庭也不愿外出打工。

六是个体方面。它包括以下几个方面。(1) 教育因素。研究表明，迁移的净收益与受教育程度成正比，但是，文化程度对

[①] 王美艳：《城市劳动力市场上的就业机会与工资差异——外来劳动力就业与报酬研究》，载于《中国社会科学》2005 年第 5 期。

[②] Zhao Yaohui, "Labor Migration and Earnings Differences: The Case of Rural China", *Economic Development and Cultural Change*, 1999, 47 (4): 767-782.

[③④] Du Yang, Alberk Park and Wang Sangui, "Is Migration Helping China's Poor?", Paper Prepared for the Conference on Poverty, Inequality, Labour Market and Welfare Reforming China Australia National University, August 25-27, 2004.

外出的影响很小,同没有受过正规教育的人相比,教育程度较高的人并没有很强的动机想到城市就业。① 农村具有高中及以上文化程度者,一般已经占据了较好的农村就业岗位,因而迁移动机较弱。② (2) 年龄因素。研究表明,年龄对迁移决策有正的影响,年轻人的转移选择受到严格的限制,尽管他们非常愿意转移,但转移机会很少。③通过进一步的研究发现,转移概率随年龄的增加而降低,因为年龄较大的转移者收益期较短。④ 有学者运用 Rogers 人口迁移模型进行的定量分析发现,女性在地区之间流动的发生年龄比男性早,但持续发生的年龄段却比男性短得多,而且年幼子女随父母迁移的现象不明显。⑤ (3) 性别、婚姻因素。性别差异和婚姻在农村非农产业和外出就业选择中有显著影响。与男性相比,女性参加农村非农产业的概率小于 8.3%,外出的概率小于 7.0%;已婚者比未婚者外出的概率小于 2.8%,参加本地非农产业概率小于 0.04%。⑥已婚的劳动力和平均水平相比较有 37.6% 的人不愿转移。⑦同时,女性流动较早,她们到省外、城市、沿海地区的比例明显高于男性。⑧ 而农村收入水平的提高能显著抑制男性劳动力的迁移倾向,反之,城市工资水平的下降则会降低女性迁移者的相对收入。⑨

---

①③⑥ 赵耀辉:《中国劳动力流动及教育在其中的作用》,载于《经济研究》1997 年第 2 期。

② 蔡昉、都阳、王美艳:《人口转变新阶段与人力资本形成特点》,载于《中国人口科学》2001 年第 2 期。

④⑦ Zhao Yaohui, "Labor Migration and Earnings Differences: The Case of Rural China", *Economic Development and Cultural Change*, 1999, 47 (4): 767–782.

⑤ 严善平:《地区人口流动的年龄模型及选择》,载于《中国人口科学》2004 年第 3 期。

⑧ 张晓辉、陈良彪:《农村劳动力跨区域流动中性别因素的影响》,载于《新观察》1999 年第 3 期。

⑨ 朱农:《论收入差距对中国城乡迁移决策的影响》,载于《人口与经济》2002 年第 5 期。

第三章　中国农村劳动力转移与中国农民工市民化的实践探索

（三）指标性维度

对于中国农村劳动力转移的实践探索，如前所述，通常我们可以寻找多种维度或衡量依据。但这些不同的方面到底在多大程度上形塑着农村劳动力的转移，形塑的权重又如何？哪些因素更为重要？而哪些因素影响较小甚至可以忽略不计？对于上述问题，我们可以通过指标设置和定量分析来回答。对于前面提及的各种因素，我们选取那些可以用指标来测量的项目。大致分为如下几类。

一是制度指标。如办理居住登记及居住证、逐步实现基本公共服务均等化，在一定程度对于促进劳动力转移、保障劳动力的基本权益是有利的。对于影响劳动力转移的制度因素，直接测度有点难度，因而我们可以选取能够测度的劳动力市场化程度、劳动力流动自由度和市场化指数来反映。

二是产业指标。产业指标选取第二、第三产业所占 GDP 比重之和与第一产业生产率指标。随着就业人口在三次产业中分布结构的变动，劳动力在不同产业中转移，先从第一产业转移到第二产业，又从第二产业向第三产业转移，目前，我国第二产业占很大比例，第三产业也日渐成熟；第一产业生产率用第一产业生产总值与第一产业从业人数的比值来计算。

三是收入指标。收入指标选用城乡收入差距来衡量。托达罗（第六章第一节还会详细介绍）认为，城乡预期收入差距越大，越是吸引农村劳动力转移到城市。农村劳动力转移主要是为了追求更高水平的收入、更高质量的生活。

四是资源指标。资源因素指标体系主要从农村的农业机械动力资源、自然资源来考察对农村劳动力转移的推动作用。农业机械总动力反映了农村基础设施条件，即农业生产的机械动力资源，该指标数值越高，说明农业中的科技水平和生产效率越高，所需的农业劳动力就越少，农村剩余劳动力就越多，转移的可能性就越大。人均耕地面积即农村可利用的耕地数反映了需要农村劳动力的自然资源，可以从另一侧面反映农村劳动力转移的可能性。农作物播种面积说明农村的耕地面积中实际利用的情况，播种面积大，需要的劳动力相应地也会多。

五是人力资本指标。个人的受教育程度也会影响劳动力的转移。一般来说，受教育程度越高的农民越容易在非农产业中找到较高薪酬的工作。我们可以用农村劳动力的初中受教育程度人数所占比重、高中人数所占比重、大专及以上人数所占比重来衡量。

按照上述设定，表3-1反映了相关指数对我国农村劳动力转移的影响情况。我们发现，除去劳动力流动自由度和第三产业GDP对农村劳动力转移的影响过小可以忽略不计外，其他诸多因素对农村劳动力转移都有或大或小的影响。

表3-1　我国农村劳动力转移的影响指标及其效用

指标	转移劳动力占农村劳动力比重
劳动力市场化程度	0.822**
劳动力流动自由度	-0.532
市场化指数	0.881**
GDP	0.907**
人均GDP	0.908**
城镇化水平	0.954**
第一产业GDP	-0.941**
第二产业GDP	0.865**
第三产业GDP	-0.563
第一产业劳动生产率	0.895**
第二产业劳动生产率	0.806**
第三产业劳动生产率	0.907**
农业机械总动力	0.670*
人均耕地面积	-0.962**
农作物总播种面积	-0.833**

续表

指标	转移劳动力占农村劳动力比重
农村居民人均纯收入	0.841**
城镇居民人均可支配收入	0.906**
城乡收入差距	0.888**
城镇登记失业率	-0.913**
农村劳动力的初中受教育程度人数所占比重	0.844**
农村劳动力的高中人数所占比重	0.935**
农村劳动力的大专及以上人数所占比重	0.903**

注：** 表示在 0.01 水平（双侧）上显著相关，* 表示在 0.05 水平（双侧）上显著相关。

资料来源：胡春春：《农村劳动力转移影响因素的指标体系构建及实证分析——以广东省为例》，载于《广东农业科学》2012 年第 18 期。

指标维度衡量农村劳动力转移的好处在于，可以把相关影响因素的程度区分出来，这对我们进一步分析农村劳动力转移有所帮助。

二、中国农民工市民化实践的制度条件

中国农民工市民化实践的制度条件主要有四个方面：土地制度条件、就业制度条件、社会保障制度条件和住房保障机制条件。本节将围绕这四个方面展开分析。

（一）中国农民工市民化实践的土地制度条件

中国农民工市民化实践的土地制度条件集中在两个方面。

一是土地产权制度的清晰度对农民工市民化产生重要影响。土地产权不清晰是造成农民和新生代农民工的土地权益得不到有效保障的根源。农民和新生代农民工的土地权益得不到有效保障降低了他们的市民化能力，影响了他们的市民化进程。首先，从

农村土地的所有权看,农地归集体所有。但目前事实上的农地所有者,包括村民委员会、村民小组、自然村和联队都不能独自作为集体土地所有权的代表,这使得集体土地的所有权主体处于"模糊"或"虚置"的状态。所有者的"模糊"或"虚置"必然无法阻止外来力量对集体土地的侵害。从农村土地的承包经营权看,农地的承包经营权属于农民。但在2007年《中华人民共和国物权法》实施之前,土地承包权一直被视为契约规定的债权性质而不是法律赋予的物权。土地承包权的债权性质使承包权被弱化,承包者在多维权益主体博弈中也处于弱势地位,从而不利于承包者阻止集体组织和政府对其承包权的侵害,2003年颁布的《中华人民共和国农村土地承包法》甚至规定农民进入大中城市务工定居,就要放弃原土地的承包权而不能得到任何补偿。再例如,承包权的侵害表现为来自政府对其承包地的强行征用和低标准补偿。承包权的弱化和受侵害也直接降低了农民和新生代农民工的土地收益,从而降低了他们的市民化能力和市民化进程。[1]

经验表明,不清晰的土地产权会使农民工因在外打工而承担失地或换地的风险,从而导致农民工安全感降低而减缓农民工的市民化进程。相关分析表明,1998~2004年,选择长期工作并居住于村外的劳动力的比例增加较多的村,其间(1998~2003)这些村庄的土地产权稳定状况明显好于其他村庄。例如,1998~2004年选择长期工作并居住于村外的劳动力的比例增加较多的村,1998~2003年,该类村庄的土地调整次数较少,规模较小,农户土地稳定经营期(即距上次土地调整的时间)较长。[2]

此外,村级土地产权状况主要采用以下三个指标综合评价,

---

[1] 黄锟:《农村土地制度对新生代农民工市民化的影响与制度创新》,载于《农业现代化研究》2011年第2期。
[2] 刘晓宇、张林秀:《农村土地产权稳定性与劳动力转移关系分析》,载于《中国农村经济》2008年第2期。

第三章　中国农村劳动力转移与中国农民工市民化的实践探索

分别是一定时间段内的土地调整频率、一定时间段内的土地调整规模（强度）、某个时点距上次调整的时间。具体来讲，土地调整频率指某个时间段内村庄发生土地调整的次数；土地调整规模（强度）指某个时间段内有过土地调整的农户数量占该村全体农户数量的比例，或发生调整的地块数量占该村全部地块数量的比例；距上次土地调整的时间是指某时间点该村农户平均享有的稳定经营土地的时长（或者没有土地调整状态的持续时间）。所以，村庄土地调整频率越低，有过土地调整的农户比例或地块比例越小，距上次土地调整的时间越长，则该村庄土地产权越稳定。①

二是土地流转率对农民工市民化产生重要影响。我国农村土地制度把农民的身份权和土地权利捆绑在一起。2003年颁布的《中华人民共和国农村土地承包法》规定，农民进入小城镇务工或定居，仍保留原土地的承包权，而进入大中城市务工定居，则要放弃原土地的承包权而得不到任何补偿。因此，对于进入大中城市务工定居的农民工来说，市民化就意味着要失去土地权利，却又得不到相应补偿，这在一定程度上增加了市民化的机会成本，从而降低了农民工市民化的意愿；对于进入小城镇务工定居的新生代农民工来说，市民化虽然不会失去土地权利，但是，在中国现行土地产权制度安排下，农地流转的内生机制还不健全、外部的市场环境也不成熟，农地流转相当困难，大部分农民工只有将承包地交由家人耕种或抛荒。上述几种结果要么提高了市民化的成本（包括机会成本），降低了市民化意愿，要么降低了市民化的能力，从而阻碍了市民化进程。此外，农地是否流转对农民工市民化意愿有着直接的影响。将承包地交由家人耕种或抛荒的农民工的市民化意愿，分别占69.6%和69.4%，而将承包地

---

① 刘晓宇、张林秀：《农村土地产权稳定性与劳动力转移关系分析》，载于《中国农村经济》2008年第2期。

流转的农民工的市民化意愿却只有63.3%。其中原因可能是由于农地流转机制不健全,造成了农地流转的高成本、低收益,反而造成了农民工市民化意愿的下降。① 例如,重庆市农地流转和农村剩余劳动力转移之间呈现高度相关性。在不考虑其他因素的情况下,农地流转每增加1万亩,农村转移劳动力会增加1.461万人,显示了农地流转对农民工流动的直接影响。②

总之,土地产权制度越明晰,就越能促进农民工市民化程度;土地流转率越高,也越能促进农民工市民化程度。反之,则农民工市民化进程就会受到阻碍。

(二) 中国农民工市民化实践的就业制度条件

中国农民工市民化实践的就业制度条件,其关键在于就业制度失灵对农民工市民化所产生的不利影响,主要体现为三个方面。

一是农民工劳动力转移就业机制不畅对农民工市民化产生不利影响。目前1亿多农村剩余劳动力从构成上讲,主要是中年以上的劳动力,并且多以农业剩余劳动时间的形式存在。随着青壮年农村劳动力向乡镇企业转移或进城就业,留在农村,特别是留在中西部欠发达地区农村的人口,主要是老人、儿童和中年以上的劳动力。以安徽省蒙城县为例,该县63万农村劳动力中,2005年就近转入非农产业的占13%,县内乡外流动就业的占3%,出县就业的占44%,而留在乡村务农的占40%。能够继续外出的主要是每年1万左右不再继续升学的初高中毕业生。③ 换言之,对中年以上农村富余劳动力转移机制缺乏保障,成为影响

---

① 黄锟:《农村土地制度对新生代农民工市民化的影响与制度创新》,载于《农业现代化研究》2011年第2期。
② 王竹林:《城市化进程中农民工市民化研究》,中国社会科学出版社2009年版,第134页。
③ 崔传义:《进入新阶段的农村劳动力转移》,载于《中国农村经济》2007年第6期。

第三章　中国农村劳动力转移与中国农民工市民化的实践探索

农民工市民化的重要因素。

其中，尤以中西部地区乡镇企业薄弱地区的农村剩余劳动力为主。例如，蒙城县第一、第二、第三产业结构之比为42∶24∶34，工业是"短腿"，民营企业仍薄弱。1996～2005年的10年里，在乡镇企业、民营经济就业的劳动力仅从6.3万人增加至8.1万人，占农村劳动力的比例从11%提高至13%，平均每年只提高0.2个百分点。多种因素制约着这些出不去的中年以上的农村劳动力在本地第二、第三产业寻求就业出路。同时，一些因年龄或其他原因返乡的农民工，也不可能都退回农业中去。解决他们充分就业的问题，有赖于乡镇企业的发展，也有赖于为进城农民工打通在城镇彻底转移的渠道。[①]

二是农民工在城市就业稳定机制不足对农民工市民化产生不利影响。研究表明，农民工在城市换工作的频率与其在城市生活中的社会适应性、生活满意度、城市认同感和心理融入度之间呈负相关。[②] 原因在于，就业不稳定、换工作频率高，势必影响农民工对所在城市认同感的降低，从而导致其继续居住在城市的意愿降低。反之则会加强。

因此，经济发达地区的农民工市民化程度更高，和这些地区就业稳定机制相对健全有关。数据表明，跨区域流动进城就业的农民工已由20世纪90年代初的三四千万人增加至1.2亿人，成为珠江洲三角、长江三角洲、环渤海等地区工业化的主力。农民工职业转变的稳定程度和融入城市的再社会化取得明显进展。据对苏南和珠江三角洲地区的调查，农民工在当地非农产业就业5～7年的约占40%，举家在城镇就业和居住的占20%以上，春节期间不再回家而在就业地过年的比例已上升至30%～40%。

[①] 崔传义：《进入新阶段的农村劳动力转移》，载于《中国农村经济》2007年第6期。

[②] 单菁菁：《中国农民工市民化研究》，社会科学文献出版社2012年版，第61页。

一些农民工已经成为发达地区企业的中下层管理人员和技术人员。一些农民工在打工中学习、成长,然后自主创业。在苏州和无锡市,一些新兴产业不少是由农民工中的经营者率先进入的;在广东省东莞市,由农民工创办的企业有1万~2万家。调查表明,期望在城市安家的农民工占50%以上。另外,一些民营企业欢迎稳定就业的夫妻工,要求把那些在企业工作多年的农民工中的优秀人员、技术工人、管理人员留下来,这也从一个侧面反映了农民工本地化的进展。[1]

三是农民工在城市就业不充分对农民工市民化产生不利影响。研究表明,进城农民工的失业时间与其在城市生活中的社会适应、生活满意度、城市认同感和心理融入度之间呈负相关。换言之,农民工在城市失业时间越长、就业越不充分,其对城市社会的适应程度就越低、生活满意度越差、城市认同感和心理融入度就越弱。[2] 反之则越高。

就业制度失灵对农民工市民化产生了消极的后果,其中最为显著的消极后果是城乡居民收入持续扩大。它主要表现为以下两个方面[3]。

第一,农村劳动力扩大就业,增加收入来源,应当有利于缩小城乡居民收入差距,但事实上差距没有缩小,反而却越来越扩大。中国城乡居民收入差距在改革初期曾有所缩小,1978~1985年,城镇居民可支配收入同农户人均纯收入的比值由2.57∶1下降至1.86∶1。这是因农村土地承包到户,提高了劳动效率,农民来自农业的收入超常规增长。此后两者的比值扩大,1995年为2.71∶1,2005年后扩大至3.3∶1。城乡居民人均消费性支出

---

[1] 崔传义:《进入新阶段的农村劳动力转移》,载于《中国农村经济》2007年第6期。
[2] 单菁菁:《中国农民工市民化研究》,社会科学文献出版社2012年版,第61页。
[3] 崔传义:《农业富余劳动力转移与城乡居民收入差距变动——基于中国改革以来的情况分析》,载于《农村经济》2010年第9期。

之比达 3.35∶1。

第二，中西部地区农民收入更低，与城镇居民收入差距更大。改革初，东、中、西部地区农民收入的差距较小，1978 年为 1∶0.92∶0.73；1985 年为 1∶0.81∶0.69；1990 年为 1∶0.62∶0.53；2008 年为 1∶0.56∶0.45。城镇居民可支配收入与中、西部地区农民人均纯收入的比值，分别约为 3.6∶1 和 4.6∶1。

那么，如何纠正就业制度失灵对农民工市民化的不利影响？关键在于加强农村劳动力的转移培训。

首先，搞好农村劳动力转移培训，提高其整体素质，关系我国非农产业的持续竞争力和农村现代化进程。农村劳动力转移培训，不仅可以提高农村劳动力转移就业能力、扩大就业范围、提高就业层次和收入水平，而且对第二、第三产业的发展水平和我国企业在国内外市场的竞争力有着决定性影响。目前，农民工在我国第二、第三产业的就业人口中占半壁江山，在制造业中约占 60%，在建筑业中约占 80%。农村劳动力转移培训和农民工培训的状况，直接关系整个国家工业化的水平。我国走新型工业化道路，也要靠优化和提升人力资本。在一个相当长的时期，增强我国的竞争优势要靠大量农村劳动力向非农产业转移，靠加强农村劳动力转移培训。而且，农村劳动力转移培训在很大程度上决定着农村劳动力能否实现根本转移，从而真正减少农民、富裕农民，为农村城镇化、现代化创造条件。[①]

其次，加强农村劳动力转移培训，是推动产业升级的关键。目前是我国经济结构转变和农村劳动力转移的关键时期，其特点是工业化的发展逐步越过以劳动密集型产业为主的资本原始积累阶段，进入第二、第三产业扩张与加快技术创新、提高资金和技术在传统产业的贡献率并发展新兴产业的时期，这对就业人员的

---

① 崔传义：《为什么要加强农村劳动力转移培训》，载于《人民日报》2006 年 9 月 1 日第 9 版。

素质和技能提出了更高的要求。根据对全国104个城市2005年第一季度劳动力市场职业供求状况的监测,在劳动力总需求中,对技术等级有明确要求的占49.5%。近年来我国一些发达地区出现的"民工荒",其深层原因既有农民工合法权益得不到有效保护的问题,也有企业发展、产业升级对劳动力素质要求提高的问题,其实质是"技工荒"。只有提高从业人员的素质和技能水平,才能适应产业升级换代的需要。①

最后,农村劳动力转移培训是具有社会效益的准公共品,是政府部门促进就业和帮助低收入群体增加收入的主要切入点。农村富余劳动力要获得从事非农产业的职业技能以实现转移,仅靠自身的努力是难以完成的。农村富余劳动力通过培训实现非农就业,不仅可以使自身受益,而且有益于农村和农业的发展,有益于获得有技能劳动力的城市和工商服务业的发展。更为重要的是,人力资本的提升对国家发展具有战略意义。可以说,农村劳动力转移培训的效益在全社会。因此,各级政府应当切实承担起相应的责任,把农村劳动力转移培训这件大事抓紧、抓好,为彻底解决"三农"问题和推进工业化、城镇化、现代化进程创造条件。②

(三) 中国农民工市民化实践的社会保障制度条件

中国农民工市民化实践的社会保障制度条件集中体现在农民工的参保比例、退保情况和制度建设三个方面。

第一,农民工参保比例偏低不利于农民工市民化。总体而言,农民工的实际参保比例偏低。目前我国农民工参加养老保险和医疗保险的比例不到20%。据分析,农民工参保低的主要原因是城镇社会保险缴费比例过高和待遇资格条件跨地区、跨城乡

---

①② 崔传义:《为什么要加强农村劳动力转移培训》,载于《人民日报》2006年9月1日第9版。

第三章　中国农村劳动力转移与中国农民工市民化的实践探索

转移难。事实上,城市社会保险高门槛、城乡分化和农民工参保低是互为因果的。①

据南开大学社会工作与社会政策系课题组于2006年8~10月在天津、上海、广州、昆明、沈阳五大城市调查,2 509名被调查的农民工中参加养老保险、医疗保险、工伤保险、失业保险和生育保险的分别占7.9%、10.5%、8.2%、3.5%和2.6%。据2006~2007年长江三角洲16城市农民工市民化问题调查,在接受调查的农民工中,参加养老保险的有11.7%,浙江省相对较高,但也仅为19.0%;参加医疗保险的有12.7%。江苏省最高,为19.5%;参加失业保险的为5.8%;参加工伤保险的有14.7%。被采访者中还有59.9%的人没有参加任何一种保险。据武汉大学经济发展研究中心在2007年2~3月对765名农民工调查数据分析,在接受调查的农民工中,有66.5%的农民工表示愿意参加社会保障,实际参加养老保险、医疗保险、失业保险、工伤保险的农民工分别占总人数的8.0%、13.0%、4.8%、26.2%。上述各地调查结果总的说明,农民工的社会保障程度还是比较低,农民工参加社会保障的意愿和实际参保率都有待提高。②

然而从2008年之后,我们发现农民工在城市的参保率有提高的趋势,即使提高的幅度并不大。这说明在政府的调控下,这个问题正在好转,如图3-2所示。

第二,农民工在现有社会保障制度下退保率不低,这对农民工市民化也会产生不利影响。研究显示,浙江省2005年在不到1年的时间内,累计有3万多农民工退出养老保险,绍兴县1~8月平均每月退保400人。广东省近年来农民工的退保率长期维持

---

① 贡森:《加快建立农村社会保障制度,实现城乡共赢》,载于《决策咨询通讯》2007年第6期。
② 高君:《推进我国农民工社会保障与市民化制度创新问题研究》,载于《城市发展研究》2009年第1期。

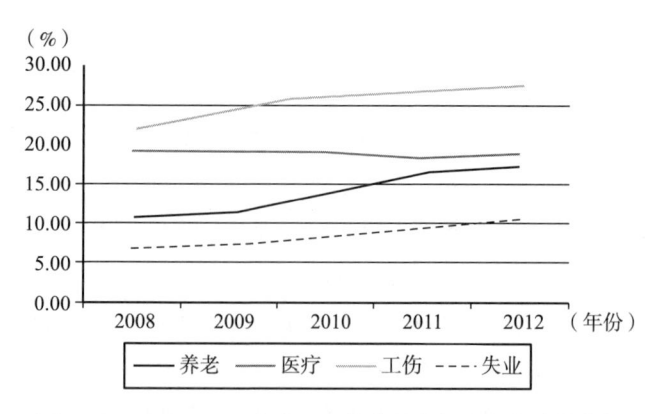

图 3-2 2008~2012 年农民工各类社会保险参保率的变化

资料来源：李迎生、袁小平：《新型城镇化进程中社会保障制度的因应——以农民工为例》，载于《社会科学》2013 年第 11 期。

在 90% 以上。深圳市 2007 年 1~6 月办理退保的农民工达 41.33 万人。深圳宝安区沙井社保站曾出现过 1 天有 600 多名农民工排队退保的场面。福州市已参加养老保险的进城农民工中就有 40% 的人退保。农民工享有社会保险的状况，从根本上反映了他们平等参与城市就业竞争、融入城市生活的程度。利益受损的农民工高退保率不仅表明政策制度安排的缺陷，而且反映出现行社会保障体系并没有较好地接纳这一群体。①

第三，农民工社会保障制度不健全对农民工市民化也产生不利影响。就农民工参保模式而言，目前我国在不同地区有不同的办法。主要分为以下几种类型：一是"城保"模式。农民工社保纳入城镇职工社保中。多数省份采取这种模式。二是"双低"模式。也就是低费率进入、低标准享受。在城镇职工基本保险基础上，通过降低缴费基数和缴费比例等方式，降低农民工的参保成本。2007 年重庆市推出的政策，就采用了这种模式。三是

---

① 高君：《推进我国农民工社会保障与市民化制度创新问题研究》，载于《城市发展研究》2009 年第 1 期。

第三章　中国农村劳动力转移与中国农民工市民化的实践探索

"综保"模式。它是为农民工量身定做的社会保障模式。首先在上海试点，随后在成都试点。它把农民工的工伤、医疗和养老三项保险捆绑在一起，按比例较低的费率缴费，如上海市规定综合保险的缴费率为12.5%，成都是20%。四是"农保"模式。把农民工纳入流出地的社会保险，同时农民工用人单位还可以选择参加商业保险公司提供的意外伤害保险。[1] 综合以上几种模式，总体上看，农民工社会保障制度"碎片化"问题突出。从1978~2005年，国家对农民工社会保障的建设一直缺乏足够的重视。对农民工社会保障的制度安排，一直欠缺全国性的考量。1995年之后出台的各类农民工社会保险制度，只是简单而直接地提出将农民工纳入城镇职工社会保险体系，实际上很难实施。直到2006年出台的《国务院关于解决农民工问题的若干意见》才提出要高度重视农民工社会保障工作。目前，我国城镇社会保障体系的主要统筹单位是省和市（县）。各省市（县）往往依据各地的实际情况制定农民工社会保障政策。涌现出的四种代表性模式（"城保"模式、"双低"模式、"综保"模式和"农保"模式）的实施特点各异，其覆盖范围、缴费水平、保险待遇、统筹层次等存在着很大差别，相互之间的可衔接性差。不仅四种模式与新型农村社会保障体制、城镇职工社会保障体系之间的衔接性差，即使是四种模式之间也不易衔接。其中"综保"模式的封闭性最强，它只涉及工伤、医疗、养老三类保险。这四种模式的实施范围有的在省一级，有的在市一级，制度的"碎片化"现象较为严重。[2]

具体而言，以上几种模式对于农民工市民化所存在的问题各有不同。

---

[1] 以上四种模式，见国务院发展研究中心课题组：《农民工市民化——制度创新与顶层政策设计》，中国发展出版社2011年版，第198页。

[2] 李迎生、袁小平：《新型城镇化进程中社会保障制度的因应——以农民工为例》，载于《社会科学》2013年第11期。

"城保"模式的问题在于其适用性。它提供的社会保障项目及缴费能力要求与城市居民很接近。而且统账结合的社会保障模式实际上只对那些可能在城市定居的农民工有吸引力。它更适合市民化程度较高、流动性较低的工资劳动者型的农民工。而不适合流动性较大、在城市定居的可能性较小的农民工。因为只有在城市定居才能获得社会统筹部分的社会保障权益。这种模式提供了和城市居民相近的社会保障,但是缺乏户籍制度改革与之相配合,大部分参加直接扩面社会保障的农民工仍然不能顺利实现市民化,原因是和户籍制度紧密结合的社会救助和社会福利并没有向他们扩面。由于二元户籍制度引致的许多现行行政制度已固化多年,一些隐性的福利差异也不是短时间就可以改变的。因此,仅仅在形式上实现农民工社会保障是不充分的。"城保"模式对收入相对城市职工普遍较低的农民工而言,缴费标准仍然较高,农民工负担过重。由于农民工流动性大的特点,绝大多数农民工连续缴费达不到城市职工缴费15年的年限规定,只能选择退保。而退保只退个人缴费部分,企业给农民工的缴费不退,留在城市。这不仅表明"城保"模式与农民工流动性较强之间的矛盾,而且反映出这一模式并没有满足农民工市民化需求。[①]

"双低"模式的问题在于,它只是"城保"模式的简单延续。它承认目前城乡割据的二元社会保障体系,割裂了城市与农村劳动力的社会保障界限。该模式缴费成本的降低,对城乡统一的劳动力就业市场的形成还会产生一定的负面影响。其较低的保障水平,也限制了收入较高的农民工社会保障水平的提高。这都不利于农民工市民化。[②]

"综保"模式的问题在于,对那些市民化程度较高、流动性较低的工资劳动者型的农民工来说,缺乏使他们转变为市民的机

[①②] 高君:《推进我国农民工社会保障与市民化制度创新问题研究》,载于《城市发展研究》2009年第1期。

第三章 中国农村劳动力转移与中国农民工市民化的实践探索

制,适应不了其市民化的需要。尽管该模式向流动性较大的农民工提供了一定的保障,可保障也只是其进城务工期间的一些收入保障。相对独立型社会保障模式还会带来基金分散管理等问题,既不利于整个社会保障体系内基金的完整性,也不利于将来与城市社会保障制度接轨。该模式也忽视了由整个社会化解风险的社会保障建制初衷,较低的统筹层次不能实现社会保障的社会功能。因此,这种模式仍在一定程度上体现了城市的"本位主义",不能从根本上解决农民工社会保障问题,反映出我国传统的"城乡为界"的二元社会保障制度安排不能适应农民工市民化的新情况。①

除了以上保障模式的问题之外,农民工社会保障制度的不健全还体现在以下几个方面。

一是农民工社会保障项目不健全。目前关于农民工的社会保障政策偏重社会保险,忽视了社会救助和社会福利。现阶段城镇的社会救助制度和社会福利制度并未将农民工群体纳入进去。社会救助方面,以最低生活保障为例,1999年施行的《城市居民最低生活保障条例》只保障非农业户口的城市居民。社会福利方面,目前农民工也难以从城市体制内获取相关福利。通常认为,保障性住房是最重要的一项社会福利。2004年3月实施的《城镇最低收入家庭廉租住房管理办法》的适用对象限于城镇最低收入家庭。虽然有少数城市将农民工纳入城镇住房体系(例如,重庆市建立的农民工公寓),但实施范围很窄。教育方面,近年来农民工子女在流入地接受义务教育的总体情况有较大改善,但仍有不少农民工子女的教育状况不容乐观。这种情况在东部地区的大城市表现得更为明显。以北京市为例,截至2011年8月,北京有外来务工人员随迁子女43.37万人,70%以上在公办中小学

---

① 高君:《推进我国农民工社会保障与市民化制度创新问题研究》,载于《城市发展研究》2009年第1期。

就读，有约 10 万随迁子女在自办学校就读。自办学校中有 62 所为合法办学，114 所学校未经政府审批，涉及学生达 4 万余人。①农民工社会保障的内容（项目）不健全还体现在社会保险体系内部。五大险种中，涉及养老、医疗、工伤、失业方面的保险制度已初步建立，但涉及农民工生育保险的制度至今未建立起来。1994 年的《企业职工生育保险试行办法》适用于城镇企业及其职工，并没有对农民工的参保做具体规定。2010 年的《中华人民共和国社会保险法》确立了女性职工具有生育保险权，它原则上适用于农民工。但一直没有出台相应的制度对农民工的生育保险权进行保障。由于生育保险按照属地原则组织，受城市户籍管理制度限制，不少地方的社会保障政策不将流动人口纳入生育保险范围。例如，在上海市，生育保险就不包括在上海综合保险实施范围内。②

二是农民工社会保险的覆盖率相对比较窄。目前的社会保险制度，实际上将那些没有签订劳动合同以及灵活就业的农民工排除在外，而只纳入了稳定就业的农民工。从劳动合同的签订率看，一直以来农民工签订劳动合同的比例都比较低。2004 年一项全国性调查显示，农民工的劳动合同签订率仅有 12.5%。2008 年 1 月 1 日生效的《中华人民共和国劳动合同法》从法律层面上强化了对劳动者权益的保护。之后，农民工签订劳动合同比率有所上升。国家统计局发布的《2011 年我国农民工监测调查报告》显示，当年以受雇形式从业的外出农民工中，与雇主签订劳动合同的占 43.8%。即便如此，仍有一半多的农民工未能签订劳动合同，也就不能享受社会保险。从就业形式看，农民工群体由于流动性强、职业转换较快，就业形式呈现多样化特征，灵活就

---

① 《北京将关停 24 所打工子弟学校》，新华网，2011 年 8 月 16 日。
② 李迎生、袁小平：《新型城镇化进程中社会保障制度的因应——以农民工为例》，载于《社会科学》2013 年第 11 期。

第三章　中国农村劳动力转移与中国农民工市民化的实践探索

业、自我雇用者占了一定比例。而目前的社会保险制度对多样化的就业形式明显不适应，甚至有所排斥。在缴费模式上，养老保险、医疗保险和失业保险实行个人和单位共同缴费，工伤保险由企业缴费，个人无须缴费。四大险种中，《中华人民共和国社会保险法》中允许灵活就业的农民工参加养老保险和医疗保险，但未对灵活就业人员参加工伤保险和失业保险做出具体规定。这种制度安排无形中将灵活就业的农民工排斥在工伤和失业保险外。从现实情况分析，灵活就业的农民工通常就业不稳定、收入比较低，处于农民工群体的中下层，他们更需要国家和社会的保护。[1]

三是农民工社会保险的缴费率过高。2010年后，不少地区对农民工的社会保障政策向城镇职工社会保障看齐。按照城镇职工社会保障体系的设计，企业的缴费比例达30%以上，个人的缴费比例超过10%。[2] 这一缴费比例对农民工和企业来说都过高。目前农民工集中于餐饮、娱乐、建筑、批发零售、物流等行业就业，他们的收入低、工作不稳定、生活拮据。以2011年为例，流动人口家庭在流入地的人均月消费支出为1 029元，其中食品和住房支出在总支出中占73%。[3] 几百元的社会保障费用在其月消费总支出中占很大比重。虽然参加社会保障可以减轻农民工的未来压力，但微薄的收入使农民工在除去日常生活基本开支外难以拿出"闲钱"参加社会保险。对于企业来说，现阶段农民工所打工的行业集中在劳动密集型行业，这类行业的平均利润不高、产品附加值低。如果严格按照条例征收，30%以上的缴费比例会大大加重企业的经济压力，挤压企业的利润空间，使企业难以扩大再生产。[4]

---

[1][2] 李迎生、袁小平：《新型城镇化进程中社会保障制度的因应——以农民工为例》，载于《社会科学》2013年第11期。

[3][4] 国家人口和计划生育委员会流动人口司：《中国流动人口发展报告2012》，中国人口出版社2012年版，第20页。

四是农民工社会保障具有不均衡性。农民工社会保障的不均衡主要体现在区域的不均衡和城市的不均衡。从制度设计上看，东部地区和大城市对农民工社会保障的探索较为深入，前述四个模式有三个都集中在东部。其中广东省、浙江省、上海市、北京市等地农民工社会保障体系的设置较为完善，农民工的参保率也高。从参加社会保障的人数看，东、中、西部之间的不均衡特征很明显。东部地区在各个险种方面的参保率明显高于中、西部地区；而中、西部地区的参保率均低于全国水平，且二者的参保率相差不大，图3-3为2011年外出农民工在不同地区参加社会保障的比例。同时，大城市的农民工参加社会保障的状况好于中小城市。大城市由于外来农民工较多，对劳动关系的监管较严，对农民工参加社会保障制度也持鼓励态度，因而参保率高。以深圳市为例，截至2009年1月底，参加社会医疗保险的农民工达

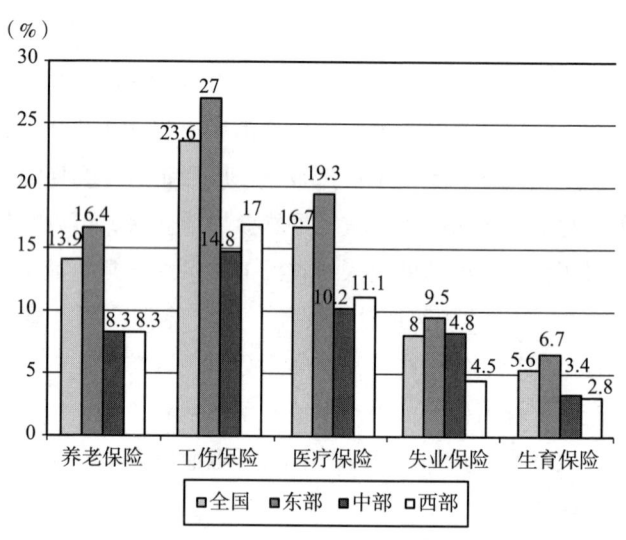

图3-3 2011年外出农民工在不同地区参加社会保障的比例

资料来源：李迎生、袁小平：《新型城镇化进程中社会保障制度的因应——以农民工为例》，载于《社会科学》2013年第11期。

581.36万人，其中综合医疗保险占6.08%，住院医疗保险占24.72%，农民工医疗保险占69.20%。这一比例远高于全国。2009年上海市参加综合保险的外来从业人员达到378.41万。①

（四）中国农民工市民化实践的住房保障制度条件

随着农民工数量的快速增长，在城市居住时间的增加，市民化意愿的增强，农民工住房问题正得到越来越多的重视。2006年出台的《国务院关于解决农民工问题的若干意见》提出要多渠道解决农民工居住问题，保证农民工居住场所符合基本的卫生和安全条件；2007年出台的《国务院解决城市低收入家庭住房困难的若干意见》提出将农民工作为城市中其他住房困难群体；2007年，建设部、发展改革委等部门联合发布《关于改善农民工居住条件的指导意见》，提出用工单位是改善农民工居住条件的责任主体。这些文件初步明确了农民工住房政策的基本方向。一些地方也积极破解农民工住房难题，主要做法包括建立农民工公寓（农民工经济租用房），将符合条件的农民工纳入城市住房保障体系，建立农民工住房公积金制度，对农民工购房给予财税支持等。

然而，当前城市农民工的住房保障机制仍不完善，这对农民工市民化会产生不利影响。城市农民工住房保障机制不完善主要体现在以下五个方面。

一是城市农民工住房保障机制的缺失。一方面，农民工无法进入城市商品房市场。绝大多数农民工的收入水平都远远低于城市房价和房租水平。针对全国不同省、市、县的研究显示，城市农民工的月平均收入在500~1200元之间。②除由用工单位提供

---

① 国家人口和计划生育委员会流动人口司：《中国流动人口发展报告2012》，中国人口出版社2012年版，第20页。
② 王凯、侯爱敏、翟青：《城市农民工住房问题的研究综述》，载于《城市发展研究》2010年第1期。

居住场所外，大部分的农民工还得自行从市场上租房。但由于自身的经济能力有限，通常只能租住城乡接合部的农民私房或市中心价格相对低廉但条件差的房屋，市场上还没有与他们支付能力相当的租赁房源供应。农民工的住房需求很强烈，但是市场不会自动产生与这种需求相匹配的供给。另一方面，农民工仍游离于城镇住房保障体系之外。城乡二元结构的保障体制仍然把农民工当"外来人口""暂住人口"对待，他们没有获得身份转变，不能享受同城市居民同等的保障权利。虽然一些城市提出将农民工纳入城镇住房保障体系，但限制条件过多，农民工进入城市住房保障体系的门槛过高，还存在着事实上的政府失灵。目前农民工在城市的居住主要还是通过血缘、乡缘、业缘和地缘关系解决。由这些关系所导致的居住方式会逐渐造成一种低收入人群根据工作或亲缘关系的人为集中，也就产生了诸如"城中村"等现象，形成了新的城市二元结构。①

二是保障机制不畅导致对农民工城市居住的社会排斥效应。一方面，目前多重分割的城市住房制度对农民工获得住房构成了一种社会排斥，使他们在住房获得的途径上极其有限。越来越多的以农民工为主要雇用对象的企业为员工提供"包住"，意味着农民工在获得一份工作的同时也解决了住房问题，这在一定的时间内就形成了某种类似计划经济时代国有企业的员工对于单位的依赖关系。但与之不同的是，这种关系是暂时的、不稳定的，一旦农民工失业，该份工作所"附送"的居住权利便随之被剥夺。除了员工集体宿舍外，租赁房屋成为农民工另一种住房获取方式。在面向农民工的房屋租赁市场上，近九成的是城中村或村镇的私人出租屋，仅有1%的人住在当地政府所建的廉租房。② 另

---

① 金三林：《解决农民工住房问题的总体思路和政策框架》，载于《开放导报》2010年第3期。
② 黄卓宁：《农民工住房来源及住房水平的实证研究》，载于《珠江经济》2007年第9期。

第三章　中国农村劳动力转移与中国农民工市民化的实践探索

一方面，相对于城市居民，农民工在城市的居住面积较小、居住环境较差。综合现有的研究结果，城市农民工人均居住面积在3~10平方米之间，不同城市、不同范围的研究差距较大。最小的是住房和城乡建设部专题调研组针对上海、江苏、广东等18个省市的调查结果，发现人均建筑面积不足3平方米；最大的是针对珠江三角洲9个城市的研究结果——农民工人均住房面积的均值为10平方米，不过有近一半的人人均居住面积不及6.5平方米。[1] 从上面的数据可以看出，城市农民工群体内部尽管存在差异，但平均住房面积普遍偏小，远低于同时期相应城市居民的人均居住面积。

三是住房保障相关政策对农民工市民化的制约。一方面是现行用地政策制约了农民工集体宿舍的建设。[2] 目前，集中建设农民工集体宿舍的方式主要有三种：(1) 开发区或工业园区内的企业利用受让的土地，在工厂生产区附近兴建职工宿舍。(2) 由企业与农民集体组织通过多种方式合作，利用城乡接合部农民集体土地兴建农民工宿舍。(3) 利用破产或倒闭企业的闲置厂房改造或修建农民工宿舍。但这三种方式都与现行土地政策相冲突：利用出让工业用地兴建农民工宿舍与现行工业用地政策相冲突；利用城乡接合部农民集体土地兴建农民工宿舍与现行集体建设用地流转政策相冲突；利用破产或倒闭企业的闲置厂房改造或修建农民工宿舍与现行土地收购储备政策相冲突。另一方面是现行的城市住房政策严重影响城市农民工在城市落户。[3] 我国的城市住房保障制度都是针对具有城市户籍的低收入家庭制定的。由于农民工的"身份"、城乡二元户籍制度以及过高的"户口"门槛，使他们站在城市边缘却无法真正融入这座城市，这种尴尬的境

---

[1][3] 王凯、侯爱敏、翟青：《城市农民工住房问题的研究综述》，载于《城市发展研究》2010年第1期。

[2] 金三林：《解决农民工住房问题的总体思路和政策框架》，载于《开放导报》2010年第3期。

地，使城市农民工成为最期盼"和谐社会"的群体。此外，地方的政策探索也需进一步完善。如农民工保障性住房的资金来源不确定，适合农民工特点的保障性住房普遍缺失，农民工住房公积金制度缺乏细则，针对农民工的住房金融服务几乎是空白。

四是保障机制不畅导致城市农民工居住位置偏远。在城乡接合部由于大量低廉的私房出租、居住成本相对较低、与城区结合紧密、交通比较发达、流动人口较多、管理体系松散、活动比较自由等特点，成为外来务工人员的主要居住地。例如，北京市约有61.9%的务工人员居住在近郊区，28.8%居住在远郊区；湖南省64%的务工人员居住在城乡接合部，7%居住在郊区。此外，"城中村"也是城市外来人员的重要聚居地；其余外来人员则分散居住于城市老旧城区，交通枢纽区域或商业中心，如火车站、汽车站周围、港口等区域。[①]

五是城市总体规划对城市农民工住房缺乏具体的指导和调控。[②] 外来人口是城市中的特殊群体，有着与城市中其他居民不同的特点，而目前对外来人口安置区的城市空间布局、形体规划、建筑设计等方面缺乏总体的城市规划与设计理论的指导，缺乏一套针对外来人口群体特点的规划设计理论，在城市住房建设规划中很少提到外来人口住房供应的规划；没有按照城市人口发展的实际需求将外来人口的居住列入城市总体规划，也没有根据各个城市的具体情况制定符合自己要求的相关标准，更没有将外来人口纳入城市人口规模进行宏观测算。当外来人员增加时，这就使城市相应的基础设施出现严重的问题，尤其是外来人员的居住问题尤为严重。

[①②] 王凯、侯爱敏、翟青：《城市农民工住房问题的研究综述》，载于《城市发展研究》2010年第1期。

三、中国农民工市民化的结构性探索

关于中国农民工市民化的结构性探索，相关研究对其中一些具体因素有所涉及，比如城乡二元结构和户籍制，以及社会阶层因素，等等，但将结构性探索进行系统化整理并冠以"结构性"，之前的研究还很少有这么做的。因此，本节将对中国农民工市民化过程中的城乡二元结构、社会阶层结构和社会治理结构三大社会性结构探索进行分析。

（一）城乡二元结构与户籍制与中国农民工市民化

城乡二元制度，简单地说，就是城乡分割、城乡有别的制度体系。具体来说，城乡二元制度是指在二元经济结构中为了加快城市工业化进程和限制劳动力等生产要素在城乡之间的自由流动而建立起来的城乡分割、城乡有别的制度体系。

城乡二元制度既是对身份的认定，更是对利益关系的界定，它具有城乡二元性、城市偏向性和城乡分割性等基本特征。城乡二元性有三层含义：一是从城乡二元制度的内涵看，城乡二元制度规范的是城市和农村或市民和农民之间的经济社会关系，是关于城市和农村或市民和农民之间经济社会关系的制度体系；二是从城乡二元制度产生和存在的条件看，城乡二元制度的产生和存在依赖于经济结构的二元性，二元经济结构是城乡二元制度产生和存在的前提条件；三是从城乡二元制度的影响看，城乡二元制度一旦形成，它不仅催生了另一个二元结构——二元社会结构，又造成了二元经济结构中产值结构和就业结构的偏差，从而强化了经济结构的二元性。① 然而，城乡二元性仅仅是城乡二元制度的表面象征，其本质特征在于城乡二元背后不同的权利和利益规定。在城乡权利和利益的规定上，城乡二元制度强调牺牲农村居民的利益，以保障城镇居民的利益，采取的是农业哺育工业，农村支持城市的战略，城乡二元制度就像抽水泵，源源不断地将农业剩余和农民的利益输送到城镇。这种城市偏向的城乡二元制度通过户籍制度、就业制度、社会保障和社会福利制度等具体制度制造了农村居民和城镇居民在权利和利益上的巨大差异，形成了两个权利、地位迥异的社会阶层。为了保证城乡二元存在及其背后城市偏向的利益格局，就必然要求在城乡二元制度的设计上限制某些生产要素在城乡之间的自由流动，尤其是要严格限制农村居民向城镇居民的转化，从而将农村和城镇二元分割开来。但是，这种分割就像是单向的、不可逆转的棘轮，它只允许农业剩余转移到城镇，却不允许城镇工业剩余转移到农村；只允许城镇劳动力到农村就业，却限制农村劳动力到城镇就业、定居。因此，城乡二元制度的分割性是片面的、单向的分割，而不是将农村和城镇严格分割、封锁起来。

表 3-2 反映了城乡二元结构下的农村居民与城市居民的差别。从中我们可以发现，城乡二元结构所造成的社会结构性矛盾体现在包括户籍、就业、收入、社会保障、住房等各方面的差异。

表 3-2　　城乡二元结构下的农村居民与城市居民的差别

待遇	农村居民	城镇居民
户籍身份	农村户口	城镇户口
就业方式	自然就业	统包统分

---

① 黄锟：《城乡二元制度对农民工市民化进程的影响与制度创新》，载于《经济研究参考》2014 年第 8 期。

第三章　中国农村劳动力转移与中国农民工市民化的实践探索

续表

待遇	农村居民	城镇居民
就业部门	农业或农村个体手工业和第三产业	城镇正式部门或非正式部门
收入	较低	较高
所得税	农业税和各种提留	没有
社会保障	无	较完善
社会福利	无	较完善
住房	自建	福利分房
迁移方式	乡城迁移受限制，主要局限于农村内部	主要在城市内部迁移，但由城市到乡村迁移几乎没有限制

资料来源：黄锟：《城乡二元制度对农民工市民化进程的影响与制度创新》，载于《经济研究参考》2014年第8期。

城乡二元制度的存在，对我国农民工市民化造成了不利影响。主要体现在以下几个方面。

一是导致农民工市民化过程中的随机性与盲目性。对农民工劳动力转移、流动的影响。在市场经济的情况下，城市社会中的服务业发展迅速，需要大量的劳动力从事该行业的工作，我国在第三产业发展中，劳动密集型产业占优势，这类产业的特点具有劳动力需求量大和对劳动力素质要求不高的特点。而大量劳动力供给地在农村，但由于是城乡两个相对独立的劳动力市场，导致了劳动信息需求流动的不对称，农民工在流动时显得盲目性和随意性较大，加上户籍制度的制约，流动与转移也不太顺利。[①]

二是造成农民工市民化过程中农民工自身的内生二元矛盾。在城乡二元制度下，我国农业剩余劳动力被迫采取农民工的就业模式，即身份转变和职业转换相背离。在这种情况下，农业剩余劳动力转移不能像其他国家那样一次性完成，而是被分割为两个阶段。而且农民工在城市受到各种歧视性待遇，在就业和生存状

---

① 李奋生、梁舒禹：《城乡二元结构对农民工的影响及对策探析》，载于《特区经济》2007年第11期。

况方面都远不如城镇职工,成为漂浮在城乡之间的"边缘人"。正是这种独特的农民工就业模式、生存状态和劳动力转移过程的分割,反过来又降低了他们自身的市民化预期净收益,从而减弱了市民化的动力和意愿,成为造成农民工市民化最大的障碍。[①]

三是降低农民工自身市民化的能力。在城乡二元制度下,由于就业歧视等制度性歧视的存在,大多数农民工只能在城镇次属劳动力市场上就业,而次属劳动力市场就业稳定性差,劳动强度大,工资和社会福利、社会保障待遇差。因而,与不存在城乡二元制度相比,实际就业率下降,实际工资性收入和非工资性收入也低得多。[②] 因此,在市民化经济门槛不变的情况下,城乡二元制度导致了农民工市民化能力净值的下降,从而制约了农民工市民化。

四是户籍制对农民工市民化的阻碍作用。在城乡二元结构当中,对农民工市民化产生最直接且显著影响的因素就是户籍制。这种影响不仅体现为"户口"本身,而更体现为"户口"背后附加值的被剥夺。研究表明,即使农民工能够越过"显性户籍墙"(即获得城市户口),他们还需要穿越的韧性更强的"隐性户籍墙",而后者构成了农民工市民化的主要障碍——这就是所谓的"双重户籍墙"。"隐性户籍墙"是一种衍生墙,是"显性户籍墙"制度抑止功能的进一步延伸与拓展,具有韧性身份证属性,其本质上体现的是一种"社会屏蔽"制度。[③] 一方面,"显性户籍墙"的存在造成了农民工群体的"工人"职业与"农民"身份的矛盾;另一方面,"隐性户籍墙"则进一步强化了农民工的弱势地位,那么两者的共同作用则成功地固化了农民工的自身

[①] 黄锟:《城乡二元制度对农民工市民化影响的理论分析》,载于《决策参考》2011年第22期。

[②] 黄锟:《城乡二元制度对农民工市民化影响的实证分析》,载于《中国人口·资源与环境》2011年第3期。

[③] 刘传江、程建林:《双重"户籍墙"对农民工市民化的影响》,载于《经济学家》2009年第10期。

身份认同。从市民化意愿来看，户籍墙所形成的制度障碍弱化了农民工的市民化预期，从市民化能力来看，"隐性户籍墙"的存在堵塞了农民工市民化能力获得的正常渠道。图3-4反映了户籍制对农民工市民化所造成的不利影响。我们发现，与市民生活息息相关的问题，在我国无一不与户籍制度相关联，如就业、教育、社保、住房等民生议题。户籍制所人为造成的二元割裂，使其背后所附加的一系列"民生"价值被间接削减，降低了实现公民平权与社会公平的可能性。

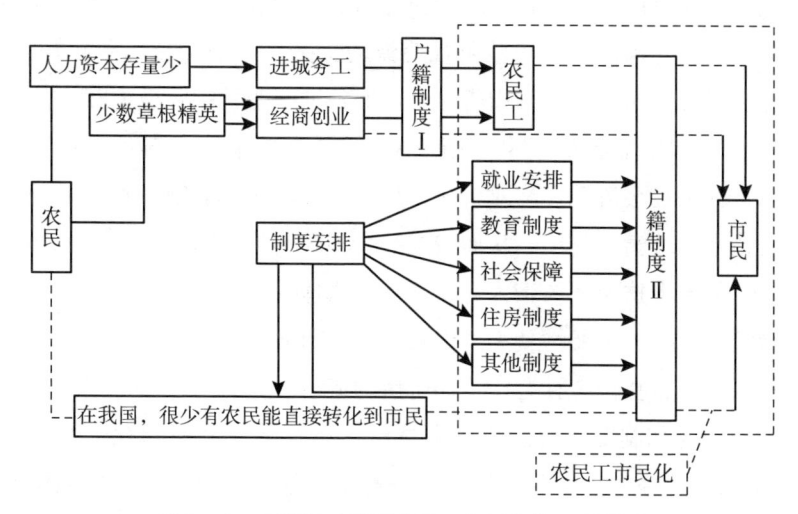

图3-4 户籍制对我国农民工市民化的不利影响

资料来源：刘传江、程建林：《双重"户籍墙"对农民工市民化的影响》，载于《经济学家》2009年第10期。

因此，城乡二元制度的改革应该坚持一元化方向、渐进式改革、分类型实施、整体性推进的基本思路，即在不损害城镇居民既得利益和现代化进程的前提下，根据实际情况，通过对城乡二元制度的改革，分阶段、有区别地逐步扭转和取消城乡分割、城市倾向的制度安排，最终形成有利于城乡良性互动、和谐发展的城乡一体化的制度体系，为农民工市民化提供必要的制度保障。

（二）中国农民工市民化的社会阶层结构

当前我国社会阶层结构经历了一个自改革开放以来的变化过程。要搞清当前我国社会阶层结构对农民工市民化的影响，就必须先弄清我国社会阶层结构的变迁过程。

政治社会学理论界有一个著名的"亨廷顿困境"，指的是社会和政治动荡不是出现在贫穷地区，而是经济快速增长的地区。然而，在亨廷顿看来，经济的快速增长是否最终衍生出社会和政治动荡，先决条件之一就是社会流动状况。如果社会流动性好，那么经济高速增长过程中带给个体的各种问题就能够被由社会流动所创造的机会所消弭，从而不至于让这些个体参与到政治中来；如果社会流动性相对较差，那么这些个体可能把各种消极的情绪带入政治参与中，从而造成社会和政治的动荡。

如果把这个逻辑带入对我国当前治理变革的分析中，那么社会流动状况的重要性就不言而喻了。从前面的历史分析中，我们已经知道，在传统社会中不同阶层的流动度并不高，因为"个人的身份（如制度性身份和出生身份）以及随生而来的社会关系（如家族关系、亲缘关系）等'先赋性因素'是决定其阶层地位的主要因素"。[①]

在改革开放前，虽然因为几次大的社会运动而使不同阶层之间的界限比较模糊，但这种社会流动是畸形的和破坏性的，同时这种以"身份定义人"的传统并没有改变。"中国实行的是身份分层，凡出生农民家庭的人都是农民，凡出生在工人、干部家庭的人一般就是工人和干部。农民想转变为工人和干部，工人转变

[①] 参见陆学艺：《当代中国社会阶层研究报告》，社会科学文献出版社2002年版。

第三章 中国农村劳动力转移与中国农民工市民化的实践探索

为干部,都是很困难的,中间存在着难以逾越的制度性篱笆。"①并且,在计划经济和身份制度时代,至少有三种制度安排,直接阻碍着各阶级阶层之间的流动。

一种安排是户籍制度和相关的就业制度,这种制度铸造了一个城乡分离的制度化的二元社会结构:当时占人口80%的农民很少有机会进入城市就业,因而也很少有机会通过职业转换实现地位转换和向上流动。一种是干部人事制度,根据这种制度,无论是农民还是城市工人,都很少有机会获得干部身份,向干部阶层流动。比较而言,农民的这种机会更少,仅有的两个途径是参军提干和机会少而又少的上大学;而工人则除了参军提干和上大学外,还可以通过"以工代干"的方式获得准干部身份。还有一种是高等教育制度(相关的还有知识分子政策)。在计划经济体制下,有大学学历的人自动获得干部身份。这本来是一种不错的文官形成制度,但当时的高等教育机构较少,能进入大学的人数极为有限。20世纪60年代中期以后,高考制度被取消,高等教育从此陷入停顿,这条路也就被堵上了。②

那么,改革开放后的情况如何呢?最直接的变化,便是上面这三种制度安排中的高等教育制度发生的变化。不同阶层的人都可以通过高考来实现自身身份的转变。这里有形象的描述:

农村孩子可以参加高考,上大学,然后就有可能进国家机关,成为国家与社会管理者,也可以去当专业技术人员,还有更多的农村人口外出务工经商,成为工人、个体户甚至私营企业主等,城市居民有更多的机会来改变自己的阶层地位,获得向上流动的机会。据有关调查表明,"出身蓝领家庭的青年有大约一半继承父业停留在蓝领阶层,另一半上升流动进入白领行列",在

---

①② 参见陆学艺:《当代中国社会阶层研究报告》,社会科学文献出版社2002年版。

城镇,"有约 30% 的体力劳动者上升流动进入了非体力劳动者行列"①。

然而,这种社会阶层越发良性的流动,却随着改革的推进而发生了逆变。在治理变革过程中,新的"山头主义"和利益集团开始形成并逐渐固化,腐败现象死灰复燃,体制存在的部分弱点逐步显现、制度逐步僵化,随之而来的,是社会阶层的固化和社会不同阶层流动性的逐渐降低——社会阶层之间呈现一种"断裂"的状况。② 以大学生身份状况的变化为例,有相关研究以清华和北大两个高校为个案,"通过抽样调查,发现这两所顶级高校的招生中存在严重的城乡不平等。2010 年高考,全国六成考生来自农村,而这一年清华的农村生源只占 17%,北大也不足两成。两校农村生源的比例,与 20 世纪 80 年代相比大为下降"③。对此,清华大学孙立平教授认为我国的治理变革进程有可能陷入"转型的陷阱",社会结构进入"定型化"阶段。其表现为:

第一,阶层和阶层之间有了边界,不同的阶层之间开始形成布迪厄所说的"区隔";第二,阶层内部有了认同,即形成了一种"我们""你们""他们"的集体意识;第三,社会流动的机会在开始减少,经济生活各个领域的门槛都在加高;第四,人们的社会地位开始传承,社会阶层的再生产过程开始。④

可见,改革开放之后,社会阶层的流动状况经历了由良性到固化的过程。由此带来了以下几个问题。

一是收入分配不均等。个人收入无论是阶层差距还是区域差距都在扩大。

---

① 参见陆学艺:《当代中国社会阶层研究报告》,社会科学文献出版社 2002 年版。
② "断裂的社会"这一概念,最早由清华大学社会学系孙立平教授提出。参见孙立平:《断裂》,社会科学文献出版社 2003 年版。
③④ 孙立平等:《中等收入陷阱还是转型陷阱?》,载于《开放时代》2012 年第 3 期。

第三章　中国农村劳动力转移与中国农民工市民化的实践探索

在阶层差距上，具体体现在：

1998年，占总户数20%的高收入户占有全部存款余额的50%，他们的户均存款为65万元；20%低收入户户均存款余额在万元以下；60%中等收入户的户均存款余额3万元。在收入分配方面，改革初期，占总户数20%的最富有户的收入占全部收入的比例为36%左右，20%最贫穷的人只占8%左右；到20世纪80年代末，前一比例提高为42%左右，后一比例降为6%左右；又过了10年，前一比例再提高至51.4%，后一比例则下降至4.06%。两者之比从改革初期的4.50∶1扩大为90年代末期的12.66∶1。①

在区域差距上，虽然"西部大开发"实施了十余年，西部地区与东部地区的经济相对增长速度差距在缩小，但绝对差距仍在扩大。时任国家发改委副主任杜鹰称，2000年，西部和东部的人均GDP相差7 000元，而到了2010年，这一差距拉大至21 000元。②

如果比较基尼系数的话，我们可以发现从20世纪80~90年代，我国的基尼系数虽然不是最高的（撒哈拉以南非洲和拉美地区也很高），但增幅却是最大的。这说明我国的贫富差距拉大的速度，在世界范围内也是比较快的。

此外，收入分配不均等还体现在"钱责不均"，即富人和穷人并不依照其收入承担起应有的纳税义务。"有资料显示，1996年，占城乡居民个人储蓄总额的40%的富有阶层所纳税额占全国个人所得税总额的比例，还不到10%。这种现象迄今并无什么改变。"③

二是社会结构发育的地域不均等。在不同地区，社会阶层之

---

① 参见陆学艺：《当代中国社会阶层研究报告》，社会科学文献出版社2002年版。

②③ 《中国西部加速发展　但与东部绝对差距仍在扩大》，人民网，2010年3月27日。

间的比重有较大差别,这意味着社会发展阶段在不同地区之间不均等。社会阶层流动性减弱和固化则会强化这种区域不均等。越是贫穷落后的地区,则农民阶层比重越大,而中产阶层的比重越小;反之,越是发达地区,农民阶层比重则越小,而中产阶层比重越大。例如,"湖北汉川的经济发展水平高于贵州镇宁,相应地,汉川农业劳动者阶层所占比重为54.9%,镇宁的相应比重为64.6%,前者比后者低约10个百分点。就整个等级结构而言,深圳、合肥、汉川、镇宁的中层所占比重依次分别为46.1%、38.4%、10.4%与3.2%。"① 而社会阶层流动性的固化则会加强落后地区和发达地区之间的这种差异。

由此,当前我国社会阶层结构的问题对农民工市民化产生的不利影响,主要集中在农民工阶层无法获得平等地位。理想中的社会各阶层之间互惠互利的公正关系体现为:(1)处在较高位置的阶层的利益增进不能以损害处在较低位置的阶层的利益为必要的前提条件,相反,在较高位置的阶层的利益增进的同时,较低位置阶层的处境应当随之得到改善。(2)处在相似位置的社会阶层之间应当保持一种协调的状态。(3)社会各个阶层在资源占有方面的差距应保持在一个合理的限度以内。② 而实际情况则大不相同。由此导致对农民工平等地位的影响体现在以下几个方面。③

第一,城市农民工在事实上无法获得产业工人的平等地位。农民工虽然在国家政策名义上被赋予了产业工人的地位,但是他们的利益增进与市民的利益增进是不同步的。他们的工作条件是比较差的,城市市民的工资待遇有了很大的增长,但是农民工的

---

① 《中国西部加速发展 但与东部绝对差距仍在扩大》,人民网,2010年3月27日。
② 吴忠民:《社会公正论》,山东人民出版社2004年版,第249~251页。
③ 陈秉公、颜明权:《马克思主义公正观与农民工在市民化过程中社会公正的实现》,载于《政治学研究》2007年第3期。

工资一直没有增加多少,而且基本的劳动权利得不到保障,城市的大部分用人单位并不为农民工缴纳社会保险费用,工资拖欠是经常发生的,他们经常面临人身安全问题,在经济纠纷和事故中大多是受害者,近年来发生的许多矿难等事故中受害的绝大多数是农民工。

第二,城市农民工在事实上被城市居民歧视和排斥。"城乡二元"社会体制的长期存在,市民理所当然地把城市当作为具有城市户籍人口的城市,认为农民工是外来人,他们在农民工面前常常以主人自居,总是对农民工存在心理排斥和认识偏见,并在行为和态度上表现出来。

第三,城市农民工在事实上无法具备城市社区的组织归属。农民工在城市中是无归属群体,无论是计划经济时代遗留下来的单位组织、行政组织和发育不完善的职业组织、社会团体等,还是近年来随着市场经济的发展而建立的社区组织、文化团体、福利组织等,都没有涵盖农民工,而社会资源,包括教育、就业、住房、医疗福利和社会保障等方面的资源主要都是通过这些组织进行分配,因此农民工在城市中享受不到市民的待遇,身在城市的农民工被制度隔离在真正的城市社会之外,被迫处在"边缘人"甚至是"局外人"的社会位置上。

(三) 中国农民工市民化的社会治理结构[①]

党的十八届三中全会提出,全面深化改革的总目标是完善和发展中国特色社会主义制度,推进国家治理体系和治理能力现代化。基于这一总目标,全会提出,要紧紧围绕更好保障和改善民生、促进社会公平正义深化社会体制改革,加快形成科学有效的社会治理体制,确保社会既充满活力又和谐有序。党的十八届五

---

① 中共上海市委党校科社部讲师程熙、中国人民大学国家发展研究院博士后林雪菲、北京大学政府管理学院硕士生徐鹏对本小节撰写也有贡献。

中全会进一步提出，"加强和创新社会治理，推进社会治理精细化，构建全民共建共享的社会治理格局"。

在这一背景下，我国当前的社会治理结构在发生变化，由过去的国家—社会的相对单一的治理结构关系向从"党—基层政府—社会"的三角结构关系转变。具体而言，这种新型的社会治理结构涉及三个维度。

一是"党—社会"的结构维度。在我国基本国情和政治制度之下，社会治理既要考虑吸纳多元主体参与其中、发挥效用，也要考虑发挥好党统揽全局、协调各方的领导核心作用。基层是社会治理的重要领域，因此必须牢固树立抓基层的鲜明导向，通过加强基层党建强化基层党组织在基层社会治理中的领导核心和战斗堡垒作用，从而更好地建立健全"党委领导、政府负责、社会协同、公众参与、法治保障"的社会治理体制。

根据党章的规定，党的基层组织包括街道、乡、镇、村和社区党组织，企业党组织，事业单位党组织等。党的十八大以来，习近平同志围绕新形势下如何加强基层党建工作发表了一系列重要论述，强调当前基层党建工作面临着许多新情况、新问题，要求各级党组织紧密结合新的形势和任务，以改革创新精神加强和改进基层党建工作，特别要在扩大基层党组织覆盖面、创新活动方式、有效发挥作用上下功夫。

其中，新经济组织蓬勃发展，社会组织形式也日趋多样化。新经济组织，是由我国内地公民、港澳台商或者外商依法设立并全部所有或绝对控制的经济组织形态，通俗地讲，我们可以将之理解为"非公有制经济组织"。在社会主义市场经济体制不断发展、完善并为我国经济保持中高速增长持续注入动力的背景下，新经济组织在我国生产力格局和经济基本面中地位和作用越发突出，根据2012年3月全国非公有制企业党的建设工作会议前夕国家工商部门的统计，截至当时我国的非公企业目前已经达900多万家，增加值占国内生产总值的60%，非公企业职工在中国工人阶级的队伍中已占多数。① 因此，加强新经济组织中的基层党建，夯实党在新经济组织中的群众基础，就成为一个迫在眉睫的重要问题。社会组织归属于非政府体系的范畴，具有正式的组织形式，一般以促进经济社会发展而非营利作为自身的宗旨目标。近年来，我国的社会组织发展很快，根据相关研究调查统计②，从 2004～2011 年的 7 年间，我国的社会团体数从 15.3 万个增至 25.5 万个，民办非企业数从 13.5 万家增至 20.4 万家，基金会数从 892 万个增至 2 614 万个，社会组织的发展呈现出分散度高、流动性强、行业或专业属性突出等特点。数量扩充和特征鲜明的背后，需要的是更多的扶持、引导和管理，以形成社会组织助理社会治理的强大助推力。

二是"党—基层政府"的结构维度。它集中体现为街道体制的改革。街道体制改革经过了一系列的过程。20 世纪 90 年代后，中国政府先后两次谋求城市管理体制改革。第一轮改革以实现"两级政府、三级管理"体制为内容。1997 年 1 月，上海市第十届人大常委会通过了《上海市街道办事处条例》，用法律确定了"两级政府、三级管理"的新体制。新体制的重点和核心是强化政府在街道层面（第三级）的行政权力和行政职能，从而实现城市基层社会有效管理，逐步扩大街道办事处的管理权限，相应配套下放人、财、物的支配权；明确由街道办事处对辖区内社会性、群众性、公益性的工作负全面责任。"上海模式"在全国产生了重要影响，之后大多数城市基本按"两级政府、三级管理"的思路对街道办事处体制进行了改革。进入 21 世纪之后，在城市中社会结构阶层化、利益格局多元化、居民需求多样化、民主诉求权利化，为了应对这种变化 2000 年中共中央办公厅、国务院办公厅下发

---

① 《我国非公有制企业党建工作近年来取得明显成效》，中华人民共和国中央人民政府网站，2012 年 3 月 23 日。

② 夏建中、张菊枝：《我国社会组织的现状与未来发展方向》，载于《湖南师范大学社会科学学报》2014 年第 43 卷第 1 期。

《关于转发〈民政部关于在全国推进社区建设的意见〉的通知》，侧重于通过社区建设推动社会自治。2000年以后，城市实行了第二轮改革。此次改革以"街道社区化"为内容，改革的动机和目标是进一步落实社区居民委员会的自治化。在这一轮改革过程中，各地形成了许多不同的模式，如"深圳模式""北京模式"（又称"鲁谷社区模式"）、"南京模式""青岛模式"等，几乎所有改革的街道实现社区化，不再保留街道办事处称谓，而以"社区"冠名。此次改革强化了社区管理理念，创建了大社区民主自治组织，确立了中国城市社区自治发展的方向。

三是"基层政府—社会"的结构维度。它集中表现为基层协商民主的推进。地方的基层协商民主探索自20世纪90年代末即始，至今十余年时间内已经积累了丰富的实践经验，曾有学者评价到中国本土的协商民主实践早于西方协商民主理论的诞生，并且拥有许多成果与经验值得深入研究[①]。而今在现实治理需求、理论准备与政治环境多源流的汇集下，基层协商民主得到社会的空前重视，进入无论理论还是实践层面的繁荣发展阶段。

对基层协商民主的探索根源于转型社会的现实治理需求。以市场逻辑为导向的经济体制改革连带着社会结构的剧烈变动。首先是社会阶层的分化与社会利益的多元化，其次是市场的开放性所引发的社会快速流动。这些变动，一方面导致基层矛盾与冲突的日益增多和复杂，许多矛盾直接来自民众内部、燃点低而且关联性强；另一方面使得政府在计划经济体制下的稳态管理模式部分被改造或被挑战，单位制的解体意味着原有的利益传输和法团式代表渠道被消解，仅仅依靠政府强制性的行政权力和中共党组织单向度的指令、动员难以有效整合和治理基层社会，反而因为利益表达和政治参与渠道的缺失将矛盾引向自身，转变为不同形式的干群矛盾。在这种背景下，地方政府迫切需要开发新的治理

[①] 参见李君如：《协商民主在中国》，人民出版社2014年版。

第三章　中国农村劳动力转移与中国农民工市民化的实践探索

形式和治理资源，以应对经济社会转型带来的治理挑战，重新塑造政府与民众间的互动模式与权责边界。

这样一种三维的社会治理结构演变过程，会对我国农民工市民化产生进程产生显著影响。

第一，在"党—社会"结构维度方面，新经济组织的蓬勃发展与社会组织形式的多样化，能够为城市农民工提供更宽阔的就业渠道，从而推进农民工市民化的进程。以北京市为例，截至2007年底，在城镇新经济组织就业的人口占全市城镇就业人口745.4万人的60.6%。新经济组织数量与从业人员最多的是私营企业。到2007年底，北京城乡私营企业共33.7万户，比2006年增加10.5%；从业人员220.2万人，比2006年减少14.3%，占全市从业人员总数942.7万人的23.4%；注册资本4 187.5亿元，比2006年增加13.1%。[①] 从新经济组织从业分布来看，大量的民办非企业与社会团体，也为城市二代农民工提供了多样化的就业空间（见表3-3）。如果说传统的农民工由于受教育水平和专业技术水平较低，普遍只能从事低端劳动密集型产业，那么这些农民工的子女由于在城市接受教育和专业技术培养，则完全有可能进入民办非企业和社会团体就业。

表3-3　　2007年北京市新社会组织及从业人员数量

社会组织类型	数量（个）	从业人员（人）
社会团体	2 770	23 844
基金会	76	615
民办非企业	2 898	59 099
合计		83 558

资料来源：戴建中：《加快北京新经济组织与新社会组织的培育与发展》，载于《北京社会科学》2009年第4期。

---

① 戴建中：《加快北京新经济组织与新社会组织的培育与发展》，载于《北京社会科学》2009年第4期。

第二，在"党—基层政府"结构维度方面，基层党建的不断加强能够为城市农民工提供更强有力的政治保障，从而推进农民工市民化的进程。建立农民工的基层党组织，并且通过信息化党建，可以更有效地统计和更新城市农民工的信息，并及时把各种信息通过 APP 传递给农民工，实际上发挥凝聚农民工的作用。互联网已成为影响广大农民工价值观念、思想行为的重要场域，是基层党组织对农民工开展意识形态教育、思想文化宣传、凝聚民心等工作所不容忽视的领域，是基层农民工党组织改进自身建设、发挥战斗堡垒作用的新手段。例如，"党建＋互联网"是党的基层组织建设的一场深远的革命，将会给党的治国理政带来深远的影响。农民工的"党建＋互联网"可以通过网络党支部依靠数据统筹和党员数据的共享，等待党员"自投罗网"，从而降低党组织活动的成本，增强了灵活性；并且在农民工党员发展与管理方面，从"80 后"的"数字原住民"党员入手，试点并探索通过网络加强农民工党员发展与管理的新模式。

第三，在"基层政府—社会"结构维度方面，基层协商民主的推进能够为城市农民工提供更直接的政治诉求渠道，从而推进农民工市民化的进程。一方面是建立农民工自治组织。通过自治组织，农民工参与到微实事的管理过程中，经由充分的讨论、协商，达成解决问题的共识，这不仅满足了农民工日益增长的利益表达与政治参与需求，也在公开的讨论与坦诚的交流中协调不同利益主体间的关系，化解基层矛盾并形成社区自我管理、自我监督的自治氛围。另一方面是农民工通过政府搭建的平台进行民主协商。政府主动搭建农民工诉求服务中心，议事代表通过自荐和推荐的方式产生，诉讼双方在议事代表的监督下进行辩论。此外地方政府也会利用不同组织力量搭建这个诉求沟通渠道。

四、中国农民工市民化的社会性探索

对于中国农民工市民化的实践探索,之前的研究还很少有关于社会性探索的系统梳理。本节将围绕社会资本、社会排斥和社会公正三大社会性因素,探讨其对于中国农民工市民化实践探索所起到的影响。

(一)中国农民工市民化的社会资本探索

中国农民工市民化的社会资本探索,可以从两个方面来分析,即与农民工市民化相关的社会资本类型,以及社会资本如何作用于中国农民工市民化的过程。

1. 与农民工市民化相关的社会资本的类型。

与农民工市民化相关的社会资本大致可以分为三类。

(1)私人关系型社会资本。这种社会资本镶嵌在以传统"血缘关系""地缘关系""宗法宗族制度"为原则编织而成的各种社会关系网络中,如礼俗、人情、宗族家族关系、城市中的同乡等,它具有先赋性、同质性和封闭性的特征。这种社会资本在新生代农民工的就业尤其是初次就业中发挥着重要作用。在城市就业信息不对称、劳动力市场不健全的情况下,绝大多数农民工是通过亲戚或老乡关系在城市中找到工作而立足的。在相当一段时间内,亲戚朋友作为最原始的"强联系力量",依然是成本最小、可信度最高的新生代农民工就业信息获取的主渠道。此外,这种私人关系型社会资本还能够在一定程度上满足新生代农民工在城市的精神需求。我国长期"二元社会结构"的存在,致使城市居民和农民生活在两种截然不同的社会中,生活水平、人生态度、价值观念等都有很大差别,城市居民天然的优越感使他们对农民工或多或少地带有歧视心理,这种心理往往会表现在与农民工的日常交往中，并对农民工造成极大的伤害，而这种伤害只有在农民工内部的交往圈子里，才能得以释放和化解。

（2）组织型社会资本。组织的功能在于整合分散的资源或力量，发挥单个成员所不能发挥的作用，从而提高组织内成员活动的效率。农民工市民化的前提是农民工权益得到有效的保护，但农民工的现状是缺乏自身的合法组织和组织型社会资本。组织成员的观念与行为的示范作用会强化或改变个体的行为规范，使个体行为在社会学习与社会影响过程中发生转变。农民工组织，如农民工工会、协会、产业工会、互助会等，能促使农民工行为取向和利益目标的整合。在农民工市民化过程中，农民工组织化是建立社会资本的核心。组织型社会资本有利于农民工融入现代城市生活，求得和谐生存与发展，可以有效整合和满足农民工的利益诉求，形成维护农民工权益的"社会安全网"。在城市中，农民工处于边缘化的状态，由于缺乏组织保障，遇到矛盾和利益纠纷时，分散化的农民工个体的行为往往走向两个极端：或一味退让妥协，或激进冲突，他们很难通过其他途径寻求解决问题的办法。同质性的社会资本很难解决农民工群体外部的问题，而基于组织型社会资本构建起来的农民工组织则是农民工获取和利用外界资源的有效载体，农民工可以在法律框架内建立代表自身利益的组织。农民工组织可以有效整合自身的弱质资源，提供与外界公平博弈的社会地位。

（3）制度型社会资本。制度是一种社会规范，是要求大家共同遵守的办事规程或行为准则，表现为社会关系的定型化。制度的产生首先是为了减少人们交往的不确定性，从而降低交往的成本，从这个意义上讲，制度也是一种社会资本。在我国，对农民工由农民到市民的身份转换较有影响的制度因素主要体现在户籍管理制度、教育制度、就业制度、社会保障制度等方面。户籍制度是最根本的影响要素，现行的户籍制度造成了农民工与城市居民在事实上的不平等。如在就业方面，在城市获得一份工作是农民工生存和发展的基本要求,也是农民工市民化的经济保障;而在就业领域存在着二元市场分割,农民工一般都是在劳动强度大、工资低、条件差的非正式部门就业。即使具备一定的知识和技术,他们也很难在正式部门获得职位,因为不少城市都不同程度地实行限制性规定:某些行业和工种必须持有所在城市的户口才能被录用。在教育方面,许多农民工在城市里工作多年,有着稳定的经济收入,但因为子女没有所在城市的户口,不得不缴纳一定的借读费,而且往往不能参加所在城市的招生考试。农民工及其子女平等受教育的权利因"户籍制度"而失去,致使他们在城市社会更加被边缘化。此外,人既然在社会中生存,就不可避免地要受到舆论和文化环境的影响,正确的舆论导向和开放包容的城市文化是农民工从心理上转变为市民的保证。这就要求城市既接纳作为劳动力意义上的农民工进城就业,也要尊重和维护同样是作为社会成员的农民工在城市的权益。媒体通过对农民工的正面报道和权益表达,可以为农民工市民化营造宽松、人道、民主的社会氛围。

2. 社会资本如何作用于中国农民工市民化。

以上三类社会资本会对我国农民工市民化产生重要影响。具体而言,体现在以下三个方面。

首先,私人关系型社会资本能够帮助农民工进城后获取各种信息,获得情感支持,更快地融入城市生活。农民工通过由老乡、亲戚以及朋友等构成的关系型社会资本可以获取较多的就业信息,缩短工作搜寻时间,节约求职的时间成本。同时,通过建立广泛的私人社会关系网络可以扩大农民工在城市生活中的交往半径,帮助他们缓解心理压力,释放和消解负面情绪,提升对城市的认同感和归属感,从而更快地适应城市生活。[①]

[①] 林娣:《新生代农民工市民化的社会资本困境与出路》,载于《社会科学战线》2014年第6期。

其次，组织型社会资本能够为农民工提供社会资源网络支持，促使分散的农民工个体意志集中化，增强其与外界博弈的能力。组织型社会资本是个人在其所在的社会组织和社会位置中所能动用的资源。在特定范围内，组织以其特定性质的组织联系向其成员提供服务和便利，从而增进信任、促进合作、提高效率；同时，组织内成员借助组织的力量可以增强与异质人群的沟通和交往，增加社会资本存量。农民工借助社会组织能够获取更多的城市资源和服务，同时将分散的个体力量集中起来，形成比个人参与更大的影响和压力，更有效地维护自身权益。①

最后，制度型社会资本能够为农民工市民化创造外部条件，降低市民化成本，保障其市民化进程的顺利进行。制度的功能在于降低交易成本、为合作创造条件、提供激励机制等。公正完善的制度资源能够为农民工市民化获取外部环境支持，降低进城后的各种不确定性，抑制人的机会主义行为，降低市民化成本。同时公平公正的制度体系，能够明确界定新生代农民工作为行为主体获取与其努力相一致的收益的权利，使农民工进城务工获得内在的推动力，增强农民工市民化的信心，从而加速农民工市民化进程。②

(二) 中国农民工市民化的社会排斥效应

中国农民工市民化的社会排斥效应，主要从"社会排斥"的理论背景、类型和原因三个方面来展开分析。

1. "社会排斥"理论的发展。

社会排斥的研究起源于 20 世纪初至五六十年代贫困（poverty）研究中对贫困、剥夺（deprivation）和劣势（disadvantaged）概念及理论的探讨。20 世纪 70 年代以后，西欧经济结构发生剧

---

①② 林娣：《新生代农民工市民化的社会资本困境与出路》，载于《社会科学战线》2014 年第 6 期。

变，社会面貌也出现巨大改变。在经济重建过程中，出现了由于大规模经济变迁所引起的贫困问题。这在西欧最初被称为"新贫穷"现象，迫切需要寻找一种新的能对其概念化并讨论其成因的方法。西方学者们在对这种"新贫穷"的研究过程中，逐渐形成了社会排斥这一概念。1974年法国学者勒内·勒努瓦（Rene Lenoir）最先提出"社会排斥"一词，但并没有对社会排斥的含义进行明确的界定。20世纪80年代，欧盟的反贫困计划使用了社会排斥这一概念，试图通过社会政策，改变社会资源的分配，提高社会成员的社会参与，解决福利国家危机。

美国社会学家帕金（F. Parkin）将社会排斥的方式分为两种：一种是"集体排他"的方式，例如，以民族、宗教为区分标准，而将某些社会群体排斥在资源的享有之外；另一种是"个体排他"的方式，例如，通过考试来选取人才，这样被选取者和被淘汰者都是以个体形式出现的，并没有一个身份群体被整体排斥，现代社会的基本趋势是从集体排他转向个体排他。

英国社会学家吉登斯把社会排斥分为两种类型：第一种是对社会低层次或者是生活在底层的人的排挤，他们将这一群体排斥在人类社会为其生存所提供的主流机会的范围之外。他们不能拥有正常的发展机会，没有向上层流动的主流机会，这种被迫的排斥被称为非自愿排斥。第二种排斥是生活在社会高层次的人形成的自我排斥，他们自己愿意远离他人，这种主要是对富有人群而言，也就是"精英的反叛"，这是一种典型的自愿排斥。

我国农民工市民化过程中所面临的社会排斥是不同于西方经典理论的划分的。一方面，我国农民工市民化过程中的劳动社会保障面临的社会排斥明显不同于法兰西文化的团结范式（solidarity）。在现存的二元社会结构情形下，农民工因为不具备城镇户籍，大多数人在城市的就业过程中遭受排斥，难以获得具有良好劳动社会保障的工作。

另一方面，我国农民工市民化过程中受到的社会排斥也不同于英美盎格鲁—撒克逊的专门化范式（specialization）。因为农村居民与城市居民在城镇就业过程中的这种待遇差别并非是劳动的经济分工和人类活动领域分离造成的，而是由20世纪50年代的工业化战略强行设置的。从人为地将社会分为城乡两个部门、为维护城市居民在就业和社会政策方面的各种特殊利益而对农民进城就业加以种种限制角度来看，农民工劳动社会保障遭受的社会排斥符合垄断范式（monopoly）的特点，是优势地位群体凭借对弱势群体的封闭（closure）而取得利益最大化的表现。

2. 中国农民工市民化过程中社会排斥的类型。

那么，中国农民工市民化过程中所遭遇的社会排斥大致有哪几种呢？

（1）就业市场和收入水平的社会排斥。一方面，农民工大都从事的是没有正式就业身份、岗位很不稳定的"非正式就业"的工作。在城市中，农民工的就业有鲜明的行业性特征，主要集中在建筑、运输、餐饮、家政、环卫、治保等领域。这些行业主要以体力劳动进行交换，支付性大而获得性低。劳动保障部（人力资源和社会保障部前身）2004年组织的调查表明，农民工平均每周工作时间为46小时。国家统计局2004年所做的调查显示，有些地方，农民工每天工作时间在11个小时左右，每月工作时间在26天以上。珠江三角洲的农民工每天工作12～14小时者占46%，没有休息日者竟占47%。不少农民工认为，靠标准劳动时间获得的收入难以维持基本生活，大多数情况下，只有靠加班加点来增加收入，靠时间来换钱，靠耐力来挣钱[1]。长时间超负荷劳动和恶劣的工作环境地损害了农民工的身心健康，而且这种损坏可能要在个体潜伏很长时间才能显现出来。

---

[1] 马小丽、刘秉泉、廖春阳：《劳动保障部课题组关于农民工情况的研究报告之四：农民工工资和劳动保护问题》，载于《中国劳动保障报》2005年8月4日第2版。

第三章　中国农村劳动力转移与中国农民工市民化的实践探索

另一方面，农民工收入水平普遍较低，大多为所在城市的最低工资标准。据上海市总工会调查显示，上海市农民工每月平均收入低位处于1 200~1 400元，中位处于1 400~2 200元，高位处于2 200~3 000元，89.9%的人"在企业内最大的愿望"是"提高收入"。[①] 同时，据国家统计局科研所的统计数据，农民工的月均劳动收入增长率要远远低于城镇职工。高劳动强度、高投入与低微且不稳定的收入水平形成了巨大落差。

（2）权利的社会排斥。一方面它体现为选举权利的社会排斥。根据现有规定，我国公民政治选举权利是根据户籍登记地为身份依据的，而农民工进入城市后户籍并没有迁入城市中，这就意味着农民工在进入城市后没有所在城市的选举权和被选举权，农民工最基本的政治权利在城市中被剥夺，其政治意愿就得不到体现。农民工进入城市后，无法参加任何社团组织和城市社区活动，也不能根据自己的意愿选举出自己的代表，在政治决策时他们处于"缺位"状态。

另一方面它体现为法律权利的社会排斥。农民工的劳动保障及法律权益受损主要包括就业受限制、缺乏劳动合同、超强度的劳动、工资被拖欠、工作环境恶劣、生产安全条件达不到法定标准、得不到应得的伤残待遇等。由于农民工事实上只是城市里的"二等公民"，加上吸引资本对于发展地方经济的重要性，地方政府并不重视农民工的权益保障，对企业的侵权行为通常采取"睁一只眼闭一只眼"的态度，导致农民工的劳动权益处于一种严重受损的状况。同时，农民工在城市就业时会受到各种限制和歧视。往往农民工劳动合同的签约率非常低，因为找工作难的缘故，农民工只要能拿到活干就行，处于劣势的他们根本不会要求跟用人单位签合同，而用人单位为了自己的利益也不愿和农民工

[①] 黄佳豪：《社会排斥视角下新生代农民工市民化问题研究》，载于《中国特色社会主义制度研究》2013年第3期。

签合同，结果当发生纠纷时农民工的利益往往会严重受损。同样，同工不同酬的现象也相当严重，很多正式员工的工资往往是农民工工资的几倍。

（3）制度的社会排斥。对农民工的制度的社会排斥主要体现在户籍制度，以及由户籍制度衍生出的社会保障制度、医疗制度、教育制度等，这些成为农民工融入城市的主要障碍。户籍制度的存在，将农民工人为地排斥在城市之外，使他们很难在城市找到正式的就业机会，他们中的大部分所从事的是城市人不愿干的"脏、累、粗"活，且缺乏基本的劳动就业保障，其劳动报酬权、社会保险和社会福利享受权、休息休假权等都受到不同程度的侵害。在教育制度上，农民工也受到不同程度的排斥和歧视，特别是在农民工子女教育问题上。一些地方要求在子女入学前农民工交纳所谓的借读费等，人为地限制了农民工子女的受教育权利。在社会保障制度方面，农民工虽然工作、生活在城市，但相应的社会保障制度却没有因此将他们纳入其覆盖范围，他们被排斥在了城市社会保障体系之外，成为城市社会中最没有保障的群体。

（4）文化的社会排斥。文化心理则是影响其定居倾向和实现市民化转变的决定性因素。因为，只有农民工从内心深处真正认同了城市的文化价值观念、生活方式，在情感上找到了归宿，才意味着农民工已经从心理层面上适应了城市，真正融入了城市。目前，农民工经济层面的适应能力是比较强的，而要使他们在观念、心态、文化等方面融入城市，则是一个相对较长的过程。农民工受原有农村熟人社会特有的文化道德和风俗习惯的约束较小，而对城市的文化氛围也不熟悉，这使他们常常陷入文化茫然的状态。这种文化归属感的缺失，使他们在遭受生活挫折时极易采取极端行为来发泄。

（5）空间的社会排斥。它表现为农民工无法与城市居民构筑共同的社会空间。城市的空间区隔使农民工很难建立起对城市社会的认同，从而陷入交往困境。农民工的交往主要是局限于有着血缘、亲缘和地缘的群体，倾向于通过挖掘内部的传统资源实现交往的"内卷化"建构。实际上，扁平化、简单化、封闭化、低层次化的社会交往空间，既不利于信息传递、获取资源、向上流动，也使他们缺乏必要的社会支持。

3. 中国农民工市民化过程中社会排斥产生的原因。

研究表明，中国农民工市民化过程中产生的社会排斥主要是由制度因素和非制度因素导致的。

一方面，制度性因素表现为，农民工的社会排斥系统是通过制度性排斥的纵向累积和横向传递而形成的。制度排斥的纵向积累是指户籍制度对农民工身份发挥了阻隔和固化的作用；横向传递是指以户籍制度为基础的高度区隔的劳动力市场严重限制了农民工的就业，农民工缺乏参与决定自己权益的政治权利。农民工的社会排斥的各个方面相互影响、相互交叉，不断累积传递着，形成一个对农民工社会排斥的系统。

另一方面，非制度性因素表现为从构建主义的视角出发，借用福柯"话语"的概念以及关于知识、真理和权利之间关系的论述，来分析农民工的社会排斥问题。在农民工的社会排斥中，话语权利的运作扮演了非常重要的角色：一是大众传媒不断宣传与强化农民工边缘化的地位；二是政府主导的现代化与城市化也忽略了农民工的话语权，这种没有发言权的"失语"状态导致了农民工的边缘地位。

（三）中国农民工市民化过程中社会公正的探索

中国农民工市民化过程中社会公正的探索，主要从社会公正观的理论、意义与内容三个方面来展开分析。

1. 马克思和恩格斯的社会公正观。

马克思和恩格斯对社会公正有深刻的见地。概括来说，社会公正具有历史性、具体性和相对性。

社会公正具有历史性。马克思主义经典作家指出，社会公正是个历史范畴，具有历史性，而不是一个先验的、永恒的范畴。它是由经济关系决定的，人们关于公正的标准是随着经济关系的变化而变化的。公正处在历史发展之中，是随着历史发展而发展的，是一个发展着的历史范畴。它在人类社会发展的不同阶段有着不同的历史内涵。关于这一点，马克思这样指出："法本身的最抽象的表现，即公平。""而这个公平则始终只是现存经济关系的或者反映其保守方面，或者反映其革命方面的观念化的神圣化的表现。希腊人和罗马人的公平认为奴隶制度是公平的；1789年资产者的公平要求废除封建制度。……关于永恒公平的观念不仅因时因地而变，甚至也因人而异……"。恩格斯也指出："平等的观念，无论以资产阶级的形式出现，还是以无产阶级的形式出现，本身都是一种历史的产物，这一观念的形成，需要一定的历史条件，而这种历史条件本身又以长期的以往的历史为前提。所以，这样的平等观念说它是什么都行，就不能说是永恒的真理。"可见，没有恒定不变的公平标尺，在人类社会的不同历史时期、不同的发展阶段，有着不同的公平尺度、不同的公平内涵。[1]

社会公正具有具体性。马克思主义经典作家指出，公正不仅是历史的范畴，而且是具体的范畴。它不是可以简单套用的抽象标尺。即使在同一个社会里，公正在经济、政治、社会等不同领域，其具体含义也不尽相同。应把公正置于具体的领域、针对具体的问题、进行具体的分析和阐述，而不能不分情况、不加区别地简单套用。[2]

社会公正具有相对性。马克思主义经典作家指出，社会公平是个相对的范畴，不是一个绝对的范畴，没有绝对完美的公平。社会公平具有历史性、具体性，必然具有相对性。公平的观念不

---

[1][2] 转引自陈秉公、颜明权：《马克思主义公正观与农民工在市民化过程中社会公正的实现》，载于《政治学研究》2007年第3期。

第三章　中国农村劳动力转移与中国农民工市民化的实践探索

仅因时因地而变，甚至也因人而异。恩格斯曾指出，在国和国、省和省，甚至地方和地方之间总会有生活条件方面的某种不平等存在，这种不平等可以减少到最低限度，但是永远不可能完全消除。列宁也认为公平具有相对性，绝对的平等并不是公平。①

具体到农民工市民化的公正要求而言，政府就既要确保农民工群体、农民工个体在城市的基本生存底线，又要为农民工群体、农民工个体向城市市民转化提供充分的自由发展空间，以求得每一个农民工"各尽所能，各得其所"，从而实现农民工群体与市民群体之间、农民工个体与市民个体之间的互惠互利。②

2. 社会公正对中国农民工市民化的意义。

社会公正对于中国农民工市民化的意义集中体现在以下几个方面。③

（1）制度设计方面，确立社会公正理念有助于制度创新，为促进农民工的市民化进程创造良好的制度环境。要以社会公正为理念支撑，寓共享、自由、平等的价值理念于创新的制度之中，从而为促进农民工的市民化进程创造良好的制度环境。从直接影响来看，以公正为理念的制度创新打破不平等的身份等级观念，削除横亘在农民工面前各种不合理的制度性障碍，从户籍、住房、福利、保险、子女教育等方面为农民工提供制度性保障，使他们获得同等的国民待遇。从间接影响来看，新的制度创新对于消除农民工遭受的就业歧视、促进农民工的自由流动与机会的获得、维护农民工的合法权益、促进农民工与城市居民的交往与合作等方面还将产生全面的影响，从而达到推动农民工市民化进程的效果。更重要的是，由于制度的根本性作用和稳定性特点，

---

① 转引自陈秉公、颜明权：《马克思主义公正观与农民工在市民化过程中社会公正的实现》，载于《政治学研究》2007年第3期。
② 颜明权：《农民工市民化过程中社会公正诉求与政府职责界定》，载于《长春市委党校学报》2007年第2期。
③ 钱正武、李艳：《社会公正：农民工市民化的理念支撑》，载于《长白学刊》2011年第2期。

新的制度创新对农民工市民化产生的积极影响既全面深刻，又具有持续性。

（2）主体参与方面，确立社会公正理念有助于农民工阶层自由、平等地工作和生活，共享发展的成果，实现自身的潜能开发和个人的全面发展。自由理念的确立有助于打破根据身份差别而进行的职业流动限制，使农民工免受外部的不恰当干预，可以根据自己的意愿自由流动，改变长期以来平行流动的局面，从而有较多的机会实现向上流动的愿望，通过社会认可的途径，依靠自身的努力工作获取财富、地位和权利。平等理念的确立可以使农民工群体的基本尊严得到尊重，农民工拥有作为社会成员的基本权利，从而平等地参与城市的工作和生活。在共享理念支持下，农民工可以与城市居民一样享受最低生活保障，基本的生存条件得到保证。在此基础上，农民工群体实现自身发展的条件也得到有效的保证。

（3）城市接纳方面，确立社会公正理念有助于城市社会消除在经济、政治、社会、文化以及心理方面对农民工的不利影响，促进农民工与城市社会和市民的融合。社会公正理念的确立，有助于城市社会和居民以平等的心态切实关心和支持农民工在城市的生存和发展，为他们在城市的社会融入创造宽松的社会环境。城市居民消除对农民工的偏见、歧视与排斥，与农民工之间建立起平等的交往关系，不仅可以融洽城市居民与农民工的关系，也有助于农民工阶层转变生活方式、内化城市价值观念，以促进现代性的培养。城市社区作为城市微观管理机制的载体，通过属地化、服务型、参与式管理，既为农民工创造安定良好的生活和工作环境，也促进农民工与社区和城市居民之间的融合，培养他们对社区的认同感和归属感。

3. 中国农民工市民化进程中社会公正的内容。

我国农民工市民化过程中的社会公正主要包含以下几个方面。

第三章　中国农村劳动力转移与中国农民工市民化的实践探索

（1）权利公正。农民工是游离于城市之外的"边缘群体"，是社会中一个庞大的弱势群体。他们"自组织"混散，缺乏集中利益代表，在城市中的公共资源配置及政治参与方面都难以发声。首先，在权利享有上，突然涌入城市的大量农民工并未享有平等的政治民主参与权利。城市管理者对其大多持排斥态度，并保持重义务轻权益、重管理轻服务的倾向，使其在政策安排上难以享受真正的市民待遇。其次，在权利行使上，农民工作为国家公民，我国宪法和法律明确规定其享有平等的权利和义务，政府也制定了很多保障和维护其权益的政策规定。但是，有些地方政府出于地方保护主义等自身利益考虑，未把法律法规和政策规定执行到位，而只是停留在条文层面，造成法律政策悬空，地方制度执行脱节，致使农民工群体权益却未得到有效维护。最后，在权利保障上。我国是人民当家做主的社会主义国家，农民工群体也是国家的主人，享有与市民平等的权利。但是，由于缺乏完善的权益保障法律体系与集中利益代表，农民工权益受损时缺乏相应的申诉路径和具体的仲裁机制，也没有人为其权益呐喊，农民工利益受损成为一种常态。

（2）就业和薪酬的公正。农民工在城市中的就业非正规化现象已普遍存在。就业非正规化是指所从事的劳动得不到公共当局的承认、记载、保护或管理，因此经常被剥夺了七种基本保障：劳动力市场保障、就业保障、工作保障、生产保障、技能更新保障、收入保障和代表性保障。一方面，在就业、择业平等上，大多数农民工工作得不到保障，签订劳动合同的比例低，且合约期大多以短期为主，经常是公司不景气时被裁掉的首批人员。农民工工作有稳定性差、换工频繁、工作持续时间短、流动速度快等特点，其从事的多为市民所排斥的脏、乱、重的高强度工作。另一方面，在报酬分配平等上，虽然农民工承担了城市繁杂的"边缘性工作"和繁重的工业任务，但是收入较低，基本权益得不到保障，遭遇着"同工不同酬""同工不同权"的不公待遇。农民工作为城市中的经济弱势群体，少量的工资不足以支撑其基本的住房、子女受教育费用，更谈不上积累提升其在城市生存的技能。

（3）社会阶层关系公正。随着农民工阶层的涌入，城市开始形成一种城乡对立的二元阶层矛盾，致使农民工的生存日趋边缘化。一方面，市民源于自身的优越感对农民形成了一定的偏见和身份歧视，他们认为突然涌进的农民工抢占了城市的公共资源，从而对农民工产生不满。而且，他们将城市日益尖锐的环境危机、公共治理危机等归罪于农民工，并给农民工贴上各种标签等。市民的这些负面情绪将对政策的制定和执行产生影响，不利于农民工权益的维护和保障。另一方面，农民自身固有的保守观念使其缺乏融入城市的主动性。他们很少与市民打交道，交往也仅仅局限在狭窄的农民工圈子，社区自治和建设的政治参与积极性不高。

五、中国农民工市民化的成本要素探索

成本概念源于经济学，经济运行需要物质和劳动投入，这些投入以市场价格来衡量即为所要支付的成本。[1] 由于研究视角不同，各学科对成本的界定稍有不同。政治经济学认为成本是资本家在生产过程中花费的用以补偿消耗的生产资料价格和使用劳动力价格之和；会计学的成本是按照成本计算对象受益的情况汇集和分配所发生的生产费用，计算出的一定数量产品或劳务的个别劳动耗费的补偿价值。

成本要素就农民工市民化过程而言集中表现为社会成本。社

---

[1] 李小敏、涂建军、付正义、贾林瑞、哈琳：《我国农民工市民化成本的地域差异》，载于《经济地理》2016年第4期。

第三章 中国农村劳动力转移与中国农民工市民化的实践探索

会成本理论源自福利经济学对个体福利成本与社会福利成本不一致的关注。[①] 经济活动中的社会成本是客观的,行为主体应该承担的私人成本与非行为主体承担的外部成本的总和就是社会成本。由于社会成本的一个特点是能在最优的制度组合下达到一个最低值,且通过内部化措施可为战略政策的实施提供"费用最小化"指导,因此社会成本理论进入政策抉择的框架,并成为政治经济学的分析基础。在城市化过程中,满足乡—城迁移人口的居住、教育、医疗等需求会产生相应的社会成本。由于农民工市民化的实质是均等化享受城市的公共服务,我国农民工市民化不但需要解决农民工的社会保障、城镇住房、公共教育、医疗卫生、基础设施等基本公共服务需求,而且需要培育农民工的城市经济适应能力,这些都会产生相应的资金需求。在农民工市民化的过程中,尽管这种资金需求大多属于一次性投入,但如果按照"成本—收益"分析,这种资金投入也包括私人成本与公共成本。

在当前城乡二元户籍制度框架下,农民工市民化作为经济活动的一种形式,其产出的成本具体表现在:对农民工而言,从农村进入城镇并完成工作和身份的转换,需要必要的花费;对政府和企业而言,要把原本只覆盖城镇户籍人口的权利和基本公共服务扩展至符合条件的农民工,会产生额外的投入。由于农民工市民化成本涉及社会保障、医疗卫生、就业等公共服务,并且近年来城乡之间公共服务水平差异有不断扩大的趋势,要想准确测算成本额,就必须对农民工市民化成本概念有个清晰的认识。

概言之,农民工市民化成本就是支撑农民工进城后的基本生活、公共服务和福利待遇等达到城镇居民相同水平而必需的物质和资金投入。

农民工市民化的成本产生的根本原因在于我国长期以来存在

[①] 张国胜、陈瑛:《社会成本、分摊机制与我国农民工市民化——基于政治经济学的分析框架》,载于《经济学家》2013年第1期。

农民工劳动的制度性贬值与基本权利缺失，形成了目前矫正权利缺失与劳动贬值的资金需求。也就是说，农民工市民化的社会成本是长期以来我国户籍制度、就业制度、社会保障制度、城乡土地制度等制度失灵的一种"历史性存淀"，是我国城镇政府、企业与其他经济行为主体对农民工的劳动贬值与权利缺失的一种"补偿"。① 在我国，农民工既是经济市场化改革、经济发展战略和增长方式转变及经济结构调整的产物，也是经济体制转轨、发展战略和增长方式转变及结构转换都还没有完成的伴生现象。长期以来，通过"二元分割"的户籍制度、就业制度、社会保障制度与城乡土地制度的联动，以及户籍、就业、社保等制度性歧视，农民工在我国已演化成一种制度性安排。其中，农村土地制度使得农民工无法彻底脱离农村，限制了农民工的城市融入；而户籍制度的制约，加上转轨时期就业制度、社会保障制度等的缺陷，使得农民工不仅很难享受城市提供的公共服务，而且连一些基本权利都无法得到保障。目前，尽管在宏观层面上这种制度范式对农民工的歧视正在逐步消除，并开始赋予公平正义的逻辑内涵，但由于这种逻辑内涵严重依赖于我国地方政府的治理，而在地方治理的过程中，城镇基层政府为了招商引资、推动本地经济发展，已与企业结合形成了增长联盟，这种地方治理结构一直将城镇基层政府对农民工权益保护的责任排除在外，并将农民工的低工资视为市场机制发挥作用的结果。

深入理解农民工市民化的成本要素的意义主要在于以下两点。

第一，深入理解农民工市民化的成本要素，有助于理解全面建成小康社会的战略目标。我国制定了2020年全面建成小康社会的战略目标，这是中华民族发展史上具有里程碑意义的大事。

---

① 张国胜、陈瑛：《社会成本、分摊机制与我国农民工市民化——基于政治经济学的分析框架》，载于《经济学家》2013年第1期。

第三章　中国农村劳动力转移与中国农民工市民化的实践探索

它是中国共产党领导全国人民坚持走建设中国特色社会主义道路的象征，也是对我国改革开放经验和成就的最好总结。全面小康社会应该是全体百姓安居乐业的社会，亿万农民工长期不能落户城镇，不能与城市户籍居民平等共享社会公共服务，全面小康社会的目标就会因此而落空。为此，在今后城市管理部门是否能消除上述对"农民工市民化"成本与收益的认知偏差，加快户籍制度改革，有效改善亿万农民工的处境，已成为"十三五"规划期能否建成全面小康社会的关键。

第二，深入理解农民工市民化的成本要素，有助于扩大内需，推动经济转型升级。20世纪末亚洲金融危机影响了我国经济发展，中央及时推出城镇化发展战略，从此我国工业化和城镇化并联互补，实现了经济持续快速发展。目前我国城市化常住人口比率达55%，超过全球城市化平均水平，继续传统数量型、外延型扩张已受多方面因素制约。以核心要素劳动力供应总量变化为例，2012年我国16~59岁劳动年龄人口数量首次出现下降，当年净减少205万人，2013年和2014年又分别减少244万人和371万人。即以往我国劳动人口每年增加数百万人，现在却每年减少数百万人，人口红利明显消退，"刘易斯拐点"开始显现。为此，当前重要的是优化收入分配结构，从而维护农民工正当权益。[①]

（一）中国农民工市民化过程中成本要素的内容

中国农民工市民化的社会成本可以从三个维度来考量。

1. 成本的阶段性。

就成本的阶段性而言，可以把农民工市民化的成本分为广义成本和狭义成本。农民工市民化的广义成本包括两个方面：一是

[①] 孙永正：《"农民工市民化"成本与收益的辨析》，载于《经济问题》2016年第3期。

农村剩余劳动力放弃依靠农村土地所得利益，进入城镇成为农民工的费用，这事实上是一种机会成本；二是农民工融入城镇并被纳入城市公共服务体系的费用。农民工市民化的狭义成本是农民工融入城镇并成为新市民的费用。

实际上，广义成本是整个农民工市民化过程产生的成本，而狭义成本是农民工市民化第二阶段产生的成本。[①] 两者的区别即在于成本产生的阶段性不同。

2. 成本的承担主体。

就成本的承担主体而言，农民工市民化的成本可以分为个人成本、政府成本和企业成本。

个人成本主要指农民工个人及其家庭在城镇定居需要支付的高于若仍在农村会发生的生活和发展费用，包括在城镇中生存和发展的成本，其中用于生存的成本包括生活成本和住房成本，用于自身发展的成本包括自我保障成本等。

政府成本主要表现为政府为市民化的农民工（即新市民）提供各项公共服务、社会保障和基础设施新扩建等而需增加的财政支出。具体而言，政府承担的成本包括[②]：一是直接支付或为个人支付的费用。如子女的学前教育、义务教育、校舍投资和日常经营费用；科普教育和职业培训费用；经济适用房、廉租房、公共租赁房建设投资；社会保险支出；卫生服务（含公共防疫、儿童预防等）支出等。二是行政管理支出。如公安、城管、交通、计划生育等支出。三是公共设施支出。包括道路、用水、用电、用气、公共娱乐、公共体育等设施建设和运营方面的支出。对于农民工市民化所增加的政府成本，由于许多领域已经打破了户籍壁垒，农民工与户籍居民享受的权利差别主要在子女教育和

[①] 李小敏、涂建军、付正义、贾林瑞、哈琳：《我国农民工市民化成本的地域差异》，载于《经济地理》2016年第4期。

[②] 胡桂兰、邓朝晖、蒋雪清：《农民工市民化成本效益分析》，载于《农业经济问题》2013年第5期。

第三章　中国农村劳动力转移与中国农民工市民化的实践探索

社会保障方面。而在沿海发达地区农民工子女的义务教育问题已经基本解决。目前的问题主要是质的提高和规模的扩大。由于农民工已经纳入政府行政管理，增加的管理费用非常有限。至于公共设施投资，当农民工规模总体稳定、个体流动的情形下，基本不需要新增投资。因此，农民工市民化的政府成本主要涉及社保支出的增加，这是地方政府最大的顾虑所在。

企业成本主要体现在雇用企业落实农民工与城镇职工同工同酬制度，加大职工技能培训投入，依法为农民工缴纳职工养老、医疗、失业等社会保险费用。根据2012年12月28日第十一届全国人大常委会第三十次会议新修改的国家劳动合同法规定，企业必须为所聘员工提供必要的劳动条件、劳动保护、福利报酬，并依法为劳动者缴纳社会保险。也就是说，企业要生产运营，无论是聘用城镇户籍职工还是农民工，都需要支付上述费用。因此，在农民工市民化过程中，企业成本主要表现在部分企业为外来农民工提供住宿和进行专业技术培训所需的额外支出。但实际调查显示，大部分企业为农民工提供的住宿是利用其现有经营场所、废弃厂房或简易房等，实际投入很少。而专业技术培训也大多通过与受训者订立劳动协议、约定服务期的方式予以报偿，所以该成本在很大程度上是企业自身的生产成本，而不完全是农民工市民化的成本。[1] 故而有学者认为，企业成本与农民工市民化无直接关系，属于无关成本。[2] 原因是企业特别是非国有企业已是完全竞争的市场主体，通过劳动力市场招聘员工，不会因为户籍问题或是农民工而区别对待。

当前研究的一个误区是，往往把企业、个人承担的市场成本与政府承担的公共成本混为一谈，夸大了推进农民工市民化的公

---

[1] 单菁菁：《农民工市民化的成本及其分担机制研究》，载于《学海》2015年第1期。
[2] 胡桂兰、邓朝晖、蒋雪清：《农民工市民化成本效益分析》，载于《农业经济问题》2013年第5期。

共财政支出压力。以医疗保险为例,农民工参加城镇职工医疗保险一般由雇主或单位按工资的12%缴纳,个人按工资的2%缴纳,各地政府只承担城镇职工医疗保险的经办费用和弥补城镇职工医疗保险费用缺口,只有当农民工随迁子女、父母等参加城镇居民医疗保险时,才需要当地公共财政予以缴费补助。目前,部分新型城镇化试点城市也开展了农民工市民化成本的测算工作。据长春市测算,以到2020年转移落户65万人的目标计算,累计需总成本约1 500亿元;据长沙市测算,以到2020年转移落户170万人计算,累计需总成本约为2 662亿元。这些成本测算没有明确哪些是需要政府承担、哪些是需要个人与企业承担的。因此,正确认识农民工市民化成本亟须理清政府、企业、个人在农民工市民化成本上的分担责任,既要避免夸大政府的公共财政支出规模,也要避免向企业、个人甩包袱的倾向。[1]

3. 政府成本的类别。

就政府成本类别而言,农民工市民化的成本可以分为三类。

(1) 随迁移子女的教育成本,即由各级财政负担的义务教育经费,包括生均事业费和新建校的基本建设支出等。农民工市民化的随迁子女义务教育成本主要包括两个方面:一方面是由于中国城乡义务教育支出差距带来的公共成本增加;另一方面是由于大量农民工子女进城需要新建中小学校的成本投入。

(2) 社会保障成本,即由财政负担的社会保险补助支出和社会救助支出。农民工转化为市民后,医疗保险、养老保险等社会保障就是必需的。城镇化的过程中,将会有大量的农民转化为市民,而最核心的支出就是社会保障方面的支出,社会保障方面的支出是城镇化后最大的支出。政府需要对农民工的医疗保险、养老保险、失业保险、工伤保险等投入保障资金,保证农民转化

---

[1] 胡拥军:《构建农民工市民化的合理成本分担机制》,载于《学习时报》2017年1月16日。

为市民后，能够纳入社会保障体系中。

（3）保障性住房成本，即政府为解决低收入群体的住房问题而建设、管理各类保障性住房的财政支出。主要包括两个部分：保障性房源的建设投入和政府为纳入廉租房保障的居民所提供的租房补贴。

（二）中国农民工市民化过程中成本要素的测算

中国农民工市民化过程中成本要素的测算包括测算内涵演变和测算具体内容两个方面。

1. 测算的内涵与演变过程。

农民工在城市自由生活的最低货币储备值与由政府提供、农民工可以且必须购买的最低公共服务的货币化额度之和，就是农民工市民化过程中的成本测算。[①]

核算农民工向市民转化后最初生活的最低成本，是考察农民工是否、能否以及怎样融入城市的关键指标，这是农民工市民化的初始起点。政府需要为增加的城市人口提供何种公共服务，需要怎样的投入、规模如何，这是政府的职责和城镇化成败的关键。目前学界一般认为，核算农民工市民化的社会成本，基本上是现有城市市民生活水平的年均个人投入与政府提供必要的公共服务年均投入之和。农民工进入城市，其个人生活成本应包括衣、食、住、行的私人成本、教育投入、住房投入和社会保障投入四大方面，而政府提供的公共服务成本应涵盖城市基础设施、社会保障体制以及公共管理支出三个方面。

农民工市民化的社会成本有一个演变过程。伴随时间的推移，我国农民工市民化的社会成本将会动态累积。一般研究认为，当前我国农民工市民化的边际社会成本可控制在 10 万元以

---

① 杜宇：《城镇化进程与农民工市民化成本核算》，载于《中国劳动关系学院学报》2013 年第 6 期。

内。以 10 万元的边际社会成本计算，农民工市民化的总社会成本将超过 24 万亿元。[1] 伴随时间的推移，我国农民工市民化的社会成本将会动态累积。如果说目前 10 万元的边际社会成本与 24 万亿元的总社会成本还是有限的规模，那么伴随农民工市民化的社会成本演化，无论是边际的还是整体的农民工市民化的社会成本都有可能演化成"无限"的规模。

一方面，就农民工市民化的边际社会成本而言，由于我国农民工群体的规模庞大，农民工市民化只能分批逐步推进。在这个过程中，农民工所在城市的保障性住房、公共教育、医疗卫生以及基础设施等的投入都会随时间推移而动态变迁，这不可避免会影响到农民工市民化的社会保障成本、城镇住房成本、劳动就业成本、公共教育成本、医疗卫生成本、基础设施成本等。[2] 也就是说，伴随我国农民工市民化的分批逐步推进，农民工市民化的边际社会成本将会随时间的推移而动态累积，最终将远远超过 10 万元的规模。

另一方面，就农民工市民化的总社会成本而言，由于农民工群体规模的持续扩大与农民工市民化的边际社会成本的动态累积，总成本的扩大趋势将更为明显。其中，就农民工群体的规模而言，近年来我国农民工的规模仍在持续扩大，仅 2010 年就新增 1 245 万农民工；考虑到我国农村劳动力的整体规模与年龄结构，农民工群体规模的扩大趋势在未来一段时间内仍将持续，在未来的 10 年或略长的一个周期内转移到城市的人群还有 2 个亿的规模。由于农民工的数量规模与农民工市民化的总社会成本高度正相关，这也就意味着农民工市民化的总社会成本将会加速扩大，其最终的总成本将会远远超过 24 万亿元的规模。[3]

---

[1][2][3] 张国胜、陈瑛：《社会成本、分摊机制与我国农民工市民化——基于政治经济学的分析框架》，载于《经济学家》2013 年第 1 期。

2. 测算的内容。

从现有的研究成果来看，农民工市民化成本核算研究刚刚起步，测算方法单一，基本都采用模型公式法，但测算结果却不尽相同。导致测算结果不同的原因很多，如建立模型时所采信的代表性指标不统一；建构模型的主体视角有别，有的模型以中央政府投入为主体，容易忽视农民工个人的成本，有的视角以某个地方政府为主体，片面强调地方城市特殊性，还有的仅仅以农民工为主体，没有看到计算政府提供公共服务支出的重要性。[①]

为了避免上述问题的出现，我们将采用二维测算法，即一个维度上按照成本类别进行测算，而另一个维度上按照城乡差别与东西部地域差别进行测算。初步的测算结果如下：

(1) 农民工随迁子女教育成本。一个直接体现就是农民工子女随迁比重不高。2008年以来，举家外出的农民工在农民工总数中只占12%～13%。[②] 农村学生1.25亿人，其中只有10%的孩子随父母进城。[③]

如果按照城乡差别进行测算，那么农民工的子女进城上学所增加的公共开支是城乡小学和初中教育经费的差距。从全国数据来看，城镇小学生均教育费用比农村高398元，初中生均教育经费比农村高739元。如果给予进城农民工户籍，所产生的教育成本应当是城镇和农村的教育费用之差。农民工的子女有些在农村就读，有些已经在城镇就读。国家对于这些学生都有程度不同的补助。因此，在核算农民工户籍成本的时候，选取城乡教育经费支出的差距更合理。也就是说，如果农民工子女从农村小学或初中转到城镇读书，其教育经费必然有所增加，初中生均每年为

[①] 杜宇：《城镇化进程与农民工市民化成本核算》，载于《中国劳动关系学院学报》2013年第6期。

[②] 国家统计局：《2011年我国农民工调查监测报告》，国家统计局网站，2012年4月27日。

[③] 陈锡文：《城镇化是"造城运动"》，载于《东方今报》2013年3月12日。

654.29 元，小学生均每年为 372.43 元。①

当前，农民工的子女已有 10% 左右在城市入学。近年来，城市儿童入学率下降，在大多数情况下，并不需要增加许多校舍和教师。由于户籍限制，目前有一些农民工子女学校。政府理应出资将之由民办变为公办。需要资金用于整顿提高，而不是从头开办。对于农民工家庭来说，节省了借读费。根据《中国教育经费统计年鉴》提供的数据，政府为解决农民工子女进城上学所支出的基础建设费用应当计算城市与农村之间的差额。2011 年，普通初中每个学生每年占用 213.84 元，农村初中为 172.32 元，差距为 41.52 元。普通小学每个学生人均基本建设支出 103.00 元，而农村小学只有 86.55 元，城乡差距为 16.45 元。②

如果按照东西部地域差别进行测算，那么 2003 年东部沿海地区与内陆地区人均教育支出分别为 510 元与 216 元。根据国家统计局人口与就业统计司的数据显示，中国城镇居民平均受教育年限为 9.43 年，同时根据武汉大学经济研究所的调研数据，第一代农民工与新生代农民工的平均受教育年限分别为 7.63 年与 8.92 年，这样东部地区第一代农民工与新生代农民工的智力成本约 920 元与 260 元，内陆地区第一代农民工与新生代农民工的智力成本约为 390 元与 110 元。③

（2）社会保障成本。我们在此对居民合作医疗保障成本、基本养老保险成本与其他社会保障成本三项进行核算。

如果按照城乡差别进行测算，那么以居民合作医疗保障成本而言，医疗保障包括城市居民医疗保障、城市职工医疗保障以及新农合医保等。

---

①② 丁萌萌、徐滇庆：《城镇化进程中农民工市民化的成本测算》，载于《经济学动态》2014 年第 2 期。

③ 转引自张国胜：《基于社会成本考虑的农民工市民化：一个转轨中发展大国的视角与政策选择》，载于《中国软科学》2009 年第 4 期。

第三章 中国农村劳动力转移与中国农民工市民化的实践探索

2011年政府农合和城镇居民医疗保险由2010年的每人每年120元提至200元。2012年城镇居民的基本医疗保险和农村合作医疗保险政府补助金额都提至240元。"其中，原有200元部分，中央财政继续按照原有补助标准给予补助，新增40元部分，中央财政对西部地区补助80%，对中部地区补助60%，对东部地区按一定比例补助"。城市医疗补助在统计年鉴中称为"医疗保险补助"，农村的医疗补助称为"合作医疗补助"，2011年城市医疗保险补助为人均67.86元，农村合作医疗补助为45.63元，城乡差距为22.23元。①

如果仍然以城乡差别进行测算，那么以基本养老保险成本而言，按国家统计局的调查数据，2011年全国养老基金支出平均每人4 496.08元。养老保险基金收入平均每人5 950.68元。其中上海市为7 877.2元，天津市为7 320.9元，最高的是西藏自治区为13 785.3元。养老保险覆盖范围为城镇各类企业职工、各类从业人员、企业化管理事业单位职工（不含机关、全额拨款事业单位），采取具有中国特色的"统分结合"的养老金模式，即每个公民拥有两个养老金账户——国家统筹账户和个人账户。实行20%（单位工资总额）+8%（本人工资）的形式筹集资金。从2009年开始，在部分农村地区试点建立新型农村社会养老保险制度。②

从养老保险金类别来说，我国养老保险金主要分三大块，即城镇职工基本养老保险、城镇居民养老保险和农村养老保险。对于城镇居民养老保险和农村养老保险而言，个人支付占主要部分，国家财政每年还有定额补助。然而，对于农民工这个特定群体而言，由于他们是在城市打工的农村户籍人员，所以理应把城乡差距因素考虑在内。2011年政府对城市基本养老保

---

①② 丁萌萌、徐滇庆：《城镇化进程中农民工市民化的成本测算》，载于《经济学动态》2014年第2期。

险基金的补助为每人771.97元,农村为198.94元,城乡差距为573.03元。①

如果仍然以城乡差别进行测算,那么以其他社会保障成本而言,主要包括:意外伤害保险、最低生活保障、医疗等救助、妇幼保健、孤寡老人等。2011年,城市医疗救助支出平均每人793.62元,农村医疗救助(包括新农合)平均每人为635.75元,城乡差距为157.87元/人。失业保险、工伤保险、生育保险等主要部分是由个人购买,财政每年有一定补贴。2011年,政府对失业保险补助为4.63元/人,基本医疗保险补助为35.36元/人,工伤保险补助为36.80元/人,生育保险补助为2.59元/人。城市最低生活保障平均为2 883.60元/人,农村最低生活保障平均为1 273.20元/人,城乡差距为1 610.40元/人。由于数据暂缺,假定每个城市孤寡老人比农村多拿15.00元政府社会保障补贴。②

如果以东西部地域差别进行测算,那么2003年东部沿海地区与西部内陆地区人均社会保障支出分别为1 282元与714元。我们假定第一代农民工在城镇的平均务工年限为20年,新生代农民工为10年,这样东部沿海地区第一代农民工与新生代农民工市民化的社会保障成本就为25 633元与12 820元,西部内陆地区第一代农民工与新生代农民工市民化的社会保障成本为14 276元与7 140元。③

(3)保障性住房成本。当前大部分农民工住在简易的工棚中,或者租房居住。绝大部分农民工根本就买不起商品房。今后,农民工在市民化进程中也只能依靠市场解决住房。财政部的公共财政收支项目中,住房保障包括保障性住房支出、廉租住房支出、沉陷区治理、棚户区改造、少数民族地区游牧民定居工

---

①② 丁萌萌、徐滇庆:《城镇化进程中农民工市民化的成本测算》,载于《经济学动态》2014年第2期。

③ 张国胜:《基于社会成本考虑的农民工市民化:一个转轨中发展大国的视角与政策选择》,载于《中国软科学》2009年第4期。

程、农村危房改造等。政府提供的保障性住房是针对低收入人群的，农民工转变为城市居民后，住房主要靠市场来解决，政府并没有承诺提供住房资金。目前，各级政府投入廉租房的资金数目很少。

如果以城乡差别进行测算，那么在 2010 年全国投入廉租房的资金只有 730 亿元左右。摊到 6.7 亿城镇人口头上，每人不到 109 元。①

如果以东西部地域差别进行测算，那么农民工市民化的城市住房成本、城市基础设施成本等同于城市人均住房成本与城市人均固定资产投资成本，这样东部沿海地区与内陆地区农民工市民化的城市住房成本就分别为 47 290 元与 30 802 元，城市基础设施成本分别为 20 652 元与 9 783 元。②

总体而言，统计调查显示，2011 年全国农民工总数为 25 278 万人，其中外出务工的农民工总数为 15 863 万人。若以 2011 年价格为不变价格、2011 年的财政实际支出水平为基线，假定一次性将现在已在城市居住的 15 863 万农民工全部市民化，经测算，农民工市民化总成本时点值为 18 091.58 亿元，其中：随迁子女教育成本 3 449.11 亿元，养老保险成本 938.13 亿元，最低生活保障成本 155.07 亿元，保障房成本 13 783.68 亿元。③

（三）中国农民工市民化过程中成本要素的分担

研究表明，在 2030 年前，全国大约有 3.8 亿农业转移人口需要实现市民化，而市民化成本平均每人为 10 万元左右，因此，要将这些进城农民全部实现市民化，需要支付近 40 万亿元的成本。以北京市为例，假设农民工增长速度与全国持平或略高，保

---

①② 张国胜：《基于社会成本考虑的农民工市民化：一个转轨中发展大国的视角与政策选择》，载于《中国软科学》2009 年第 4 期。
③ 冯俏彬：《构建农民工市民化成本的合理分担机制》，载于《中国财政》2013 年第 13 期。

守估计到2030年北京农民工数量将达1 000多万人。仅解决社会保障问题,按照现在每人10万元的平均支付水平,就需要1万亿元,这相当于目前北京市连续5年的纯财政收入。

因此,单纯依靠地方政府来支付进城农民工的市民化成本,将是十分漫长的过程。在这种情况下,如何合理构建农民工市民化的成本分担机制,就成为推进农民工市民化进程的症结所在。

那么,中国农民工市民化的成本分担问题,应当从哪些方面加以考量?

1. 成本分担的主体。

当前主流研究认为,中国农民工市民化的成本分担主体应当依据前面提及的成本内容中的承担主体来划分,即政府、企业和个人。如果按照这个划分,那么农民工市民化的成本分担问题实际上可以简化为如何处理好政府、企业和个人的出资责任问题。

但笔者认为,这样的一种理解过于简化并矮化了对我国农民工市民化的成本分担问题的理解。事实上,农民工市民化的成本分担问题,是一个多维交叉问题,因此,它的确包含了政府、企业和个人之间责任分担的视角,但又不止于此。更确切地说,农民工市民化的成本分担主体应当从以下三个维度来理解。

(1) 政府—市场关系维度。如果把企业和个人对农民工市民化的成本分担都纳入市场层面,那么前面所提到的这种基础性分担问题就可以理解为政府—市场关系维度。其中既包括政府需要承担的公共成本,也包括企业、个人需要承担的市场成本。然而,已有的政策研究,往往把企业、个人承担的市场成本与政府承担的公共成本混为一谈,客观上夸大了加快推进农民工市民化的公共财政支出压力。这在前面已经提到,不再赘述。

(2) 中央—地方关系维度。如果说政府—市场关系维度涉及我国农民工市民化的成本分担主体的横向维度,那么中央—地方关系维度则涉及我国农民工市民化的成本分担主体的纵向维度。即同样是政府出资,中央和地方政府的分摊比例是多少?农民工市民化是一个涉及基础设施建设、公共服务供给、社会福利保障的系统工程，需要中央与地方政府庞大的公共财政支出。一方面，在现行财税体制下，财权向中央上移、事权向地方下放造成了地方政府无力承担农民工市民化的各项公共支出；另一方面，中央政府对地方政府的转移支付是以户籍人口的公共需求为基础调适，尚未建立起针对农民工及其随迁家属跨区流动的转移支付调整机制。[1] 因此，为了加快推进农民工市民化，亟须合理调整中央与地方政府在农民工市民化中的支出责任。

（3）输入—输出系统维度。无论是涉及政府还是市场出资，农民工市民化是农村劳动力的转移过程，那么它就会涉及异地保障成本问题，即涉及农村劳动力转移对其输出地和输入地的差异化影响。据统计，2012年全国跨省流动农民工为7 647万人，占外出农民工总量的46.8%，其中广东、江苏、浙江、山东、上海、北京等省市是主要农民工输入地，而四川、河南、湖南、湖北、河北等中西部省份是主要农民工输出地。然而，尽管农民工成为输入地产业工人的重要组成部分，为输入地经济社会发展做出了重要贡献，但他们无法在输入地享受各项公共服务，仍然由输出地政府承担其相应的新农村养老保险、新农村合作医疗、子女义务教育以及留守老人的各项公共支出，实际上形成了经济发展水平相对较低的输出地补贴经济发展水平相对较高的输入地。以河南省为例，2011年跨省转移的农民工大约1 200万人，处于义务教育阶段的留守子女据估计有160万人，按生均教育事业费估算，仅此一项需要年均财政支出70亿元。[2] 因此，为了加快推进农民工市民化，亟须建立健全输入地与输出地之间的利益补偿机制，针对农民工在输出地享受社会保障、子女教育等公共服务的情形，探索输入地对输出地转移支付、对口支援等形式的利益

---

[1][2] 胡拥军、高庆鹏：《处理好农民工市民化成本分摊的五大关系》，载于《中国发展观察》2014年第6期。

补偿形式，加快推进输入地基本公共服务覆盖农民工群体。

2. 成本分担的原则。

针对以上三种维度，我国农民工市民化的成本分担原则大致具有如下几个特点。①

（1）注重公平，务实求效。构建农民工市民化成本分担机制必须兼顾效率与公平的原则，既要考虑到这一分担机制的建立与完善是一个长期复杂的系统工程，又要从提高城镇化质量出发积极、合理、有序推进；既要加强农民工权益保护，逐步消除城镇内部二元结构，又要坚持权利与义务对等原则，引导农村人口有序转移；既要努力满足农民工市民化的现实需求，又要考虑目前发展基础发展阶段的现实承受能力；既要充分发挥政府在构建成本分担机制中的主要作用，又要充分发挥企业、个人和社会的应有作用。

（2）承认差异，分类改革。农民工市民化问题本身具有突出的复杂性、层次性和差异性，农民工群体包括了具有不同的成长背景、教育水平和思想观念的第一代农民工、新生代农民工，农民工特征包括了离土又离乡、离土不离乡以及城郊失地农民工等多种特征，市民化过程包括了农村退出、城市进入和城市融入三个阶段，市民化区域包括了大、中、小以及城和镇等经济社会综合实力差异显著的不同区域，解决不同阶段、不同类型、不同特点、不同区域的农民工市民化问题，其成本分担就应建立在不同发展基础、不同能力水平、不同经济成本之上，就需要自足实际、承认差异，采取分类有别的制度改革与政策调整措施，建立相应的农民工市民化成本分担机制。

（3）整体谋划，渐次推进。农民工市民化本身就是一个长期渐进的过程，不仅涉及与公共服务、社会福利等相关的差距与

---

① 高拓、王玲杰：《构建农民工市民化成本分担机制的思考》，载于《中州学刊》2013年第5期。

欠账弥补所产生的巨额成本，而且分担主体包括了政府、个人、企业和社会等多元化主体，部门领域涉及了教育、卫生、住建、社保等多行业多部门，尤其在体制转轨和经济转型的矛盾凸显期，在经济社会和城市发展的总体承受能力相对不足的情况下，构建农民工市民化成本分担机制需要坚持整体谋划和统筹协调相结合，坚持重点领域突破与渐进式改革相结合，既要积极，也要稳妥，分类型、分步骤，有先行先试，有梯度推进，确保农民工市民化成本分担机制构建的科学性和可行性。

3. 成本分担的困境。

目前应有的成本分担模式是，在政府、企业和个人共同分担的前提下，以政府为主导，中央和地方政府各司其职承担分担责任，相应实施具体分担工作，并充分引导企业、社会和个体积极参与农民工市民化的成本分担中。但受制于相关制度约束等众多因素的综合作用，农民工市民化成本分担的具体实施与操作仍然存在诸多的现实困境，集中表现在以下几方面。[①]

（1）当前农民工市民化成本分担机制的推进和完善远滞后于人口城镇化进程。政府、企业和农民工个体的分担责任及分担行为并未在制度中明确，在相对缺乏政策指导和法律约束的前提下，政府和企业主体并没有有效地履行各自的分担责任。各地政府目前大多是基于人口城市化成本承担层面推动城市基础设施的建设和完善，涉及农民工市民化成本的公共服务供给和均等化进程严重滞后；同时，企业往往基于传统观念在生产成本范畴内购买农民工劳动力，分担的农民工市民化成本内容和成本额度远远不足。

（2）作为不同利益主体的政府间博弈现象突出，政府的分担工作不能有效推进和深化。涉及农民工市民化公共成本分担应

---

① 以下几点参见杨世箐、陈怡男：《农民工市民化成本分担的现实困境及对策分析》，载于《湖南社会科学》2015 年第 5 期。

包括中央政府与地方政府、流出地政府与流入地政府两对类型的政府主体。在理论上，结合政府的事权范围和农民工市民化成本的类型，中央政府应在农民工市民化成本分担中发挥着引导和调节作用，地方政府负责农民工市民化成本的资金筹措和公共设施及服务供给的具体建设；流出地和流入地政府应沟通协调，在农民工市民化过程的不同时期相应分担相关成本。但就目前而言，即使各政府主体都能够意识到自身在农民工市民化成本分担中的责任，受地方本位主义思想的制约，农民工市民化成本分担中并非"全国上下一盘棋"，而是呈现出地方政府与中央政府、流入地政府与流出地政府等利益主体的博弈"暗战"，各级政府对其下级政府的财政转移支付与资金配套支持等相关决策在这种博弈状态下也很难顺利出台和实施，直接制约农民工市民化成本的政府间分担工作有效落实和推进。

（3）成本的一次性投入与动态的持续分担混为一谈，从而在事实上夸大了农民工市民化的成本。以义务教育为例，按照"两个为主"的方针，除了为农民工随迁子女新建公办学校是一次性投入外，生均教育事业费实际上是按学年度投入的，因此输入地政府对农民工随迁子女的义务教育投入并不会带来较大的财政压力。此外，在农民工市民化成本中，除了需要一次性支出的即期成本外，相当一部分是需要未来支付的远期成本。以养老保险为例，2014年农民工平均年龄约38岁，如果在输入地参与城镇基本养老保险的话，其养老保险的支付需要等农民工年满60岁后才会发生，其缴纳的养老保险费用一定程度上还能弥补当期养老保险的支付缺口。根据国务院发展研究中心的研究数据，从全国平均水平看，实现1个农民工在城镇落户，当期支出的市民化成本仅占总成本的58%。[①]

[①] 胡拥军：《构建农民工市民化的合理成本分担机制》，载于《学习时报》2017年1月16日。

（4）企业的成本分担责任及行为缺乏有效的监管，现实状况中企业的成本分担不到位。我国《中华人民共和国劳动合同法》等相关法律政策明确规定了企业雇用员工所需承担的各项责任，可以说，企业聘用农民工，就应该按照《中华人民共和国劳动合同法》等相关法律政策承担相应的法定成本，这也是企业在农民工市民化过程中应分担的成本内容。部分研究者淡化了企业在农民工市民化成本分担中的主体责任，认为企业无论是聘用城市居民还是聘用农民工，都需要支付劳动力购买成本，因此这一成本仅是企业的生产成本而非企业分担的农民工市民化成本，由此认为企业在农民工市民化过程中分担的成本可以忽略不计。但事实是由于缺乏有效的监管，很多企业并不能够真正贯彻《中华人民共和国劳动合同法》，以"同工同酬""同工同权"的原则，对农民工的劳动力购买和劳动保障支付相应的成本，只关注农民工为企业创造的效益而忽视了农民工的福利和权利需求的满足。

第四章

中国农民工市民化的新挑战

随着我国人均 GDP 迈过 8 000 美元门槛,一系列社会新风险、新矛盾叠加出现,其中伴随着城镇化进行的农民工市民化过程中也出现了一些新的挑战,我们有必要对此进行整理和分析。本章将围绕中国农民工市民化过程中的劳动权益挑战、新生代农民工的出现,以及农民工的政治参与三个方面进行分析。

一、中国农民工市民化的公民资格、社会权利与劳动权益挑战

在中国农民工市民化过程中,对农民工劳动权益的保护是近年来兴起的话题。然而,农民工劳动权益保护为什么重要?这样一种观念从哪里来?我们有必要对此正本溯源。事实上,劳动权益保护的观念正是来自公民资格与社会权利的提出。本节将围绕上述内容展开讨论和分析。

(一) 公民资格与社会权利的兴起

公民资格(citizenship,或称公民权利)最初只是一个法学和政治学理论中使用的术语,它通常被看作衡量一个人是否作为国家共同体成员而存在的一种标志。但是,随着第二次世界大战

以后英国社会学家马歇尔（T. Marshall）公民社会权概念的提出，公民资格理论便与社会政策紧密结合起来。

马歇尔曾对权利的历史进行考察，认为权利的发展历程大致经历了三个阶段，即民事权利（Civil Rights），政治权利（Political Rights）和社会权利（Social Rights）三个阶段。[①] 具体而言，民事权利阶段指人们获得言论自由和财产权及诸项契约的阶段，政治权利阶段指人们获得选举权、亦包括选举权不断扩展至妇女范畴并超越了种族界限，而社会权利则是在民事权利和政治权利获得之后，在19世纪末期才"复兴并重新嵌入到公民权利结构中"，[②] 它指公民应该获得基本的社会公平的权利，即"国家必须保证公民能获得足够的收入、住房和教育"[③]。

公民资格和社会权利具有四个特征。

第一，公民资格和社会权利具有渐变性。在18世纪末19世纪初实现了民事权利，它包括在法律面前人人平等、个人言论自由，等等。在19世纪末20世纪初基本上实现了政治权利，即公民有投票选举和参与政治活动的权利，并把选举权和参政权扩大至社会各个阶层，成为公民普遍拥有的权利。20世纪普遍实现了公民的社会权利，它与满足公民基本福利需求的社会政策相关联。

第二，公民资格和社会权利具有普遍性。它是以社会福利的实现为基本目标的普遍人权的表达。按照马歇尔的解释，作为现代社会的基本政治观念，"社会公民权利则是这样一种资格：在一个政治性地组织起来的社会或民族国家中，公民身份使个人有资格要求社会或国家对他承担责任，使他能够享用各种社会善行

[①] Marshall TH, "Citizenship and Social Class", Pierson, C and Castles, F. G. (eds.), "The Welfare State Reader," Polity Press, 2000.
[②] 陈鹏：《公民权社会学的先声》，载于《社会学研究》2008年第4期。
[③] 彭华民：《社会福利理论中的制度研究与制度主义的发展》，中国社会学网，2010年8月。

带来的好处。换句话说,公民权利是指这样一种个人和社会(国家)的关系,个人被赋予正当的理由向社会(国家)要求得到某种能够保证自己和其他社会成员一样的地位和待遇,以使他获得一种自由地与合法地支配某些社会资源以满足自己需要的能力;而对国家来说,则要承担起保证个人有充分的自由来进行他作为一个'私人'和'公民'(社会成员)所需要进行的正常活动的责任"。①

第三,公民资格和社会权利伴随着民主政治产生。于是它造成了社会权利与民主之间的悖论:民主政治制度和福利国家的体制应该是保护公民权利的发展的,但在福利困境时期,民主政治制度却不得不在实际福利水平居高不下和客观要求福利降低以缓解政府福利债务之间游移,从而在实质上破坏了公民权利。同时,公民权利理应促进民主制度发展,但公民权利带来的高福利支出又给民主政府的运转带来了困境,并使政府最终可能因为债台高筑而导致民主制度本身的破产。美国哈佛大学教授保罗·皮尔逊(Panl Pierson)据此断言福利国家紧缩的不可能,因为人民会通过民主制度来否决任何减低他们基本福利的决策。② 于是,只有那些承诺更好福利的政治家有更大可能性被那些决定选举走向的中间选民们选上台,而这些中间选民多半是由迫切需要福利保障的中下层阶级组成。如果那些倡导紧缩的右翼政客,因为其前任左翼政客们的不佳政绩而侥幸上台,那么他们要么对其右倾的紧缩政策改弦更张,要么承担更大的政治风险——游行、暴乱以致下台。

第四,公民资格和社会权利成为西方福利国家兴起的理论基础。因为它事实上成为资本主义社会精英阶层消弭阶级差异,淡

---

① 钱宁:《社会正义、公民权利和集体主义》,江苏人民出版社2007年版,第214页。
② Pierson P, "Coping with Permanent Austerity: Welfare State Restructuring in Affluent Democracies", Oxford University Press, 2001, pp. 410–456.

化阶级观念，进而维系资本主义统治的工具。然而，在20世纪50~70年代福利水平的高速提升之后，经济、社会和人口等问题接踵而至，当福利国家政府无法维系其高额福利开支而希望削减时，民主制度本身成为民主政府面临困境的原因。换言之在经济形势好的时候，福利的扩张就有了保障基础，经济增长会促进福利扩张，为老百姓提供更多更好的福利。然而，一旦经济出现下行，而福利又居高不下，那么就会导致政府的入不敷出甚或破产倒台。

总之，西方公民资格与社会权利的兴起，为公民不分职业和阶层而获得普适与平等的权利奠定了理论基础，这对探究我国农民工市民化过程中的一些问题，起到了一定的推动作用。

(二) 中国农民工市民化过程中劳动权益的受损

劳动权益（Labor Rights and Interests），也被称为工业公民权（Industrial Citizenship），是指处于社会劳动关系中的劳动者在企业内部履行劳动义务的同时所享有的基本权益。[1] 换言之，劳动权益是企业或社会对从事某项工作的人所付出的劳动的一种回报，即劳动者履行了义务后应享有的权利。

20世纪80年代末以来，随着农村劳动力不断向城市转移，在中国的劳动力市场中形成了数量庞大的农民工群体。尽管他们为中国的经济发展做出了巨大的贡献，但其正当的劳动权益却难以得到有效保障。我们将从背景、内容和表现、原因以及影响因素等方面对此问题进行分析。

1. 中国农民工市民化过程中劳动权益受损的背景。

中国农民工市民化过程中劳动权益受损的背景包括制度背景和政策转换背景两个方面。

---

[1] 参见常凯：《劳动关系·劳动者·劳权——当代中国的劳动问题》，中国劳动出版社1995年版。

（1）制度背景。一方面，制度缺失和政府缺位。对于劳资关系，政府的角色应当在资本的正当利益和防止资本侵害工人合法权益之间做出平衡，协调两者间的利益关系。然而，在较长时期内，地方政府在这个问题上可能处于缺位状态。原因在于政府政绩考核以 GDP 增长率为主要指标，这使得促进本地经济高增长成为地方政府的主要行为目标。为此，地方政府需要吸引大量的投资和廉价劳动力。在劳动力近乎无限供给而资本相对短缺的状况下，投资对地方政府而言就显得异常重要。这样，在处理劳资关系中，地方政府可能出现资本优先于工人、对资本侵犯工人权益"睁一只眼闭一只眼"的现象。因为如果"过于"强调工人权益保护，必将提高企业劳动力成本，高流动性的跨国资本就会以投资环境恶化为由，转投他处。另一方面，制度化维权途径的低效或失灵。在发展社会主义市场经济的过程中，我国制定了一系列处理劳资关系的法律法规，如《中华人民共和国劳动法》《中华人民共和国工会法》《中华人民共和国劳动合同法》等，在此基础上设置了一套协调和处理劳资关系的制度化机制，主要包括工会维权、劳动仲裁、司法解决、劳动信访等。理论上，当农民工面临权益侵害时，他们可以通过这些制度化途径维权。但是，制度实践与制度文本间往往存在差距，在现实中，以上制度化维权机制普遍出现了低效或失灵的状况。

（2）政策转换背景。我国劳动政策的转型过程对劳动力的收益或有迟滞效应，因此，转型本身不见得有利于农民工劳动权益的保障，而转型之后其保障效用才会显现出来。其一，商品市场与劳动市场的逆向转型。一方面，商品市场从短缺到富裕。在改革初期，社会依然处于短缺状态，"吃饭问题"即保障生存是核心指标，只要有工作就意味着能够生存。经过三十多年的经济高速增长，中国社会以及绝大多数民众已经走出了"短缺经济"（Shortage Economy），逐步实现了以市场经济为主体的"充裕社会"（Affluent Society）。[①] 另一方面，劳动市场从富裕到短缺。经过三十多年高速发展的中国经济已经开始出现劳动力短缺，这构成了近年来劳动权益转变的市场背景，也是导致农民工权益状况及劳动保护政策转变的主要变量之一。其二，劳工维权从个体维权向集体维权转型。一方面，新生代农民工成为劳动力市场的主力。劳动力人口结构的变化也是近年来劳工权益转变的背景原因。这一变化主要体现在"80后""90后"等新生代农民工成为劳动力市场的生力军。另一方面，集体维权成为农民工维权的主要形式。自21世纪以来，劳工维权的主要特征之一就是由个体维权走向集体维权，集体劳资争议越来越多，劳动维权所导致的群体性事件也越来越多。

2. 中国农民工劳动权益受损的内容和表现。

按日常内容分，农民工的劳动权益至少涉及八个方面，即工资、工资拖欠、劳动合同、技能培训、辞工自由、日常福利、社会保险、人身权利，具体表现为劳动合同的签订率低、工资遭受拖欠、劳动时间过长、工作环境危险及劳动条件恶劣等。

按劳动权利主体层次分，劳动权益等同于劳动权利，因为劳动权益的主体是劳动者，确切地说，是在产业关系中被雇用并以工资收入为主要生活来源的劳工阶层。劳动权利可以分为个体劳动权利和集体劳动权利，前者主要包括劳动合同、工资福利、工作条件以及养老、医疗保险等方面的个人权益，这类权益是实体性的，可以直接观察到，与劳动者的生存和健康密切相关，因此也被称为社会生存权。而集体劳动权利并不是由劳动者个人来行使的，而主要是由劳动者集体的组织——工会来行使的，集体权利包括劳动团结权、集体谈判权和集体行动权，也被称为"劳动三权"。这类权利往往与劳动者的生存没有直接关系，但是在处

[①] 亚诺什·科尔内著，张晓光、李振宁、黄卫平等译：《短缺经济学》，经济科学出版社1986年版，第12页。

理劳资纠纷和劳资冲突中扮演着组织、协调和规范的角色，是一种组织性和程序性的权利，因此也被称为劳动政治权。

我国农民工劳动权益的指标可以通过表4-1勾勒出来。

表4-1　　　　　　　我国农民工劳动权益指标

权益	指标
工资	月平均工资（元）
	工资拖欠比率（%）
	工资罚扣比率（%）
工作时间	周工作小时
	加班比率（%）
社会保险	工伤保险（%）
	医疗保险（%）
	养老保险（%）
	失业保险（%）
	生育保险（%）
福利待遇	带薪休假（%）
	病假工资（%）
	产假工资（%）
劳动合同	签订率（%）
	参与内容协商（%）
	感到满意（%）
押金与押证	押金比例（%）
	扣押证件比例（%）
工作环境	工作环境有危害（%）
	强迫劳动（%）
	冒险作业（%）
	综合评分（平均值）
基本人权	搜身搜包（%）
	罚款罚站（%）
	遭管理人员殴打（%）
	拘禁（%）

续表

权益	指标
权益侵害与维权	对企业有意见的比率（%）
	向企业反映比率（%）
	权益受侵害者比率（%）
	投诉比率（%）
	参与群体性维权活动比例（%）

资料来源：刘林平、雍昕、舒玢玢：《劳动权益的地区差异——基于对珠三角和长三角地区外来工的问卷调查》，载于《中国社会科学》2011年第2期。

由表4-1可见，我们可以从工资、工作时间、社会保险、福利待遇、劳动合同、押金与押证、工作环境、基本人权和权益侵害与维权九个方面来度量农民工劳动权益受损与否及程度。这并不意味着前述其他项目不可以作为劳动权益受损的内容，只是说表4-1中这九项是可以量化度量的，从而有可能使农民工劳动权益的衡量更加精确。其中，工资、劳动合同与工作环境是最为重要的三项。[①] 因为，工资是权益保障的核心问题，工资高则权益保障相对好，工人对其权益主观评价也相对较好；劳动合同也是权益保障最重要的指标之一，购买社会保险在很大程度上和劳动合同挂钩，劳动合同签订率低则权益保障的其他指标也会随之较差；工作环境既是工人所处的具体、微观、可接触的环境的直接测量，又会影响他们对劳动权益的主观感受。

我国农民工劳动权益受损具体表现在以下几个方面。

（1）就业权受到侵害。《中华人民共和国劳动法》首先明确规定了劳动者有平等的就业权利，即"禁止对任何劳动者在劳动方面的歧视行为。"然而，农民工就业权却时常受到歧视和侵害。农民工进入城市劳动力市场门槛太高，许多城市明确规定了农民

[①] 刘林平、雍昕、舒玢玢：《劳动权益的地区差异——基于对珠三角和长三角地区外来工的问卷调查》，载于《中国社会科学》2011年第2期。

工用工范围,限制的比较死。用人单位不与农民工签订劳动合同或签订短期劳动合同,但却要求他们从事工作时间长、条件差、最繁重和最危险的工种。

(2) 工资报酬权受到侵害。劳动报酬权是劳动者最重要及最基本的生存权利,它是劳动者及家属赖以生存的物质基础——"活命钱"。农民工艰辛劳动时常不能换来应得的报酬。一方面同工不同酬,大部分农民工的收入不到城市就业收入的2/3,有的甚至达不到城市就业收入的1/2;[①] 另一方面用人单位无故甚至恶意克扣、拖欠农民工的工资报酬。

(3) 安全健康权得不到保障。劳动者在职业劳动中,有劳动安全健康获得保障、免遭职业伤害的权利。农民工不仅要从事最繁重的工种,而且在劳动过程中安全健康权时常受到侵害。他们在劳动条件差、缺乏劳动保障的工作场所从事最危险的工种,一些用人单位既不对农民工进行劳动保护培训,也不采取任何安全防护措施,无视农民工的健康和生命。

(4) 休息休假权得不到保证。劳动者享有休息休假的权利。但是,农民工大多数都在超时劳动,有的农民工每天的劳动时间高达十多个小时,损害了农民工的身心健康。

(5) 社会保险、福利待遇得不到保障。农民工在提供了社会效益后,并不能享受到社会保障所提供的福利。用人单位简单地认为缴纳社会保险增加了企业的成本。

而从农民工劳动权益受损后主体的反应来看,农民工主要有三种表现。

一是保持缄默。现实表明,尽管农民工普遍面临劳动权益全面缺失的状况,但是,多数农民工在大多数情况下都没有进行公开的抗争,而是保持着表面的沉默。原因在于,一方面和农民工

[①] 关凤荣:《农民工劳动权益保护现状分析》,载于《长春理工大学学报》(社会科学版) 2004 年第 2 期。

长期以来的生存逻辑有关。大多农民工进城只是为了谋求生存，只要能守住生存这一底线，他们可以承受莫大的苦难。对于很多农民工而言，尽管面临超时超强的劳动、恶劣的劳动条件、低微的工资，甚至是老板的人身侵害，但毕竟还有一份谋生的机会，能维持起码的生存，根本不至于公开抗争。另一方面农民工公民资格和社会权利意识缺失。农民工对于现代社会关于社会公正和公民权利的界定，很难充分认知和理解，并不能准确把握自己获得怎样的待遇，才算是体现了整个社会所认定的公正，自己到底被法律赋予了一些什么权利，而是有他们自己的一套关于"公正"与"合理"的观念。

二是非制度化表达。农民工维权抗争的方式则大多是非制度化的，游离于正式制度供给之外。这主要是因为制度化维权机制客观上低效或失灵，农民工主观上对其缺乏信任和效能感。从行为特征上看，农民工的非制度化表达主要可分为集体闹事、集体罢工、以死抗争、暴力抗争等方式。从现实来看，农民工公开表达多因资方无限期拖欠其工资、工伤赔偿远低于法定标准等恶劣侵权行为而起。2015年的一些罢工行为如广东省"本田罢工事件"，则是因为工人对工资待遇不满，这表明农民工的利益诉求已经明显上升。

三是制度化表达。通过这种途径的农民工数量相对较少，随着农民工权利意识日益觉醒，加上政府和一些非政府组织加强了对农民工的法律援助，越来越多的农民工走上了制度化维权的道路。据中华人民共和国最高人民法院2010年9月披露，全国法院2008年一审劳动争议收案29.55万件，较2007年增长95.3%；2009年收案31.86万件，同比增长7.82%；2010年1~8月新收20.74万件。①

---

① 胡杰成：《国家、市场与农民工的互构：农民工权益保障的内在逻辑》，载于《经济研究导刊》2012年第21期。

总之，保持沉默与非常规手段为维护劳动权益进行抗争的农民工数量不在少数，而通过法律等制度化渠道解决的数量虽然相对较少，但近年来也开始出现了好转。

3. 中国农民工劳动权益受损的原因。

中国农民工劳动权益受损的原因大致分为劳动者主观方面和体制机制客观方面。

（1）从劳动者主观角度看，一是用人单位法制观念淡漠。实践中，用人单位侵害农民工劳动权益的事例远远多于劳动者违反基本义务的情况。许多企业出于利润的最大化，利用其在劳动关系中的优势地位，无视法律，侵害农民工的劳动权益，这是农民工劳动权益遭受侵犯的主要原因。

二是农民工法律意识、维权意识淡漠。农民工大多数文化水平偏低，法制观念不强，在其合法权益受到侵害时，要么忍让，要么消极对抗，甚至采取极端做法，很少通过合法方式维护自己的权益。再加上农民工家庭生活水平低下，劳动是维持自己及家人的唯一途径，所以在保饭碗和争权利之间，他们往往选择前者。

（2）从客观体制机制角度看，一是"城乡分治"二元社会结构体制的存在。中国长期存在着城乡分割的二元社会结构体制，社会上存在着"重城市轻农村"的观念，存在着农民是"包袱"的观念。进而导致农民工进城就业受到歧视，农民工劳动权益受到侵犯。

二是劳动立法的不完善，直接妨碍农民工劳动权益的保护。《中华人民共和国劳动法》第二条将众多从事零散工作、只有事实劳动关系的农民工排除在劳动法应保护的范围之外，使农民工劳动权益失去了法律保护屏障；本法第五十条规定，用人单位"不得无故拖欠劳动者工资"。实际上，这是因为用人单位拖欠工资及其对法律、法规的执行力度不够导致的。

三是就农民工劳动权益受损程度差异而言，本地国有、乡镇和私有企业（或最早进入的外企）所形成的管理传统或习惯的不同，境外资本对投资地区的适应或同化等，是造成劳动权益差异的制度性原因。具有社会主义传统（国有企业）和社区人际关系网络（乡镇企业）的企业较多，这两类企业劳资关系的处理模式不是纯市场取向的，而可能是受社会主义传统影响并嵌入社区结构和人际网络之中的"人情型"模式，因而工人劳动权益状况较好。[1]与之对应，私有企业或早期外企的"非人情型"特征较为明显，因而其工人劳动权益状况相比国企和乡镇企业要差一些。

4. 中国农民工劳动权益的影响因素。

中国农民工劳动权益的获得情况是有差异的。影响其劳动权益差别的主要因素是什么？

（1）人力资本。研究表明，人力资本状况对于农民工劳动合同的签订具有显著的、积极的影响。与只接受过小学及以下教育相比，接受过高中（中专、技校）和大专以上教育的农民工，其签订劳动合同的可能性增加39.6%和43.1%；而在进城以后接受过职业培训的农民工，签订劳动合同的可能性也上升了39.5%，并且以上关系在1%水平上统计显著。[2]说明人力资本状况的改善，将提高农民工在劳动力市场中的竞争力，并为其劳动权益提供有效的保障。同时，人力资本状况与农民工工资的按时发放具有显著的正相关关系。受教育程度较高，具有某项技能、进城后接受过职业培训的农民工，其遭遇欠薪的可能性明显降低。此外，人力资本状况与农民工的日劳动时间之间存在着显著的负相关关系。无论是受教育程度的提高、拥有某项技能，还是接受过职业培训，都将显著地缩短农民工的日工作时间。这也

---

[1] 万向东、刘林平、张永宏：《工资福利、权益保障与外部环境——珠三角与长三角外来工的比较研究》，载于《管理世界》2006年第6期。
[2] 谢勇：《农民工劳动权益影响因素的实证研究——以南京市为例》，载于《中国人口科学》2008年第4期。

再次说明，随着农民工人力资本状况的改善，其劳动权益的保障程度也将得到显著地提高。总之，人力资本与农民工的劳动权益状况之间存在着显著的正相关关系。随着农民工受教育程度的提高、拥有某项技能及接受了相关的职业培训，其劳动权益的几乎所有方面都出现了显著的改善。这在很大程度上说明，保障农民工劳动权益的根本，在于改善其人力资本状况，从而增强农民工在劳动力市场中的竞争能力。

（2）企业的所有制性质。就业单位的所有制性质对于农民工劳动合同的签订具有显著的影响。一方面，与在个体工商户及其他所有制单位相比，在国有企事业单位和民营企业就业的农民工，签订劳动合同的可能性显著增加，并且这种效应在1%水平上统计显著。另一方面，与在个体工商户及其他所有制单位就业的农民工相比，在民营企业就业的农民工的日劳动时间显著地缩短。

（3）行业。从行业来看，在批发贸易零售业和制造业就业的农民工遭遇欠薪的可能性较低。与建筑业相比，在这两个行业工作的农民工的工资被拖欠的可能性分别下降至17%和9.3%。[①]

（4）年龄。与25岁及以下的农民工相比，36~45岁的中年农民工的工资按时发放情况较好，其遭遇欠薪的可能性下降9%，并且在5%水平上显著。并且年龄在36~45岁、46岁及以上两个年龄段的农民工的劳动安全状况出现了明显的好转。[②] 这一方面可能是因为随着年龄的增长、工作经验的积累及掌握了更多的工作岗位的信息，农民工在就业时回避了那些危险程度较高的工作；而在另一方面也可能是因为年龄偏大的农民工本身也不适合那些工作环境较为危险的工作，因此相关的用人单位更加愿意招募那些相对年轻的农民工从事这些工作。

[①②] 谢勇：《农民工劳动权益影响因素的实证研究——以南京市为例》，载于《中国人口科学》2008年第4期。

(5) 性别。男女农民工在劳动权益获得方面呈现出一种多元性别权力结构,即在一些劳动权益获得方面(如工资、辞工自由、日常福利),男性处于优势地位,而在另一些劳动权益获得方面(如工资拖欠、技能培训、人身权利),则是女性的处境相对较好。[①] 农民工劳动市场上这种多元性别权力结构对传统的单一化的性别—阶级模式也许是一种挑战和修正。农民工在劳动权益方面的性别差异实质上是他们在资源和机会获得上的性别不平等。农民工在劳动权益或资源和机会获得上的这种性别不平等是性别歧视、组织制度和市场竞争共同作用的结果,并且性别歧视似乎在其中发挥了更为重要的作用。农民工内部这种因禀赋、能力和业绩以外的因素所导致的性别分割和不平等,无论是对男性还是对女性来说,都是很不公平的。如果对它不加以妥善处理,那么农民工内部的这种性别不平等态势以及因此而激发的经济社会不公平感,势必消解农民工的整体利益,甚至侵蚀社会结构与和谐秩序的稳定基础。

(三) 中国农民工市民化过程中劳动权益的补救

中国农民工市民化过程中劳动权益的补救及对策可以从现实层面和远景层面两个维度来把握。

从现实层面看,一是要完善相关法律法规。针对农民工工资偏低的问题,2004 年劳动和社会保障部颁布了《最低工资规定》,对最低工资标准作出了明确规定。到 2006 年,全国除港澳台以外的 31 个省、自治区、直辖市(下同)均按制度要求颁布了当地最低工资标准。尤其值得一提的是 2008 年 1 月 1 日生效的《中华人民共和国劳动合同法》,其中包括劳动必须有合同、强制社会保险等许多有利于农民工权益保护的内容,相比 1994

[①] 罗忠勇:《农民工劳动权益的性别差异研究——基于珠三角 3 000 多位农民工的调查》,载于《中国软科学》2010 年第 2 期。

年颁布的《中华人民共和国劳动法》,该法还增加了许多惩罚条款,增强了法律的威慑力。① 自 21 世纪初以来中央出台的一系列关于农民工的政策文件,也一再强调要加强农民工权益保障,提出了"切实解决拖欠和克扣农民工工资问题""依法规范农民工劳动管理""积极稳妥地解决农民工社会保障问题"等具体要求。

二是完善相关体制机制。一方面,建立用工信息声誉制度。在纠纷解决金字塔中,无论是从劳动者的选择还是从经济成本而言,合作型纠纷解决方式都是相对比较经济的。但劳资双方力量的不均衡,信息不对称会影响用人单位在解决纠纷方面的合作意愿及结果。而工资、工伤待遇又关乎劳动者即时的生命、健康与生活收入来源,因雇主不合作而劳动者被迫通过司法获得的迟来的正义是不经济的,甚至可能因此加大劳动者的受损范围。尽管我国规定了欠薪等行为可入刑,但由于执法负荷繁重和公共执法资源不足的双重约束,刑法治理未必能有效约束雇主的违法行为和不合作行为。通过信息披露、声誉机制进行严厉的市场驱逐式惩罚,因深刻影响雇主的核心利益,能有效阻吓企业放弃潜在的违法行为,促使其在纠纷发生时与雇员合作解决劳资纠纷。因为雇主作为一种组织,会与大量的各类博弈对手包括但不限于消费者、银行、雇员等再次相遇和进行博弈。通过建立雇主违法的信用档案,有助于降低用人单位的雇用违法行为,同时促进其在劳资纠纷解决中的合作,并降低权益救济中因不合作无法实现定纷止争从而导致各种权益救济路径被重复适用的几率。② 另一方面,增强劳动关系调解机构的权力,并提高其公平性。劳资关系相对于其他社会关系而言带有一定的熟人性和亲密性。调解作为

---

① 胡杰成:《国家、市场与农民工的互构:农民工权益保障的内在逻辑》,载于《经济研究导刊》2012 年第 21 期。
② 吕惠琴:《农民工劳动权益救济方式选择意愿调查》,载于《国家行政学院学报》2015 年第 5 期。

非正式纠纷解决方式成本较低，较适合带有熟人性的劳动关系，也更有利于实现"相互的持续合作性互动的预期"。调处者的权威性是影响调处结果和成功几率的重要函数。我国的调解机构因缺乏权威性而大大削弱被选择的可能性和其调解功效的发挥。因此，应改变现行构建的调解机构因"无权""权弱"等产生的调解不力、调解失效等问题。美国劳资关系委员会集执法权、执行权于一身，能有效解决调解无能和失效的问题，应予以借鉴。在强资本、弱劳工的背景下，保护劳动者的劳工三权、第三方非政府组织（NGO）、律师团体等专业机构合法介入权或许才有助于解决劳方与资方在利益博弈中的严重不对等和不均衡，实现劳资纠纷解决中的力量对等和公平正义。①

三是科学地进行权利倾斜性配置。为保护劳动者权益，我国劳动等相关法律采取了倾斜性保护的原则。但如果权利倾斜性配置不当可能会增加劳资冲突，并影响劳动权益救济效果。如《工伤保险条例》规定的用人单位依法参加工伤保险，仍需负担部分工伤保险待遇，增加了劳资之间的对抗性。劳资双方力量的不平衡及诉讼成本的高昂，上述法律规定会激发部分雇主利用诉讼拖延待遇支付时间和周期。这不但激发了劳资之间的矛盾和冲突，而且不利于因工受伤者的身体健康恢复。再例如，《劳动法》规定的用人单位无过失情形下，如劳动者不能胜任工作、用人单位经营管理不善、濒临破产等情形仍需向劳动者支付经济补偿金，尽管对劳动者有利，但因未充分考虑雇主的利益而会增加雇主与雇员之间的冲突。同时，濒临破产的雇主往往负债累累，导致即便通过打官司，也无法真正解决雇主和雇员之间的矛盾和纠纷。法律本身设置的不科学是导致现实劳资纠纷和冲突激增、打官司难以"定纷止争"的重要原因。② 在对劳动者倾斜性保护立法

---

①② 吕惠琴：《农民工劳动权益救济方式选择意愿调查》，载于《国家行政学院学报》2015 年第 5 期。

时，应进行深入调查和分析，充分地考虑哪些权利应该予以倾斜性配置，是否会引发受益人的道德风险，利益相关方会采取怎样的对策行为，对特定行业会有怎样的影响，才有助于科学地进行权利倾斜配置，减少劳资冲突，促进劳资关系和谐。

从远景层面看，一是在条件成熟的情况下建立农民工工会。农民工工会本质上体现的是个体劳权到集体劳权的一种转变。2003~2010年，经过各项劳工政策的出台以及政府保护力度的加大，个体劳权基本得到保障，但是集体劳权还没有得到应有的地位。[①] 2008年《中华人民共和国劳动合同法》规定了集体合同。但是，与劳工权益密切相关的集体劳权始终没有从立法上予以确认。在现代社会和市场经济的条件下，工会的主要职能应当是，工人通过工会组织，以集体谈判方式维护并改善自身的劳动权益和劳动条件。从长远看，这是有效保护农民工劳动权利的一条有效突进。此外，建立农民工工会也可以增加农民工维护自身利益的意识，从而改变农民工在劳动关系中的失衡状态。

二是最终实现农民工从"赋权"到"赋能"的转变。无论赋权还是赋能都是保护劳工权益的途径，但是个体赋权重点在于社会生存权，而赋能着眼于提升发展权。与赋权强调制度建设以及政府直接干预不同，赋能则强调通过教育或培训提升劳工自助维权与持续发展的能力，是一种间接干预。在具体的手段上，赋权强调通过立法、政策等直接作用于劳工或者雇主，比如最低工资制度立法。而赋能的性质决定了政府的最佳角色是"人力投资者"，即通过拟订相关的培训政策，通过提升其人力资本来间接保护劳工权益。当然，与赋权中政府一元主义角色不同，赋能往

[①] 孙中伟：《从"个体赋权"迈向"集体赋权"与"个体赋能"：21世纪以来中国农民工劳动权益保护路径反思》，载于《华东理工大学学报（社会科学版）》2013年第2期。

往需要集合社会各方的力量。不仅需要政府资源，还需要其他个体或社会组织，比如社会工作者、行业组织、工会的积极参与，尤其需要给予农民工自主选择权。在执行方向上，赋权属于自上而下，即具有强制性，往往不会考虑到农民工个体的多样化需求；而赋能则自下而上，更加尊重劳工个人的意愿和选择权，他们可以根据自己的需要来选择是否接受培训或者再教育。在效果上，赋权更加注重结果公平，而赋能更加注重机会公平。如果说赋权是"授之以鱼"，那么赋能则是"授之以渔"。在市场经济条件下，农民工来到城市，能否成功实现市民化的关键就是能否获得持续发展的能力。只有能够依靠自身条件找到较好的工作，获得稳定可观的收入，他们才可能实现自身对发展权益的诉求，才能在城市站稳脚跟，从而融入城市社会。因此，从这个意义上讲，赋能不仅是维护劳工权益的需要，也是成功实现工业化和城市化的需要。

表 4-2 对农民工劳动权益保护差异的状况进行了分析。结果表明，个体赋权—低度赋能导致出现"饭碗型"保障，个体缺乏自我维权的能力，属于原子化的工人，结构力量薄弱，无法形成集体力量与资本进行谈判。我国当前的农民工权益保护模式即属于此种类型。个体赋权—高度赋能导致劳工抗争多发，虽然工人权利意识和文化素质较高，行动能力较强，但囿于仅有个人权利保障，缺乏集体权利支撑，导致劳资关系难以实现均衡，冲突较多。集体赋权—低度赋能导致出现"悬浮型"保障，劳工缺乏可行能力，权利就会变成一张"空头支票"。只有集体赋权—高度赋能才能形成平衡的劳资关系，最大限度地保护农民工的劳动权益。

表 4-2　　　农民工劳动权益保护程度差异模型

赋权＼赋能	低度赋能	高度赋能
个体赋权	A. "饭碗型"权益	B. 劳工抗争多发
集体赋权	C. "悬浮型"权益	D. 劳资关系的平衡

资料来源：孙中伟：《从"个体赋权"迈向"集体赋权"与"个体赋能"：21世纪以来中国农民工劳动权益保护路径反思》，载于《华东理工大学学报（社会科学版）》2013年第2期。

二、中国新生代农民工市民化的出现及挑战

2010年的《中共中央　国务院关于加大统筹城乡发展力度进一步夯实农业农村发展基础的若干意见》（中央一号文件），首次使用"新生代农民工"的提法，并要求采取有针对性的措施，着力解决新生代农民工问题。新生代农民工的提法由此为大家逐渐熟悉。目前学界所说的"新生代农民工"主要指出生于20世纪80年代以后，年龄在16周岁以上，在异地以非农就业为主的农业户籍人口。据国家统计局2014年5月12日发布的《2013年全国农民工监测调查报告》显示，2013年全国农民工总量26 894万人。其中，1980年及以后出生的新生代农民工12 528万人，占农民工总量的46.6%，占1980年及以后出生的农村从业劳动力的比重为65.5%。[①] 而据中国青少年研究中心统计数据显示，新生代农民工占1.5亿外出务工人员的60%，约1亿初次外出务工农民的年龄为初中刚毕业年龄，其中近80%的人处于未婚状态，新生代农民工正逐步成长为农民工群体的主体。

---

① 王玉峰：《新生代农民工市民化的现实困境与政策分析》，载于《江淮论坛》2015年第2期。

从类别上看，新生代农民工大致分为两类：一类出生并成长于农村，占有一部分村集体承包地，完成初中或高中学业后进城务工；另一类随父母在城市出生或成长，拥有农业户籍却不占有村集体成员应得的土地资源，完成初高中学业后在城市流动就业，即"新生代无地农民工"。

从特征上看，新生代农民工总体上具有以下几种特征。一是工作选择地域更加多元。对于工作地点的选择，不是像老一代农民工那样拘泥于经济发达的沿海地区，而是更加多样化。二是文化素质提高，权利意识增强。新生代农民工普遍受过相对规范的教育，许多人都已初中毕业，接受过九年制义务教育，还有相当一部分人完成了高中学业，具备了较高的文化素质。另外，新生代农民工面对某些企业提供的低廉工资待遇和恶劣工作环境，敢于与这种不公平的待遇说"不"。他们维护自身权益的意识和能力较强，敢于拿起法律武器来维护自己的合法权益。三是消费观念转变。不再像老一代农民工那样"以工补家"，而是更多的自主消费。

基于此，本节将围绕新生代农民工的现状、其市民化影响因素、当前面临的困境及解决路径对策展开分析。

（一）中国新生代农民工的现状

这里主要从新生代农民工的收入现状、职业分布现状、工时现状、居住条件现状、城市融入现状和市民化意愿现状六个方面来分析。[①]

1. 收入现状。

新生代农民工受教育年限较长，人力资本相对较高，这决定了他们比第一代农民工具有相对较高的工资水平。研究表明，新

---

① 分析结论参考了刘传江、程建林：《第二代农民工市民化：现状分析与进程测度》，载于《人口研究》2008年第5期。

生代农民工的工资多集中于 400~800 元之间，占 60.1%。考虑到农村劳动力外出务工获得的工资性收入，有相当一部分寄回家中用于家中的生产性投资及家庭成员教育投资等有关费用支出，这样势必减少了他们的可支配收入，他们的可支配收入受到限制。新生代农民工的月可支配收入多集中在 201~500 元之间，占 62.4%，这说明在目前的经济水平下，新生代农民工的可支配收入依然较低。不过仍有 7.2% 的人月可支配收入在 701~1 000 元之间，这一水平在城市生活，相对来说要宽松一些。另外，有 3.2% 的人其可支配收入在 1 500 元以上，这个水平已经达到甚至高于武汉市城市职工月平均收入。所以，总体上讲，新生代农民工的可支配收入依然较低，此收入水平也仅能够维持在城市的生活开销。[①]

2. 职业分布现状。

职业期望与个人的自我认识和自我评价紧密相连。由于新生代农民工对于自己的生活条件和生活水平有着更高的要求，除了赚钱外，他们较重视安全、维权等这些关乎生活质量的因素，人文环境、文化娱乐、工作氛围等都影响着新生代农民工的选择，从而决定了他们希望从事轻松而待遇较好、能够开眼界的职业。研究表明，新生代农民工从事服务业的比率最大，为 41.4%，而第一代农民工从事这一行业的只有 16.9%；另外，新生代农民工从事建筑、社区服务等工作的比例要低于第一代农民工，这体现出了新生代农民工与第一代农民工不同的择业取向。

新生代农民工所从事的职业大多数为服务性行业，包括酒店餐饮、保洁、销售等，占 67.5%，技术岗位占 24%，甚至还有 1.2% 的人成为了管理人员，与第一代农民工主要从事建筑、开矿等"脏、累、险"的职业相比，新生代农民工从事这些工作

---

① 刘传江、程建林：《第二代农民工市民化：现状分析与进程测度》，载于《人口研究》2008 年第 5 期。

的比例相对较低。研究表明，第一代农民工中建筑工、矿工、砖瓦工、搬运工的比例分别为44.6%、3.8%、7.0%、7.0%，几乎没人从事管理工作；而新生代农民工中的建筑工仅占13.2%、搬运工占5.4%。① 由此看出，新生代农民工中的服务人员在增多，技术工人有所增加，管理人员略有增加，建筑行业等就业者明显减少。总之，新生代农民工不愿意再沿着父辈们的足迹，从事风餐露宿、室外作业、条件艰苦的建筑、采矿等职业，转而追求轻松而待遇较好的职业。

3. 工时现状。

务工时间长短与农民工所处的年龄组呈显著正相关。第一代农民工务工时间相对较长，根据调查统计，他们中大部分务工时间在5年以上，占66.1%，其中6～10年占29.4%，10年以上占36.7%，甚至有16.4%的农民工务工时间超过了15年。而新生代农民工务工时间较短，绝大多数在5年之内，占83.3%，务工时间在5年以上的仅占16%。②

4. 居住条件现状。

与第一代农民工相比，新生代农民工的居住条件有所改善。根据调查，新生代农民工中有37.1%的人是"单位免费提供宿舍"；31.1%的人"在外租私房"；另外，还有9.1%的人"租住单位提供的宿舍"；也有4.5%的人在务工地的"亲戚或朋友家"居住；还有18.2%是"住工棚"。③

5. 城市融入现状。

与第一代农民工相比，新生代农民工在城市融入方面保持着积极的态度，即他们的城市融入过程基本上是主动和自觉的，他们的城市适应表现为谋求一种与城市的积极共存。首先，新生代农民工的就业途径在逐步转变。第一代农民工就业渠道主要是发

---

①②③ 刘传江、程建林：《第二代农民工市民化：现状分析与进程测度》，载于《人口研究》2008年第5期。

挥"地缘""亲缘"所形成的社会关系网络在就业信息来源、介绍工作等方面的作用。而"自己主动寻找工作""用工单位招工"与"职业介绍机构"是新生代农民工就业的三个主要途径，分别占36.4%、36.4%和19.7%。由此看来，他们在求职过程中运用初级关系网络的比重有所降低，投亲靠友已不是求职的主要渠道。其次，新生代农民工比较看重专业技能，并有着强烈的学习渴望。2005年的调查显示，新生代农民工中43.2%的人参加过培训，其中一半为免费培训；另一半是"自掏腰包"参加培训，反映了新生代农民工对专业技能培训的重视。当问及"参加专业技能培训方式"时，"个人独立自愿参加"的人占33.3%。而第一代农民工中仅有26%的人参加过培训，其中只有36.7%的农民工"自掏腰包"参加培训，"个人独立自愿参加"的占29.7%。[①] 分析表明，新生代农民工参加培训的比例远远高于第一代农民工，即使培训不是免费的他们也积极参加，在他们看来无论是从工资收入，还是从工作环境等方面，"有一技之长"总比第一代农民工"卖苦力"有着持久而稳定的效应。

6. 市民化意愿现状。

高学历年轻的新生代农民工更向往城市生活，他们的市民化意识与意愿更高，从而市民化的可能性也更强。根据调查，新生代农民工具有市民化意愿的占该群体的63.6%，他们希望成为市民的原因主要在于城市收入高、生活水平好、精神文化生活丰富以及为自己的孩子以后能够获得良好的教育考虑。2007年武汉大学农民工课题组的调查表明，新生代农民工的市民化意愿比例高达78.5%，这充分说明了他们的市民化意愿在逐步增强，反映了他们强烈的留城愿望。

[①] 刘传江、程建林：《第二代农民工市民化：现状分析与进程测度》，载于《人口研究》2008年第5期。

（二）中国新生代农民工市民化的影响因素

中国新生代农民工市民化的影响因素，主要是通过定量回归分析做出的比较结果。如表4-3所示。①

表4-3　　　　新生代农民工市民化的影响因素

变量	模型一	模型二	模型三
个人特征			
性别（以女性为参照）			
男	-0.003	-0.003	0.001
年龄	0.004**	0.004	0.005
婚姻状况（以未婚为参照）			
已婚	0.01	0.006	0.003
受教育程度（以小学及以下为参照）			
初中	0.026	0.026	0.018
高中	0.075***	0.075***	0.067***
大专及以上	0.122***	0.122***	0.102***
独生子女（以否为参照）			
是独生子女	-0.036***	-0.037**	-0.043***
务农经验（以无为参照）			
有务农经验	-0.031***	-0.030***	-0.030***
承包土地状况（以无为参照）			
有承包土地	-0.008	-0.007	-0.01
家庭因素			
家庭关系（以没有与家人同住为参照）			
与家人同住		0.007	-0.011
父亲在外打工状况（以否为参照）			
父亲在外打工		0.003	0.001

---

① 对于该问题的研究结果，参考了张斐：《新生代农民工市民化现状及影响因素分析》，载于《人口研究》2011年第6期。

续表

变量	模型一	模型二	模型三
主观因素			
自评经济状况（以不好为参照）			
自评经济状况好			0.042***
工作满意度（以否为参照）			
工作满意			0.017
幸福感（以否为参照）			
幸福			0.034
城市归属感（以无为参照）			
有城市归属感			0.070***
常数	0.325***	0.319***	0.220***
样本数	1 595	1 595	1 595
R^2	0.08	0.086	0.142
调整后的 R^2	0.07	0.071	0.126
Sig	0.000	0.000	0.000

注：***、**、*分别代表在1%，5%，10%的水平上统计显著。

资料来源：张斐：《新生代农民工市民化现状及影响因素分析》，载于《人口研究》2011年第6期。

从新生代农民工的个人特征来看，尽管性别对于新生代农民工的市民化影响水平不显著，但是新生代农民工中的男性比女性的市民化水平低。年龄对于市民化水平呈现正相关关系，年龄的回归系数为0.004，说明在控制其他因素的情况下，新生代农民工年龄每增加1岁，市民化程度提高0.4%，随着年龄的增加，新生代农民工的市民化水平逐步增强。由于新生代农民工以未婚为主，因此婚姻状况对于其市民化水平的影响也没有通过显著性检验。值得注意的是，新生代农民工中，受教育程度越高，市民化水平也越高，与具有小学及以下文化程度的人相比，受过高中、大专及以上教育的新生代农民工市民化程度分别会增加7.5%和12.2%。此外，新生代农民工中没有务农经验、不是独生子女的人市民化水平更高，与没有务农经验的人相比，有过务农经验的新生代农民工市民化程度下降了 3.1%；是独生子女的新生代农民工的市民化程度比不是独生子女的新生代农民工市民化程度低 3.6%。① 在家乡是否有承包土地对于其市民化水平的影响并不显著，这从一个侧面印证了对于缺乏务农经验的新生代农民工而言，农村土地对他们的吸引力没有那么强烈，他们已经不像老一代农民工那样，将土地看得那么重要。

引入反映新生代农民工家庭特征的变量之后，回归结果显示对于新生代农民工来说，外出打工期间是否与家人共同居住、父亲是否在外打工，对于他们的市民化程度影响均不显著，也就是说对于新生代农民工而言，他们的市民化程度受到家庭的影响较弱，他们更为独立自主，较少像老一代农民工那样，受到家庭的牵绊与束缚。

此外，加入了主观认知层面的因素，从表 4-3 的回归结果来看，自评经济状况好坏以及在城市的归属感对于市民化水平的影响是显著的，自评经济状况好的新生代农民工比自评经济状况差的新生代农民工的市民化程度增加 4.2%，对城市越有归属感，市民化程度越高，对城市有归属感的新生代农民工比对城市没有归属感的新生代农民工市民化程度提高了 7%，② 而工作满意度与幸福感对于市民化的影响没有通过显著性检验。

(三) 中国新生代农民工市民化的挑战

新生代农民工市民化过程中面临的挑战主要表现为微观技术性与宏观体制机制的双重挑战。

1. 微观技术性挑战。

它主要表现为新生代农民工的就业问题、居住问题和社会保

---

①② 张斐：《新生代农民工市民化现状及影响因素分析》，载于《人口研究》2011 年第 6 期。

障问题。①

（1）就业问题。一是就业方式转型的挑战。当前新生代农民工面临着就业转型，即由生存型就业向发展型就业的转化。上一代农民工进城打工就是一种生存型就业。他们绝大多数并没有真正打算离开农村，只是在农闲时候外出打工挣钱，弥补家庭收入的不足。打工只是临时性的，随着年龄的增长，他们最终还是要回到农村从事农业生产的。新生代农民工的情况发生了很大变化，他们基本上没有从事过农业生产，也没有掌握农业生产的技能。实际上他们对传统的农村生活已经失去兴趣，他们在生活方式、消费观念等很多方面更加市民化了，很少有人打算将来再回到家乡从事农业生产。他们进城打工的目的不仅是为了挣钱糊口，更重要的是为了谋求未来职业的发展。二是就业稳定性差，流动性大。新生代农民工的就业稳定性差、流动性大是比较普遍的现象。据清华大学社会学系2012年2月8日发布的《农民工"短工化"就业趋势研究报告》显示，当前新生代农民工的就业稳定性较低，短工化就业趋势明显。在"第一份工作""上一份工作"和"每一份工作"中，"80后"比"80前"持续的时间都显著缩短。主要原因是新生代农民工没有专门的技能，他们从事的主要是一些工作强度大、劳动力密集型的工作。这些工作很多都是稳定性低、保障性差、流动性大、变动性频繁的工作。由于平时待遇较低，工作环境差，新生代农民工有的被辞退，有的主动跳槽。就业稳定性差会导致前期积累的人际关系、人力资本及工作经验的丧失，还会影响到社会保障等诸多方面。

（2）居住问题。解决新生代农民工居住问题通常有两种办法：第一，在城市购房。购房不仅能解决居住问题，更重要的是还可以解决身份问题。根据现有制度，新生代农民工获得城市户

---

① 对于该问题的研究结果，参考了王玉峰：《新生代农民工市民化的现实困境与政策分析》，载于《江淮论坛》2015年第2期。

籍最快捷的途径就是在城市购房。许多城市规定购买一定面积的房产即可落户。但目前新生代农民工的收入水平制约了他们在城市购房的需求。据公安部2007年的调查，按照自身收入水平，有74.1%的农民工愿意承受的购房单价在3 000元每平方米以内，有19%的农民工愿意承受3 001~4 000元每平方米之间的单价，愿意承受4 000元每平方米以上的只有6.9%。现在大中城市的房价没有低于3 000元每平方米的，这表明绝大多数新生代农民工实际上没有能力在大中城市购房。[①] 第二，享受政府的安居住房。但这一条件也只是针对市民的。目前，城市的经济适用房、廉租房等公共住房基本上不对农民工开放，或者在户籍、社保等方面制定了苛刻条件，农民工因户籍并不属于所工作的城市而仍游离于城镇住房保障体系之外。由于收入水平并不高，目前绝大多数新生代农民工都住在企业提供的集体宿舍中，少数租住在城乡接合部地区。总体来看，目前新生代农民工的居住状况离市民化的目标还十分遥远。

（3）社会保障问题。新生代农民工已成为我国城市产业工人的主体。社会保障对新生代农民工个人和国家具有双赢意义。但目前新生代农民工的社会保障问题主要表现在：一是参保率低。从全国范围来看，目前新生代农民工参加社会保障的比例总体上很低。其中，工伤医疗保险的参保率较低，养老保险也比较低，而失业保险的参保率最低。二是行业、类型和区域的差异较大。新生代农民工的社会保障覆盖率在行业、类型和区域方面表现出较大的差异。根据国家统计局的调查，从行业来看，在交通运输、仓储和邮政业新生代农民工的养老保险、工伤保险、医疗保险的覆盖率最高，分别达9.6%、25.5%和14.9%；在制造业新生代农民工的养老保险、工伤保险和医疗保险覆盖率也比较

[①] 王玉峰：《新生代农民工市民化的现实困境与政策分析》，载于《江淮论坛》2015年第2期。

高，分别达 7.8%、26.9% 和 14.5%。[①] 这显然跟这些行业的高风险有关。在保障的类型方面，新生代农民工的工伤保险和医疗保险的覆盖率相对较高，这表明新生代农民工从事的工作多数比较艰苦，而且风险较大。而养老保险的覆盖率普遍较低，这可能是因为新生代农民工比较年轻，他们还不太关注养老的事情，另外也与养老保险的异地转接困难有关。此外，失业保险几乎在所有行业的覆盖率都非常低。从区域来看，新生代农民工的社会保障情况也显示出较大差异。东部地区在养老保险、工伤保险、医疗保险方面显著高于中部和西部地区，失业保险也略高于中部和西部地区。这与地区经济发展水平有很大的关系。

2. 宏观体制机制挑战。

它主要表现为城乡二元体制的挑战与政府管理和社会治理机制的挑战。

（1）城乡二元体制的挑战。它阻碍了进城新生代农民工市民化的进程。户籍制度把城乡人口划分为两个群体，即使是已经进城多年的、改变了职业身份的农民工，也仍然被排斥在城市居民之外，享受不到市民的福利保障待遇，使其与生活在同一空间、工作在同一单位的城市市民存在着身份与地位的差别，难以融入城市社会。这一问题在本书已多次谈及，不在此赘述。

（2）政府管理和社会治理机制的挑战。一方面，新生代农民工事实上构成了流动人口快速增长的主力，如何通过实现对新生代农民工的有效管理从而实现对流动人口的有效管理？这成为日益重要的问题。另一方面，新生代农民工在多个方面（前面已有分析）与第一代农民工不同，如教育程度和对职业的预期，等等。如何对发生了变化的新生代农民工所构成的流动人口进行有

[①] 王玉峰：《新生代农民工市民化的现实困境与政策分析》，载于《江淮论坛》2015 年第 2 期。

效管理？甚至是通过有效措施如何实现其自我管理？这也日益成为重要的问题。

（四）中国新生代农民工应对市民化挑战的思路

1. 完善新生代农民工市民化过程中的相关体制机制。

具体包括以下几个方面：（1）健全新生代农民工的过渡性养老保险制度。新生代农民工养老保险个人账户应早设立，实行低费率（低于全社会可建立的基本养老保险水平），缴费由用人单位和农民工共同承担，以用人单位缴纳为主，全部缴费金额都要进入农民工个人账户。同一账户可以允许在不同统筹地区参保缴费，建立权益结算系统，农民工退休时，可根据全国统一的规定由相关地区分别支付养老金，也可转到新的工作地区，按当地缴费标准折算接续。回流农村的新生代农民工，个人养老保险账户允许转入农保，如果当地没有建立农保，则应该按账户总额如数退还，杜绝只退还农民工个人缴费金额的现象发生。尽量考虑把在城市稳定就业5年以上者，纳入现行养老保险体制中。（2）加快建立新生代农民工大病医疗保险和合作医疗制度。现行城镇职工医疗保障框架，并未考虑第一代农民工流动性强、收入水平低的特点，"经济门槛"较高，无法负担农民工大病来袭时当期住院治疗费用，伤、残、弱的现象在第一代农民工身上屡屡发生。新生代农民工则不同，他们大多处在16～32岁的年龄区间，正值青壮年，针对该群体的健康检查和大病医疗保险，建立和管理的难度相对小得多。有条件的地方可参照深圳市的做法，以企业缴费为主，农民工每人每月缴费4～5元就可享受基本的合作医疗保障。当然这一费用可根据农民工的工资水平和物价水平适当调整，但总体而言，应以不超过新生代农民工个人收入的2%为宜。（3）完善农村社会救助制度。据调查，截至2006年，我国农村每年有7 000万以上灾民，有

7 600多万绝对贫困和低收入人口需要救助[①]。通过这些年的努力尤其是近年来精准扶贫攻坚战的开展，截至2016年底，我国仍有4 335万贫困人口。[②] 此外，农村社会救助还应关注一些特殊群体，尤其是由于工伤致残回流的新生代无地农民工，对其家庭成员应予以特殊的关怀和救助。要针对这一新特殊群体，设立专门的社会救助管理类别，开设专门的救助资金管理账户。因工致残或意外死亡者，其赔付款项，任何单位和个人不得以任何名义强制纳入救助资金管理账户中，要在相关的各级政府及管理部门间建立一种"约束制衡机制"，互相监督，发挥有限的救济资源的作用，提高工作效率和救济效果。[③]

2. 构建与新生代农民工相关的城乡统筹的就业体系。

我们应当将农村就业纳入国家统一的就业政策范畴，取消各种就业准入制度，拆除对本地劳动力就业采取保护的"壁垒"，逐步建立和完善统一开放、竞争有序、城乡一体化的劳动力市场，实行劳动力凭学历、技能竞争就业，农民和市民享有平等就业的机会，实现城乡劳动力平等竞争。

3. 进一步提升新生代农民工的人力资本。

一方面，加强对新生代农民工的教育和职业培训。新生代农民工目前面临的是过剩经济时代产业结构调整的复杂形势。从经济学的角度说，新生代农民工的效用和目标函数与第一代农民工有所差别，导致其劳动供给函数及其在劳动力市场的供求均衡点与厂商需求之间存在"缺口"。政府部门应大力加强对新生代农民工的职业技能培训，让他们更好地适应经济社会发展和产业转型的需要，促进平等就业。另一方面，加强对新

---

① 贺大为、姜雪城：《国家补偿体系：为和谐中国倾情构建》，新华网，2006年3月28日。
② 毛晓雅：《我国2016年减贫1 240万人》，人民网，2017年3月2日。
③ 江小容：《新生代农民工市民化问题研究》，载于《河南社会科学》2011年第3期。

生代农民工的心理干预。新生代农民工前途和归属感韧性的缺乏，对未来的无所适从和自我规划的缺失，让消极心理不断地重复和积压。根据新生代农民工的思想状态和心理需求，政府有关部门通过开设体现人文关怀和符合年轻人身心特点的"新生代农民工 QQ 群""新生代农民工心理咨询室""新生代农民工联谊会"，为他们搭建交流情感表达诉求的平台，发挥"减压阀""缓冲带"与"调和剂"的作用，帮助新生代农民工找到融入城市的归属感。

三、中国农民工市民化的政治参与

西方政治学中的现代民主理论首次提出政治参与的概念。法国启蒙思想家卢梭从主权与民主政治理念出发，率先对民众参与社会政治的过程进行了理性思考。而后，法国政治学家托克维尔对政治参与的历史和经验进行了深入研究。由于选举实践的多样性，学者们从不同角度对政治参与进行了界定。在《布莱克维尔政治学百科全书》中，政治参与是指"参与制定、通过或贯彻公共政策的行动，这一宽泛的定义适用于从事这类行动的任何人。"[①]

马克思主义认为：政治参与是人民大众自身的需要。从利益角度来看，政治参与实质是公民利用自己的政治权利，影响政治体系对社会资源的分配，以获取政治利益和经济利益。社会流动过程中产生的特殊群体——农民工，他们作为社会公民，是政治参与的主体，本应通过各种方式和手段参与政治决策。在农民工

[①] 参见戴勒·米维等：《布莱克维尔政治学百科全书》，中国政法大学出版社1992年版。

的政治参与问题的探讨中，对于一些重要的问题如农民工政治参与的特点、渠道、困境以及政治参与边缘化的原因、出路等，学者们从政治体制、经济、文化以及农民工素质等角度进行了分析，并且取得许多创造性的成果。本节将从农民工市民化过程中政治参与的特征、面临困境及其原因，以及相关对策建议等方面进行分析。

（一）中国农民工市民化政治参与的特征

中国农民工市民化政治参与的特征包含四个方面：价值理性、系统均衡性、制度的正式与非正式，以及政治认同度。

1. 农民工市民化政治参与的价值理性。

如果用马克斯·韦伯的价值理性论来分析农民工市民化的政治参与，则可以发现农民工政治参与具有功利性和价值模糊性。一方面，其功利性体现在，农民工政治参与的动机具有功利性，增加经济收入是绝大多数农民工涌入城市的主要动力。大多数农民工进入城市后，回村参与政治活动的积极性并不高。究其原因，是利益比较的结果。农民工进城的首要目的是赚钱，因此，绝大部分农民工省吃俭用，为了获得更多的收入缩减一切开支，而回乡参与政治活动是一种支出高于收入的行为。农民工具有流动性和分散性，许多农民工从中西部到东部沿海地区进行跨省就业，路途遥远。如若参与家乡的政治活动，需专门请假停工，随之而来的是一系列显性的成本支出（误工费、交通费、访友费等），以及由此带来的失业风险。所以，农民工通常以委托投票的方式参与选举，委托的也仅仅是投票权，而不是选举权。另一方面，即使参加政治活动，多数农民工不清楚参加人大代表选举的价值，多出于从众心理参加选举，没有将选举权看作自己神圣的政治权利。这种"政治参与无用论"是制约农民工进行政治参与的重要因素。

2. 农民工市民化政治参与的系统均衡性。

按照美国政治学家戴维·伊斯顿和阿尔蒙德等人的"政治系统"输入和输出论，政治系统输入和输出的均衡与否，对农民工的政治参与也起到了重要作用。然而，我国政治系统的局部不均衡可能构成了我国农民工市民化政治参与过程的一个特征。具体表现在以下几个方面。（1）政治系统内部的不均衡。这主要表现为中央政府和地方城市政府不协调。从一定意义上说，我国农民工所要获取的市民权益并非依据其公民资格，而是依据政府发展战略，是基于国家权力赋予和承认的"行政赋权"。但在现阶段，中央政府和地方城市政府对这种"赋权"的认识与实施是不一致的。中央政府对于农民工市民化战略目标非常看重，因为农民工市民化可以扩大内需，实现区域协调发展和城乡一体化等战略目标，促进社会和谐。这就意味着，按照新型城镇化正常发展态势，现阶段全国每年大约有2 000万农民工及家庭成员发生市民化。而地方政府未必积极，他们虽然也看好农民工市民化的诸多好处，可他们最关心的是农民工市民化进程中基本公共服务的成本支付问题，城市政府缺乏稳定的能随人口增加而增长的财政资金筹集渠道，在其面临巨大的财政压力时，就会在农民工市民化政策执行过程中"不作为"。（2）政治系统和社会系统之间的不均衡。许多农民工与原居住地政治系统的关系已经减弱，与其所在务工城市政治系统的相关性增强。但因为农村户籍的缘故，农民工在城市中的政治权利难以正常实现。现行的城市人大制度缺乏农民工的必要代表数，以及有机联系农民工的机制，地方政府在制定、执行与农民切身利益息息相关政策的过程中，有可能把农民工排除在外。（3）政治系统和经济系统之间的不均衡。2006年《国务院关于解决农民工问题的若干意见》中指出："农民工是我国改革开放和工业化、城市化进程中涌现出的一支新型劳动大军。……有的长期在城市就业，已成为产业工人的重要组成部分。"然而，这种经济系统的发展变化并没有得到政治系统的全面回应。我国农民工在市民化的社会变迁过程中，并未像西方国家那样经历从农民向市民的职业、地域和身份权利同步的彻底转变，而是经历了由农民到农民工、再由农民工到市民的"中国路径"。①

3. 农民工市民化政治参与制度的正式与非正式性。

公民参与一般具有相应的制度保障，以公民政治参与同制度的关系为标准，政治参与可以分为制度化参与和非制度化参与。由于身份的特殊性以及制度的缺失、自身素质等原因，农民工的政治参与事实上处于制度参与的虚置与非制度参与的激增之间。② 由于长期远离农村，农民工对村务的知情权、重大事务的决策权、对干部的监督权等都缺乏可靠的保证。可以说，法律赋予的农民工政治参与的制度化渠道在一定程度上已经处于虚置状态。另一方面，农民工的各种权益与生活、就业的城区关系重大，他们想通过政治参与来维护自身的合法权益。但户籍制度使农民工缺乏政治参与的制度规定和条件。显然，农民工如果在制度内部的政治参与得不到满足，就会寻求制度外的保护。近年来农民工群体性突发事件、集体抗议游行频发，通过暴力胁迫，甚至绑架维护正当利益的情况也日益增多。农民工非制度参与的增多，原因固然很多，但究其根本是制度参与渠道的不畅通和参与的低效益。

4. 农民工市民化政治参与过程的政治认同度。

农民工市民化的政治认同可以分为四种类型：（1）经济利益型政治认同。在农民工市民化的过程中，市场能力是其经济利益主要关节点。对自身市场能力，尤其是经济收入能力和求职竞争能力的态度能客观地反映出农民工经济利益型政治认同状况。

---

① 李乐军：《非均衡政治对农民工市民化的影响与对策》，载于《改革与开放》2016年第23期。
② 廖艺萍：《农民工政治参与的边缘化：基于和谐社会视角的分析》，载于《中共四川省委党校学报》2005年第4期。

农民工对自身市场能力的认同还是相对较高的,这种能力认同与农民工群体的代际分化密切相关。即第一代与新生代农民工不同的群体特征导致了两代农民工市场能力认同的差异性。根据分类统计,在分别占总样本53.75%和46.25%的一、二代农民工对比中,二代农民工在文化水平、技能培训、求职竞争力等方面均优于第一代农民工。(2)思想教化型政治认同。思想教化型政治认同也是农民工市民化进程中一个重要的认同方式。当然这种认同方式与传统社会的思想道德灌输不同,它主要是政治权威通过政治系统中的政治渠道或大众传媒向农民工传递相应的政治制度、政策、信仰、话语以建构其政治认同的过程。地方政府的服务能力是农民工政治认同的关键。这种基层政权的服务能力不足无疑会造成农民工思想教化型政治认同建构的"内卷化"。在市民化进程中,农民工的思想教化型政治认同实际上是在逐渐降低的。(3)民主权利型政治认同。农民工政治权利型政治认同方式的提高基本上由两大因素直接激发形成。一方面,受现代文化因素影响,农民工原有的传统小农思想开始转变,现代公民精神开始逐渐扎根于农民工的心理结构之中,民主权利意识逐渐增强;另一方面,国家在积极推行城市化进程的同时,还相继进行了一系列的城乡二元体制改革,如取消户籍、建构面向农民工群体的社会保障体制、引导农民工参与政治生活等,使得农民工受到启发,民主权利能力也得到了相应提升,进而增强了他们对这种改革模式的认同和对国家民主政治建设的积极预期。(4)政治效能型政治认同。政治效能感其实就是政治参与主体参与一定的政治生活后,产生出自己是否会影响政治决策等政治生活的感受,而这种感受会直接影响到人们对政治系统的认同。如农民工对民主选举的看法。通过民主选举,农民工会更直观地感受到其与政治生活之间的距离。研究表明,有78.3%的农民工明确表示作为社会一员,农民工应当平等享有民主选举的权利,而56.7%的农民工表示如果有机会,自己会积极参与城市政治选举活动，这表明农民工对城市政治生活参与赋予一定期望。同时，市民化的身份转变过程中，农民工对政治生活的政治效能感又有所下降，建立在此基础之上的政治效能型政治认同也有所下降。总体上看，在市民化过程中，出于社会公正感与城市融入意愿，农民工对城市政治生活的政治效能感预期较高，政治效能型政治认同呈现出局部的上升趋势，而在实际的政治选举实践中，其政治效能型政治认同则又相对较低，表现出理想与现实之间的差异性。①

（二）中国农民工市民化政治参与面临的挑战及其原因

1. 面临的挑战。

（1）农民工政治参与的"真空化"。农民工的政治参与主要包括农民工参与乡村或者城市选举、村民自治、结社、与干部联系和接触等。但是，由于目前我国农民工身份的特殊性，既无法参加农村政治生活，又不能融入城市政治生活，使农民工成为事实上的"政治边缘人"。以政治选举为例，湖南省社科院针对湘、粤两省农民工群体的问卷调查显示：只有21.6%的农民工参加过老家最近一次的村委会选举，参加过打工地所在城市社区居委会选举的农民工仅占5.7%。② 可见，一方面由于时空阻隔和信息不畅，农民工在流出地的政治参与缺位；另一方面由于制度安排他们享受不到与城市居民同等的待遇，被排斥在政治参与的"门槛"之外，呈现出制度化政治参与"真空化"的状态。

（2）农民工政治参与的非制度化。上面已经提到过农民工政治参与的制度化与非制度化。这里做进一步说明。非制度化政

---

① 侣传振：《市民化进程中农民工政治认同方式的实证研究——基于C市农民工的调查与分析》，载于《中共南京市委党校学报》2009年第6期。
② 刘洪玲：《困境与出路：新时期农民工政治参与探微》，载于《安徽农业大学学报（社会科学版）》2011年第2期。

治参与是公民"突破现存制度规范的行为,也是社会正常参与渠道之外发生的活动",当农民工的利益诉求得不到满足就容易通过体制外渠道来表达,如上访、暴力抗法、政治贿赂、政权干预等非制度参与方式来解决问题,甚至有的采取暴力殴打、自杀等极端方式。同时,农民工在进行非制度化政治参与的过程中,往往借助于各式各样的民间非正式组织,宗教、宗族关系,甚至黑帮势力等,他们通过各种方式建立了相对稳定的社会动员网络,这种非制度化政治参与方式不利于政治民主化的发展。[①] 目前非制度化政治参与呈现扩增态势。

(3) 农民工政治参与的组织化供给不足。它包括:第一,工会等正式组织未能成为维护新生代农民工权益的重要平台。一方面,绝大部分新生代农民工难以融入工会等正式组织。截至2013年6月底,中国工会会员总数达2.8亿人,其中农民工会员总数为1.09亿人。工会对农民工的覆盖面呈不断扩大的趋势,可相对于2.69亿的农民工总量而言,农民工会员比重依然不到一半。另一方面,工会等正式组织由于政治控制功能多于利益代表功能、维权能力有限等原因,难以满足新生代农民工政治参与要求。第二,农民工自组织缺乏正确引导,存在缺陷。我国为了维护社会政治稳定,对民间组织严格限制和管理,使自组织缺少政治合法性、行政合法性以及组织的稳定性。同时,农民工是流动性较强的群体,很难通过群体性的交流、沟通与利益整合,进行有效的政治参与,在维权手段上往往采取"过激"的行为,容易产生社会治安案件。[②]

(4) 农民工政治参与的主体性困境。它主要体现在以下三个方面。第一,"本我"身份的困惑。对于农民工而言,一方

[①] 刘洪玲:《困境与出路:新时期农民工政治参与探微》,载于《安徽农业大学学报(社会科学版)》2011年第2期。
[②] 黄秀玲:《基于人的城镇化视角下新生代农民工政治参与路径探讨》,载于《福建农林大学学报》(社会科学版) 2015年第18期。

面作为农民却由于长期背井离乡而不被算作"农民";另一方面在城市却无法享受到城市普通居民的同等待遇。"本我"的两面性错位导致了农民工在市民化过程中对"本我"身份的困惑。第二,农民工政治参与的主体意识欠缺。当前我国农民工自始至终就没有真正融入城市社会中,尽管他们为城市做出不小的贡献,但很多情况下依然不被城市认可,自然就没有参与政府管理及自我管理的意识。特别要指出的是,我国农民工群体之间缺乏团体意识,没有共同的利益出发点,没有维护农民工群体的自觉性,并且,这些农民工居住分散,以至于农民工很难进行群体间的利益整合。第三,农民工政治参与的主体能力不足。当前我国农民工群体的文化素质总体不高,他们对于政治参与的认识仅仅局限于表层。在选举过程中,他们只是用画圈、举手来进行投票选举,除此之外缺乏根本性的政治参与活动,以至于大部分农民工在表达政治利益诉求时缺乏动力。这些都削弱了我国农民工群体政治参与的能力,影响了农民工政治参与的质量。

2. 原因。

我国农民工市民化过程中政治参与面临挑战的原因主要集中在制度性、社会性和机制性三个方面。

(1) 城乡二元及其连带的户籍制度原因。我国选举法规定,年满18周岁的公民,平等享有参与宪法赋予的选举权和被选举权。但选举法同时又规定公民的选举资格是与户籍紧密相连的。因农民工身份的特殊性,虽在城市工作,户籍却在农村。由于时空的阻隔和经济成本的核算,一纸选票的诱惑很难打动农民工千里迢迢返乡去实现自己政治参与的权利。在打工地,农民工因为不具有城市户口,就不能享受附加在户籍背后的政治参与权利。2007年8月由国家统计局服务业调查中心以面访方式对各类农民工29 425人进行调查,在"目前最希望得到政府帮助"的问卷选项中，55.71%的农民工选择"和本地人享有同样户口"。[①]农民工最渴望的就是和城里人一样享有同等的权利和平等对待。

（2）对农民工政治参与抱有偏见的社会性原因。农民工在一些地方被称为"盲流"，全国各地普遍存在外来工管理难的问题，这就导致社会对农民工拥有较多的偏见与歧视。在一系列歧视农民工的不良示范下，部分城市市民因拥有城市户口产生天然的优越感，自感高人一等，因而心理上拒斥、行动上歧视农民工，这更造成了农民工的自卑心理。对众多农民工而言，能忍受物质生活上的清贫，但却难以忍受城市的歧视。

（3）农民工政治参与机制的机制性原因。农民工作为流动人口在我国法律中虽有选民资格，但实践性不强。1983年全国人大常委会颁布的《关于县级以下人民代表大会代表直接选举的若干规定》指出："选民实际上已迁居外地但没有转出户口的，在取得原选区选民资格的证明后，可在现居住地的选区参加选举。"按照以上规定，农民工要实现自己在打工所在地的政治参与权利，就必须回乡开具户口所在地的选民资格证明，这对于为了养家糊口外出赚钱打工的农民工而言，专程回原籍开具选民资格证明成本太高，对政治参与具有很大的影响。此外，农民工政治参与渠道不畅。目前利益表达机制框架内的渠道如人民代表大会、政治协商等，与农民工直接有关的很少。现阶段农民工利益表达的主渠道就是信访，由于信访部门本身只是一个协调性机构，仅靠这种较为单一和薄弱的信访利益表达机制是不充分的。

（三）完善中国农民工市民化过程中政治参与的思路

推进我国农民工市民化过程中的政治参与，可以从以下三个

[①] 刘洪玲：《困境与出路：新时期农民工政治参与探微》，载于《安徽农业大学学报》（社会科学版）2011年第2期。

方面来完善。

1. 进一步优化农民工政治参与的机制。

一方面，完善基层选举制度，尤其是涉及农民工的选举制度。对于农民工而言，可以考虑改革选举中的选民资格制度，按农民工在所在城市居住时间的长短来制定管理制度，农民工参加选举可以通过相应的社区居委会负责落实。具体而言，规定农民工的政治参与不是以户口而是以地域为标准，实行农民工跨区选举，使农民工在流入地有参选的权利，为他们政治参与的有序化提供制度和法律保障。另一方面，在法律允许的范围内，设置灵活的参与渠道。以投票选举为例，可以根据农民工的实际工作情况，设置灵活的投票方法。此外，可以提高新生代农民工在其所在单位职工代表大会的参与率，使他们的诉求得到更加直接、有效地表达，进而融入单位的民主管理；以社区为载体，增加新生代农民工参加社区活动的机会，保障他们享受社区公共服务，参与社区公共事务和公益事业管理；提高各级党代会代表、人大代表、政协委员中农民工的比例。

2. 提高农民工政治参与的组织化程度。

农民工市民化政治参与的组织化包括：（1）加强农民工的基层党组织和社团组织建设。要积极支持农民工入党、入团，转党团组织关系。在重视党的基层组织建设的同时，还要发挥政协、共青团、青联、妇联、媒体等重要社会组织对农民工问题的关注，为政府制定保障农民工权益的相应决策提供咨询。（2）建立农民工维权组织。以各类非政府组织、民间团体为平台，形成利益表达和利益实现机制。针对新生代农民工知识面较广、信息获取能力较强的特点，应积极探索社区事务发布会、社区听证会、民情恳谈会、网上论坛等形式，帮助解决新生代农民工维权难的问题，有效地释放新生代农民工政治参与的热情。（3）为保障我国农民工有序、有效地进行政治参与，实现农民工政治利益的整合，需要培育和健全代表农民工利益的社会组织。

3. 培育农民工政治参与的主体意识。

农民工的思想意识存在一些问题，如对自身价值正确认识和判断的相对缺乏、社会竞争意识的相对不足、社会责任感的相对缺失等，都是影响农民工政治参与的深层主观因素。农民工是流动性和分散性群体，他们的思维、行为习惯都处于不断发展、变化的阶段。培育和践行良好的价值观，能有效引导农民工转变"城市过客"思维，提升农民工政治参与的主体意识。

第五章

中国农民工市民化的创新

本章主要从制度和结构、主体性以及治理路径三大方面来分析中国农民工市民化的创新。制度和结构层面创新可进一步拓展为制度性、结构性、社会性和成本四个方面的创新；主体性路径创新主要围绕我国农民工市民化相关政策的过程、类型与支持保障三个方面创新来展开；治理创新主要是围绕我国农民工市民化的社会治理路径与流动人口管理路径两个方面创新。

一、中国农民工市民化的制度与结构化创新

通过第三章的分析我们知道，制度性条件和结构性探索是中国农民工市民化实践探索的重要方面。进一步，我们在与农民工市民化相关的一系列制度与结构化过程中还有哪些创新？这是本部分试图回答的问题。

（一）中国农民工市民化的一般性制度创新

我们将从土地权利保障制度化、平等就业机会制度化、社会保障制度化和住房保障制度化四个方面来剖析中国农民工市民化的制度化创新。

1. 农民土地权利保障机制制度化创新。

本书第三章第二部分谈到了我国农民工市民化之于土地制度方面的实践探索，即如果土地产权制度越明晰，就越能促进农民工市民化程度；如果土地流转率越高，也越能促进农民工市民化程度。而现实情况是，我国土地产权并不明晰，现成的例子是，在很多地方的土地确权工作遇到了各种困难和问题；我国土地流转率也并不高，原因很简单，土地确权都遇到了困难，没有明确的归属划分，何谈流转？

因此，要提高我国当前土地尤其是农村土地的产权明晰度和流转率，一个直接而有效的途径是促进我国农村土地制度化和制度创新，并在此基础上通过农民土地权利保障机制制度化来促进我国的农民工市民化。具体而言，涉及以下两个方面。

（1）加强以承包权为核心的农地产权制度的创新。农地产权制度的创新不能逾越农地所有制性质，但又必须达到产权明晰、保护农民的各项权利的目的，以改变农民在农地流转、征用、取得收益中的不利地位，防止农民权利遭到各种形式的剥夺和侵害。既然农地所有制性质不能改变，现实又存在集体土地所有权主体的"模糊"或"虚占"状态，要达到保护农民的各项权利的目的，就必须改变承包权的权利束。这样就形成了农地产权制度的创新思路，即强化承包权，建立以承包权为核心的产权制度。这一创新思路的好处是：既大大强化了承包权，使承包权在经济意义上更接近农地的个人所有权，有利于保护农民对农地的合法权益和促进农地流转，促进农地的规模经营和劳动力转移，又避免了农地私有化产生的种种弊端，降低了农地制度创新的成本。[①]

以承包权为核心的农地产权制度的创新包括两个基本环节：

[①] 黄锟：《农村土地制度对新生代农民工市民化的影响与制度创新》，载于《农业现代化研究》2011年第2期。

一方面，强化承包权是指在保证农地集体所有的前提下，强化作为经营者主体的农民的承包权，使之永久化、法定化。农民的永久的、法定承包权包括从弱化的集体所有权转化而来的实际占有权、使用权、部分收益权和处置权。在不改变原承包合同的基础上，通过集体组织登记备案，可以依法自由地流转和处置土地使用权，并享有由其带来的收益权。另一方面，建立以承包权为核心的农地产权制度的基本框架。在弱化所有权、强化承包权的基础上，建立以承包权为核心的产权制度。

（2）进行基于承包权的农地流转制度的创新。建立农地流转制度必须以强化了的承包权为基础，只有存在完整意义上的承包权，才谈得上形成土地使用权流转的市场机制。2007年颁布的《中华人民共和国物权法》第一次将土地承包经营权明确界定为物权，使承包经营权成为长期稳定的权利，并具有排他效力和流转权。

基于承包权的农地流转制度的创新主要包含三个方面：一是着重发展农地流转市场。农地流转市场是土地承包者在不违反土地使用权出让或租赁契约的前提下，将土地使用权再转让或转租给其他土地使用者所形成的市场，体现着土地使用者之间的关系。这种土地使用权的有偿转让可能会继续若干次，但只要是土地使用权在土地使用者之间的有偿转移，都应属于二级土地使用权市场的范畴。农地流转市场应是完全竞争市场。政府部门和土地集体所有者，除了对土地使用权转让或转租行为进行注册登记，以便及时掌握土地流转动态和对土地使用方向予以监督控制外，其他事项如转让面积、转让价格、转让形式等均由转受让双方当事人自由协商，充分发挥市场机制的作用。

二是建立健全农村土地承包经营权流转机制。建立健全农地流转的价格形成机制。土地流转价格的形成要建立在对土地等级的合理评定基础上，充分考虑土地的地理位置、接包人的经济能力、转包后的经济和社会效益等因素，以市场导向为主，以基层政权的间接调控为辅,实现土地的合理定价。建立规范的土地流转中介机制。规范的中介机制由六类机构组成:即土地投资经营公司、土地评估事务所、土地银行或土地融资公司、土地保险公司、委托代理机构、土地证券公司。国家可以在可行范围内对它进行组织设计和功能导向,使其成为促进农业发展和推动土地合理流转的有效工具。建立合理的收益分配机制。就收益分配机制而言,应使土地收益在经济当事人之间进行合理分配,进一步理顺土地收益分配机制,保护各自的合法权益。对于农地不改变用途的流转产生的地租收益主要归农户所有,集体组织仍按承包合同享有所有者权益不变。

三是建立健全农地流转监督调节机制。政府对土地流转的监督调控主要是利用经济手段、法律手段和行政手段,按照土地配置的宏观社会效益对土地流转方式、内容、条件进行监督和调控。第一,价格调节:根据农地流转的目标,制定相应的价格政策,运用地价水平的差异为农地流转提供宏观信息导向,并通过土地价格来促进土地经营规模的扩大,控制土地利用方向,调节土地利用结构。第二,税收调节:通过建立与农地流转、土地规模经营相联系的弹性土地税收制度,一方面通过土地规模累退制税率,鼓励土地经营规模的扩大,阻止小规模土地经营的扩散,加速农地流转与集中;另一方面建立土地不同用途的弹性土地税收体系,控制土地流转的方向与数量,调节农地流转的结构。第三,立法调节:即政府通过法律手段来及时有效地建立农地流转的规范,制止或取消流转过程不利于土地优化配置和社会宏观利益的土地流转行为;对违反土地流转有关法规、价格、规模等要求的行为主体给予相应的制裁,以保证土地流转的合理化、规范化和制度化。行政调节:政府通过行政和计划等方面的力量,对农地流转实施有组织的调节与控制,以保障土地流转的双重目标——公平与效率以及土地的合理流转,尤其是当局部土地市场机制失灵后,直接的行政调节便是最为有效的配置方式。为此应适时建立如下制度体系：农地征用制度、流转申报制度、流转劝告制度、流转组织制度以及流转干预体系。①

2. 农民工平等就业机制制度化创新。

破除就业制度对我国农民工市民化的不利影响，关键在于推进城市农民工平等就业机制的制度化创新。

（1）要通过完善农民工的培训机制来提升农民工的人力资源价值。这在本书第三章第二部分已经具体谈到，在此不再赘述。

（2）通过完善就业机制来消除农民工的就业歧视。一方面，通过配套的制度改革，给农民工提供相对平等的职业选择权。有研究显示，跨地域流动的农民工的就业歧视，很大程度上是由基于现行户籍制基础上的城乡二元结构所致。据2005年全国1%人口抽样调查，有66.1%的农民工是跨省流动的。也就是说省级之间的就业歧视会依然存在，省际之间人口自由迁移障碍依然很大。② 因此，要改革城乡分割的二元户口管理结构，打破农业户口和非农业户口的身份限制，尽快改变新生代农民工身份转换滞后于职业转换的现状，必须实行以居住地登记户口的原则。另一方面，通过法律法规的制度化，消除农民工的就业歧视政策。国家有必要制定专门的《反就业歧视法》，以保障新生代农民工的基本人权，加强保护劳动者平等就业权和制裁就业歧视行为。此外，还应该逐步建立法律援助机制，把对于农民工就业歧视列入援助计划，降低他们用法律手段维护自己合法权利的成本。③ 总之，国家应出台和完善相关法律法规，让求职者、用人单位都能在法律的框架内选择和被选择，在全社会内营造机会平等、规则平等的就业环境。

（3）通过就业信息渠道制度化来帮助农民工更好、更快、

---

① 黄锟：《农村土地制度对新生代农民工市民化的影响与制度创新》，载于《农业现代化研究》2011年第2期。

②③ 夏丽霞、高君：《新生代农民工进城就业问题与市民化的制度创新》，载于《农业现代化研究》2011年第1期。

更稳定地就业。一方面，建设和完善就业网络体制机制，加强对农民工进城就业服务。随着我国网络通信普及度的提高，利用网络这一平台提供就业服务，势必能带来节约成本、增进效率和实用等优点。利用新的网络媒体工具，如微信、微博等来丰富就业信息的网络机制。另一方面，规范新生代农民工进城就业中介市场，发挥职业介绍所的中介作用。劳动保障和工商部门定期对民办职业介绍机构进行检查，打击以介绍工作为名而欺诈农民工的现象，对违法违规的职业介绍所取消其营业资格。政府还可以建立一套诚信评级机制，按照不同标准对职业介绍所的诚信等级进行评价和考核，定期公布职业介绍机构诚信等级，通过这一系列措施使职业介绍所能真正发挥为新生代农民工提供放心服务的作用。鼓励建立"互联网＋"的网上职业介绍所，既丰富就业信息的供给渠道，又能创造新的就业岗位。

（4）通过完善农民创业机制和为民营企业创造更好发展环境机制来实现农村剩余劳动力的就近就业。现在，东部发达地区乡镇企业、民营经济发展得很好，乡村有较多的年轻劳动力实现了就近转移，中年以上劳动力也得到了较充分就业。这是其农民收入稳定提高的根本条件。中西部欠发达地区农村中年以上富余劳动力不能走出去，又不能就近在非农产业就业，农业剩余劳动时间得不到充分利用，这是其农民收入低、增长慢的重要根源。克服这一难题，关键是为农民创业、民营经济发展和劳动密集型产业向中西部地区转移创造更好的环境。[①]

3. 农民工社会保障制度化创新。

实现农民工在市民化过程中的社会保障制度化创新，要从以下几点着手。

[①] 崔传义：《进入新阶段的农村劳动力转移》，载于《中国农村经济》2007年第6期。

（1）加强农民工社会保障的顶层制度设计。[①] 城镇职工社会保障体系主要为针对有固定收入、流动性不高的人群所设计，不符合农民工流动性强、收入不稳定的需求。各地"碎片化"的农民工社会保障制度也会对农民工的流动有阻碍作用。要推进新型城镇化的统筹发展要求迫切需要将这些"碎片化"的制度统一起来。为此需尽快完善针对农民工社会保障的顶层制度设计。

在顶层设计的价值理念上，应该彻底抛弃之前的户籍与身份理念，引入公平与权利的理念，将农民工的社会保障权摆在首位。同时应坚持"低水平、广覆盖、可持续、促发展"的原则，对农民工社会保障体系的内容与执行进行妥善规划，努力实现应保尽保，以满足农民工的基本需要。当然，既要加强对农民工的社会保护，又要防止福利开支的过快攀升。

在做好农民工社会保障的顶层设计时，应着重处理好两方面问题：一方面，要注重解决灵活就业的农民工的社会保障问题。现阶段最好的办法是让其参加城镇居民社会保障。在已实行城乡居民社会保障的地区，应解除对农民工参保的限制，将农民工群体纳入该保障体系中。另一方面，要着重解决好各类制度的衔接问题。目前的双低模式、小城镇保险均在向城镇职工社会保障看齐，上海市也于2012年7月调整了综保模式，要求非城镇户籍人员也要参加城镇职工社会保险。未来要深刻研究全国范围内这几类制度的衔接办法。

（2）加快健全农民工社会保障体系。它主要包括三个方面。[②]

首先，要完善农民工社会保险体系。由于农民工的特殊身份，他们所从事的工作主要在条件较差的外部劳动力市场，因工

[①] 李迎生、袁小平：《新型城镇化进程中社会保障制度的因应》，载于《社会科学》2013年第11期。
[②] 高君：《推进我国农民工社会保障与市民化制度创新问题研究》，载于《城市发展研究》2009年第1期。

致伤、致残、致命的事故时有发生，并因此产生了一系列的劳资纠纷，决定了农民工工伤保险应当作为最基本的社会保障项目尽快得到确立。由于农民工流动性大、工作更换频繁，在知识、文化水平、个人能力方面与城镇劳动者还有一定差距，在城市失业问题尚十分严重的背景下，他们经常处于失业状态不仅不可避免，而且还要高于城市一般就业者。因此，有条件的地方应把农民工纳入城市失业保险制度。由于失业农民工主体是年轻力壮的强劳动群体，城市政府可以为他们提供公共劳动机会解决其生存问题，渡过重新就业之前的难关。由于土地保障功能不断萎缩、农民工务工收入偏低，农民工将来自我养老困难。同时由于计划生育政策、市场经济的价值观念以及农民工法治意识薄弱，农民工依靠家庭养老也会遇到很多困难。因此，可行的也是唯一的出路，就是建立农民工社会养老保险制度。

其次，要健全农民工社会救助体系。我国已经提出今后要进一步建立健全以最低生活保障、五保供养、临时救济、医疗救助为主要内容的城乡社会救助体系，不断扩大救助范围、提高救助水平。政府应针对农民工建立相应的社会救助制度，即在他们遭到突发性的天灾人祸时能够给予紧急救援，如食品救助、医疗救助、教育救助、司法救助与法律援助等。同时积极发挥民间组织与民间力量的救助作用，大力组织和开展"红十字会员"、"志愿者"等有益活动，不断增强社区服务和救助功能。这样就可以帮助农民工在城市生活陷入困境时，仍然可以生存下去，促进其与城市融合。

最后，要完善农民工社会福利体系。社会福利是社会保障体系的重要组成部分。农民工作为社会的一分子，有权享受国家的各项社会福利政策。目前，农民工社会保险缺乏，社会福利少之又少。农民工子女义务教育情况不容乐观，农民工在城市居住条件差、精神生活贫乏。单就农民工子女义务教育总体状况而言，处境较差、很多权利缺乏实现的条件，成长环境有待改善。从短期看，农民工子女教育问题直接影响农民工市民化意愿和市民化能力；从长远看，农民工子女教育问题关系到下一代的基本素质，会影响新生代农民工能否完全融入城市，成为真正的市民。因此，国家和政府应该在完善农民工社会保险制度基础上，从增进农民工子女义务教育福利、农民工住房福利和农民工精神文化生活福利着手，重视农民工的福利问题。

（3）实现农民工社会保障的"扩面"。目前农民工社会保障的覆盖面过窄是农民工市民化的直接阻碍因素之一。绝大部分农民工未能享受社会保障，既加剧了社会的不公平，也造成农民工在城市不敢消费。从激发消费以及促进经济结构转型的角度出发，现阶段应尽快扩大农民工社会保障的覆盖面，给他们提供社会保障，减少其后顾之忧。此外，从人口构成的角度看，也需加快扩大覆盖面。中华人民共和国国家统计局 2010 年在 10 个省进行的新生代农民工专项调查显示，新生代农民工（1980 年后出生）占全部外出农民工总数的 58.4%，已经成为外出农民工的主体。随着城市化进程的进一步深入，这一比例还将继续增长。因此，农民工社保"扩面"的关键在于新生代农民工的社保"扩面"。

（4）实现社会保障体系的"差异化"建设。应重点推进中小城镇的农民工社会保障建设。与大城市相比，中小城镇在工资收益、公共物品的硬件设施等方面均不占优势。为引导农民工进入中小城市、城镇务工，除了在产业上科学安排，做到以"产"留人，深化中小城镇的户籍改革外，还应加强小城镇的社会保障建设，做到以"保"留人。在新型城镇化背景下，中小城镇应积极完善农民工的社会保障政策，制定合理的缴费比例。同时，地方政府还要加强劳动关系的监管，督促企业参保。目前，生活在中小城镇的农民工总量并不低。"六普"数据显示，农民工群体中"离土不离乡"的占 52.69%。这部分群体大多生活在中小城镇。因此，中小城镇应以这部分群体为突破口，完善农民工社会保障制度、提升社会保障水平、拓宽社会保障的覆盖面，增强这类城市的吸引力。与此同时，应控制大城市社保门槛。对大城市来说，要走都市圈、都市带发展之路，一方面要增强大城市的辐射力；另一方面要做到大中小城市联动发展，推动区域一体化。要增加大城市的辐射力，除经济上进行产业升级外，在城市人口上依旧要保持必要的吸纳能力。鉴于目前我国大城市均表现出人口规模过大、资源紧张等问题，大城市对农民工社会保障建设，应该有意识地进行控制，使其能吸纳有一定技能的、符合产业需求的劳动力，同时避免农民工盲目流入大城市。

（5）推进农民工社会保障的全国统筹。当务之急是推进农民工社会养老保险的全国统筹。2010年实施的《城镇企业职工基本养老保险关系转移接续暂行办法》程序上解决了农民工养老保险跨省转移接续的问题。在农民工养老待遇上，其第六条第四款规定，"基本养老保险关系不在户籍所在地，且在每个参保地的累计缴费年限均不满10年的，将其基本养老保险关系及相应资金归集到户籍所在地，由户籍所在地按规定办理待遇领取手续，享受基本养老保险待遇"。鉴于大部分农民工的流动性比较强，不少农民工特别是一代农民工落叶归根的思想浓厚，最后都会返回老家。按照这条规定，它势必会加剧流出地政府的社会养老负担。因此，应该建立起相应的机制，明确各个养老保险财政统筹区之间的责任与义务，平衡各个财政统筹区之间的关系。同时要加大中央财政的转移支付力度，为农民工社会养老保险的全国统筹提供资金支持。此外，政府对农民工社会保障其他项目也应统筹考虑、妥善解决。

4. 农民工住房保障制度化创新。

为实现我国农民工住房保障的制度化、使城市农民工住房与农民工市民化相适应，我们应当从几个方面来改进和创新。

（1）建立"农民工经济租用房、廉租房、经济适用房、限价商品房"四位一体的住房保障体系。要把农民工住房纳入国家住房保障政策中统筹考虑与安排，建立"农民工经济租用房、廉租房、经济适用房、限价商品房"四位一体的、覆盖城镇常住人口的住房保障体系。对于在城市稳定就业一定年限、有一定经济能力的农民工,在保障性住房上应给予市民待遇,比照城市居民收入标准,提供廉租房、经济适用房、限价商品房,参加社保的农民工可优先考虑。由于农民工能承受的租金水平很低,必须建立适合农民工特点的经济租用房。鼓励各地比照廉租房政策,在农民工集中的开发区和工业园区、城中村改造、城乡结合部建设相对集中的农民工公寓,鼓励将废旧厂房改造为农民工公寓。放宽中小城市和城镇户籍限制,鼓励符合条件的农民工逐步在家乡的城镇落户,并纳入本地城镇住房保障体系。

(2) 逐步实现城市农民工住房保障政策法制化。住房保障政策的有效实施,有赖于规范和约束。应加快住房保障政策法制化的进程,深入研究住房保障制度,做好政策顶层设计和法规建设,真正实现住房保障有法可依。[①]

(3) 加快推进外来人员集中居住区建设。许多研究者认为外来人员的集中居住区建设是改善外来人员居住条件的重要手段,并从规划、资金、管理、优惠政策等多方面提出了加快推进外来人员集中居住区建设以及社区化管理的建议。尤其是建设紧缺的资金方面,研究者们提出了许多有益的建议,例如,由公共财政出资,政府拨出一定启动资金、利用住房公积金利差、银行贷款、政府贴息等方式筹集资金,通过优惠政策引导企业和农民集资等;并建议政府给予土地优惠和减免税费,如免缴地方性行政收费,减少电力、自来水等配套工程费等政策支持。[②]

(4) 逐步建立适宜的农民工住房补贴制度。住房补贴是农民工最愿意接受的住房支持方式,应适应农民工的意愿,逐步建

[①] 金萍:《论新生代农民工市民化的住房保障》,载于《社会主义研究》2012年第4期。

[②] 王凯、侯爱敏、翟青:《城市农民工住房问题的研究综述》,载于《城市发展研究》2010年第1期。

立适宜的农民工住房补贴制度。补贴对象是单位未缴纳住房公积金、单位提供宿舍但须缴纳租金和自行租房的农民工,补贴的金额根据农民工收入状况的一定比例确定,并在劳动用工合同中予以明确。

(5) 加快配套机制改革,全方位提高农民工的城市融入感。农民工的住房是弥合其社会分割、促进城市融合的重要中间机制,但促使其城市融合的真正实现还需要医疗卫生服务、社会保障、子女义务教育等一系列公共服务体系的配套。长期不能与家人团聚是降低农民工城市融入感的重要原因之一,农村离婚率的攀升、农村留守儿童问题日益引起社会的关注。因此建议各级政府除了加大拓宽农民工住房保障范围之外,还应积极探索包括户籍制度改革在内的其他公共服务体系配套机制的建设,落实农民工子女入学问题,以促进农民工的融合。①

(二) 农民工市民化的结构性创新

我们将从城乡二元与户籍的结构性、社会阶层的结构性两个方面来剖析中国农民工市民化的结构性创新。而社会治理与农民工市民化的问题将放在本章第三节单独进行分析。

1. 城乡二元与户籍的结构性创新。

城乡二元与户籍的结构性创新的关键,在于实现"二元"向"一元"、分割向统一的转变。原因在于,从发展的观点看,随着工业化、城市化的完成,我国二元经济社会结构也必将转化为一元结构。随着二元结构向一元结构的转化,城乡二元制度也必将随之解构。因此,从最终目标看,城乡二元制度改革必然是实现城乡一体化的制度安排。城乡一体化的制度安排将消除城乡隔离、城市倾向的二元性制度,确立城市支持农村、工业反哺农

---

① 韩俊强:《农民工房与城市融合——来自武汉市的调查》,载于《中国人口科学》2013 年第 2 期。

业、城乡要素自由流动和城乡良性互动、和谐发展的城乡一体化的制度体系。

（1）建立城乡统一的劳动力市场，实现农民工的自由流动，既能满足城市发展第三产业对农民工的需求，又能使城市先进人才到农村的广阔天地去发展，有利于农村产业结构调整，新农村的建设。减少了农民工就业的盲目性和随意性。

（2）改革公共服务二元供给体制，建立农村公共服务财政供给制度。[①] 解决我国的城乡二元结构问题，必须转变这种不合理的农村公共服务供给制度，建立由公共财政供给的农村公共服务体制，将农村公共事业的投入纳入公共财政的范围，明确各级政府在公共服务提供方面的责任，防止上级政府利用"压力型体制"的权威，向下转移提供公共服务的责任；积极发挥公共财政在提高农业基础设施，提高农民生活水平和农业可持续发展方面的有效作用，消除农村公共服务自主供给的不合理格局。

（3）实现城乡二元结构性创新过程中农民工市民化的机制平衡与利益协调。一方面，建立利益冲突协调机制，包括利益表达机制、利益协商机制、利益获取机制和利益补偿机制等，以缩小不同利益主体的制度创新净收益的差距，协调利益差别，从而减小冲突的程度；另一方面，要充分发挥政府在改革中的作用，确保制度公正。在改革目标选择中，政府必须要发挥其作为全局利益的代表者、协调者，从全局出发，统筹兼顾各方利益，确保制度不是服务于特权阶层，确保制度创新不为强势人群所左右，成为少数人维护和扩大自身利益的工具。

（4）推进城乡二元结构性创新过程中对农民工市民化的分类实施。[②] 要区别情况，根据城市大小、地区经济发展程度、农

[①] 李奋生、梁舒禹：《城乡二元结构对农民工的影响及对策探析》，载于《特区经济》2007年第11期。

[②] 黄锟：《城乡二元制度对农民工市民化进程的影响与制度创新》，载于《经济研究参考》2014年第8期。

民工群体差异，分类型实施制度创新和决定创新进程。首先，根据城市大小，分类型实施。城市大小不同，人口压力、生活费用、对农民工素质的要求都会存在很大差异，从而对农民工市民化的成本、意愿、能力都会产生很大的影响，并最终影响到不同城市的市民化进程。市民化进程的快慢将对农民工市民化制度创新的差异产生重要影响。一般来说，大城市的人口压力大、生活费用高、市民化成本高，对农民工素质和市民化能力要求也高；中小城市的城市人口压力小、生活费用低、市民化成本低，对农民工素质和市民化能力要求也低。因此，大城市的农民工市民化和市民化制度创新的阻力较大，中小城市的农民工市民化和市民化制度创新的阻力较小。所以，应该重点推进中小城市的农民工市民化进程，中小城市的市民化制度创新的进程也要相对快一些。其次，根据地区经济发展程度，分类型实施。地区经济发展程度不同，农民工就业机会、就业稳定性、收入、企业和政府提供市民化待遇的能力就存在较大差异。一般来说，发达地区的就业机会多、就业较稳定、农民工收入稳定而较高、企业和政府提供市民化待遇的能力强，欠发达地区的就业机会少、就业稳定性差、农民工收入不稳定且较低、企业和政府提供市民化待遇能力弱。因此，应该重点推进发达地区的农民工市民化进程，加快发达地区的市民化制度创新进程。最后，根据农民工群体差异，分类型实施。随着经济社会发展，农民工群体出现了社会分层。有研究根据拥有资本和雇用方式的不同，将农民工分为三个不同的社会阶层：占有相当生产资本并雇用他人的业主、占有少量资本的自我雇用的个体工商业者和完全依赖打工的受薪者。前两个群体属于高收入群体，他们的素质较高、工作较稳定、收入水平较高、居住条件较好、社会地位较高，因而市民化能力较强；占农民工群体中绝大多数的第三部分人的素质较低属于低收入群体，他们的素质较低、工作不稳定、收入水平低、市民化能力较弱，他们处于城市社会的最底层或属于城市社会阶层之外的边缘性群体。因此，应该重点推进高收入群体的市民化进程，市民化制度创新应该主要立足于高收入群体的市民化。

2. 社会阶层的结构性创新。

我国农民工市民化所涉及的社会阶层的结构性创新，不单单是农民工这一个阶层的问题，而是与之相关的各个阶层之间的结构性问题。因此，农民工市民化相关的社会阶层结构性创新，从根本上说，涉及体制机制问题，如社会保障体制机制、区域性和群体性均等化等"一揽子"工程。大致可以从以下四个方面来看。

（1）总体上看，我们应当进一步统筹社会保障层次，实现社会保障体制机制的结构性完善。什么叫统筹社会保障层次？就是把社会保障的管理体制由分散改为集中。目前我国社会保障的管理是相对分散的。以养老保险为例，据相关研究统计，截至2008年底，全国共有北京、天津、新疆等17个省（直辖市、自治区）实现了基本养老保险省级统筹；海南和新疆生产建设兵团出台了养老保险省级统筹办法。广西壮族自治区、河北省、广东省在2009年初，才相继出台了省级统筹办法。2009年7月，河北、山西两省宣告实现养老保险省级统筹。这意味着，全国已经建立或开始建立省级统筹制度的省份达22个。[1] 至2009年底，虽然我国基本实现了养老保险的省级统筹，但实际情况并没有真正实现省级部门对养老基金的完全掌控。"从政策执行情况来看，除几个直辖市和个别省份外，大多数省（区）采取的都是养老保险的省级调剂金模式，而不是完全的养老保险基金省级统收统支。也就是说，收缴的养老保险基金仍然大部分掌控在市级政府、县级政府等两千多个独立的行政单位手中，形成了养老保险基金管理的'碎片化'状态。"[2] 因此，养老保险的管理名义上是

---

[1] 陈元刚、李雪：《我国基本养老保险统筹层次的现状和抉择分析》，载于《重庆理工大学学报》（社会科学版）2011年第6期。

[2] 参见《我国养老保险统筹层次及模式的现实选择》，人民网，2011年3月10日。

省级统筹,实际上地市级控制力依然很强。而对于社会保障基金的管理,则仍然掌握在我国两千多个县级政府手中。

社会保障资金管理的分散化,意味着社会保障政策实际执行的分散化和差异化,这会加剧我国的福利不均等状况,尤其是福利的地区不均等和城乡不均等,因为两千多个主体,其管理权的分散程度已远超联邦制政体,由此带来的差异化可想而知。

因此,要解决福利不均等问题,就要消除社会保障资金管理的分散化乃至联邦化;就要进一步统筹社会保障层次。我们不仅要把社会保障层次统筹到省一级(正如养老保险一样),还应当进一步统筹到中央一级,由中央来统一管理和支付,这样才能在全国范围内最大可能地实现福利均等化。党的十八届三中全会明确指出,"部分社会保障、跨区域重大项目建设维护等作为中央和地方共同事权,逐步理顺事权关系",[①] 这意味着中央对社会保障管理事权开始关注。

(2)对于地区不均等问题,我们可以通过税收和转移支付等分配系统领域的二次分配来加以调节。图4-1反映的是我国不同地区人均一般收入在税收和转移支付前后的差别。我们发现,在政府进行二次分配的调整之前,最高的东部(3 436.04元)和最低的中部(1 223.22元)之差,是全国平均人均水平(2 157.33元)的1.03倍,可谓地区差异显著;而在政府运用税收的二次分配手段之后,这个差距开始缩小;而当政府进一步运用转移支付的二次分配手段之后,这个差距缩小到了全国平均水平的0.45倍。也就是说,税收和转移支付较为明显地改善了地区不均等问题。

(3)对于城乡不均等问题,我们可以通过设立浮动机制来调整。它是基于正视城乡差距的情况下,把农民所承包的土地和

[①] 参见《中共中央关于全面深化改革若干重大问题的决定》,人民出版社2013年版。

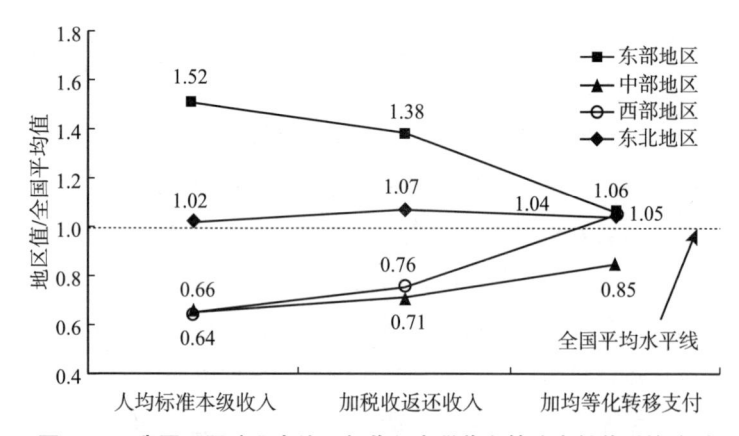

图 5–1 我国不同地区人均一般收入在税收和转移支付前后的差别

资料来源：曾红颖：《我国基本公共服务均等化标准体系及转移支付效果评价》，载于《经济研究》2012 年第 6 期。

宅基地视为我国特有的农民社会保障的一部分。在这个前提下，我们按照各地的实际差异，把农村的最低生活保障标准作为一个基数（但承认不同地区的差别，因而这个基础可以因市或县而不同），而该地区的城市最低生活保障，在农村的最低生活保障基数的基础上浮动一定比例。当该地的农民迁往城镇后，便享有该地城市的最低生活保障，但因为城市的保障是在该地农村的基数上向上浮动一定比例的，所以作为福利均等化的一种平衡，与此同时必须放弃农村的土地和宅基地这样的社会保障项目。并且，如果进城打工者获得收入高于该地农村最低生活保障基数的，也不能获得农村的这个最低生活保障，这样就可以把资金更集中于向更有需要的农民发放，以实现某种程度上的福利均衡。[①]

然而，要解决城乡不均等问题，根本上说，还是要破除城乡二元体制，实现城乡之间生产要素和劳动力的自由流动。其关键在于户籍制。然而，党的十八届三中全会公报指出，要"加快户

---

① 这个浮动机制的思路是厉以宁先生提出来的。参见厉以宁：《论城乡二元体制改革》，载于《北京大学学报》（哲学社会科学版）2008 年第 3 期。

籍制度改革，全面放开建制镇和小城市落户限制，有序放开中等城市落户限制，合理确定大城市落户条件，严格控制特大城市人口规模"。[1] 这实际上是为户籍制度改革定了调。因此，在可预见的未来，尽管我们不太可能实现城乡之间生产要素和劳动力的全流通，但部分破除城乡二元隔阂，尤其是打破中小城市和农村之间的城乡二元分离，是完全有可能的，这就会为解决城乡福利的不均等奠定基础。

（4）对于群体不均等问题，可以采取技术化手段来调整。由于群体不均等问题突出表现在农民工的福利差别上，比如对于农民工参保率低的情况，可以在技术上优化，即农民工参保与户籍脱钩，完全透明，采用"一卡累计"十五年的制度而不是"一地累计"十五年的制度；[2] 对于农民工退保率高的情况，不应当再把农民工缴纳的那部分钱圈起来，而应当开放其个人账户，使农民工可以对自己缴纳的部分保值增值，来调动其参保的积极性。

（三）农民工市民化社会性的制度化创新

我们将从社会资本制度化、社会排斥制度化和社会公正制度化三个方面来剖析中国农民工市民化社会性的制度化创新。

1. 农民工社会资本的制度化创新。

农民工社会资本的制度化创新，就是要通过社会资本渠道，创造农民工与城市之间相融合的制度平台。制度是一种社会规范，同时又是社会结构的重要组成部分。作为后者，它是建立在一定经济基础之上的有组织的社会力量，对推动社会发展有不可替代的作用。当然，制度不同，产生的效果也会不同。从实质上讲，中国的城市化和城乡一体化过程就是城乡居民权利一致、地

---

[1] 参见《中共中央关于全面深化改革若干重大问题的决定》，人民出版社2013年版。

[2] 冯婷：《基本养老保险全国统筹的可行性分析及路径选择》，载于《华商》2008年第7期。

位平等和身份统一的平等化过程。城市农民工是转型期中国社会的特殊群体,既不同于农村居民,也不同于城市居民,它们被称为"边缘人",在城市社会的边缘,在体制意义上的边缘以及在文化意义上的边缘。缺失社会保障、缺失政治权益保障、就业受这样或那样的限制、教育培训待遇不公平以及社会地位的低下是当今农民工作为城市社会弱势群体的集中反映。造成这种状况的原因固然很多,但谁也无法否认现行制度(包括户籍制度、就业制度、教育制度等)的作用。因此进行制度创新是实现城乡居民平等化目标的重要保障。第一,推进城乡平等就业制度建设,还农民与城市居民平等的就业权利。第二,严格规范用工制度,加强用工监督。所有用工单位在雇用农民工时必须依法签订劳动合同,明确双方各自的权利和义务,并接受政府和有关部门的监督。对于用人单位侵权或违法行为要及时予以纠正。第三,改变义务教育的逐级划片管理模式,实行义务教育的属地管理模式,让农民工子女获得与城市孩子一样的受教育权利。第四,制定和完善相应的法律法规,从法律上确立农民工与城市市民平等的权利,从根本上解决因体制而产生的不公平的境况。例如,可以考虑改革选举法,规定在城市居住期满一年或两年的农民工可以获得同所在城市社区市民同样的选举权和被选举权,同样参与所在社区举办的各种政治活动。① 只有通过农民工社会资本的制度化,进行利益关系调整,在机会均等、权利平等的基础上才能真正实现农民工同城市的融合。

2. 农民工冲销社会排斥的制度化创新。

(1) 消除制度性社会排斥的阻隔。可以把依托在户籍制度上的就业制度、社会福利制度等不合理的制度从二元户籍制度体系中逐步剥离出来,恢复户籍制度证明公民身份、满足社会管理需要的本来功能,实现农民工的自由流动和劳动力资源的合理、

---

① 赵立新:《社会资本与农民工市民化》,载于《社会主义研究》2006年第4期。

有效配置。

（2）避免歧视性政策对外来人口的排斥作用。在我国社会发展过程中，因为地区发展不平衡，要求城市本地居民在短时间内改变对外来人口的态度是不现实的。然而，当前迫切需要转变的是一些地方政府以政策形式造成的制度性歧视和机会排斥。一些地方政府面对城市就业、教育、生活资源紧缺的情况，没有寻求合理的解决方案以增加城市容量，而是希望通过出台限制性政策，建立歧视性门槛，从而保护本地居民的利益。例如，一些地方政府对外来人口的就业范围采取"集体排斥"的强制性规定，使得外来人口只能通过非正规就业谋生，在城市中从事低端体力劳动。尽管这一措施可能在短时间内能缓解本地居民的就业压力，但是，从长远看，这种做法一方面不利于本地建立良性竞争的、充分市场化的人力资源市场，进而阻碍中高层次人才流入当地，妨碍地方经济发展；另一方面，对外来人口采取的"集体排斥"政策，往往产生适得其反的效果：就业限制政策不仅难以真正限制外来人口流入本地，而且"集体排斥"政策通常促使外来人口集中在非正规就业市场，使其丧失了向上流动的机会，从而容易引发基于不平等感受的群体意识，使原本可以通过常规社会管理手段解决的问题逐渐积累并激化。长久以往，"集体排斥"政策可能对当地的社会管理造成负面影响，对当地的社会治安造成隐患。[1]

（3）创新农民工表达和追求自身利益的制度化机制。农民工在城市遭受各个方面的排斥，归根结底是因为他们在整个社会中处于一种"沉默"或"失语"的状态，他们缺乏表达和追求自身利益的制度化途径。因此，应逐步提高现有政治体系的开放性程度，为农民工参与政治生活开辟制度化渠道，让农民工参与城市社会的民主选举、民主决策、民主管理和民主监督。此外，

---

[1] 崔岩：《流动人口心理层面的社会融入和身份认同问题研究》，载于《社会学研究》2012年第5期。

农民工必须主动减少对原有初级网络关系的依赖，培养与城市社会交往的意识，在城市寻求新的社会支持网络，主动依靠组织和政府来维护自身权益，增强自身获得社会资源的能力。

（4）加强社区建设，发挥社区整合社会资源和促进社会融入的功能。社区是社会的基本组成部分，因此社区建设也自然成为城市建设的有机组成部分。充分发挥社区的社会组织功能，避免社区仅仅成为"睡城"，对于构建和谐社会、促进社会融入、维护社会稳定都起着至关重要的作用。融洽的社区关系和较高的社区融入水平不仅增强了社区居民之间的情感交流，更有助于加强居住在该社区的外来人口的社区归属感，从而提高其对本地身份的认同。换言之，社区融入是社会融入的重要环节，它使得外来人口对所居住城市的认同不仅停留在该地区可能带给个体的经济利益，更能使外来人口认可所居住地区给其带来的社会价值和情感价值，从而促进其进一步参与当地的社会建设。实现外来人口本地化这一情感认知过程，是现代城市中社会融合作用的意义所在，因此应当确保城市化过程不仅是简单的高楼大厦的建设，更是社会各阶层相互融合、逐步缩小差异的过程。进一步来讲，社区资源中社会资本的建构是外来人口社会资源的重要组成部分。在城市社区中，如果城市居民对外来人口抱有消极的刻板印象，外来人口也对本地居民抱有较强的疏离感，两个群体则有可能逐渐形成封闭的社会交往群体，使得外来人口逐渐被排斥在本地居民的社会关系网络之外，这不仅影响外来人口的城市融入，更易导致我国的城市化发展与社会各个阶层融和进程出现不匹配的情况。因此我们要充分重视外来人口在城市融入过程中的社会资本建构，加强社区建设，发挥社区整合社会资源、促进社会融入的功能。[1]

---

[1] 崔岩：《流动人口心理层面的社会融入和身份认同问题研究》，载于《社会学研究》2012年第5期。

3. 农民工市民化过程中社会公正实现的制度化创新。

（1）构建农民工退出农业、农村的新型机制。深化农村户籍制度改革，为保护农民工权益，创造平等的制度环境。以重庆市为例，重庆市在农村户籍制度改革方面开辟了一条新路子，即通过实施《重庆市户籍制度改革农村土地退出与利用办法》，推进"从身份到契约"的过渡，消除不利于城镇化发展的体制和政策，引导农村劳动力合理有序流动。重庆在制度政策上保障农民工与城市市民一视同仁，推进城乡一体化，让每一个竞争主体在竞争起点上处于平等地位，受到同等规则的约束和限制，谁在竞争中取胜取决于资本、技术和人力等综合因素，而不是社会身份或社会地位。

（2）创新有利于增强农民工生存和发展能力积累的机制。除了在制度上保证公平外，农民工要参与社会竞争，必须提高劳动素质和法律意识。一是输出地和输入地政府配合、联动，建立各级领导的任期目标责任制，搞好农民工的教育与培训。二是输出地和输入地政府采取政策和财政支持的办法，鼓励面向农村劳动力开展就业培训，帮助农民工以最低成本学到最实用的知识和技能，以提高其就业地位。三是输出地政府应加强对外出农民工的跟踪服务，以市场为导向，定期发布职业需求和职业技能要求方面的信息，突出针对性和实用性地组织和开展科技文化教育培训。四是提高农民工的法律意识，使他们敢于、善于运用法律保护自己的权利。

（3）建立有利于农民工持续发展的劳动保障制度。改革劳动就业制度，营造公开、公平、公正的劳动就业市场。首先，改革二元劳动力市场，实行就业资格考核和认证制度，建立完善的职业分类制度。其次，打破地方保护主义，让农民工在市场经济规则下自由流动、择业。同时，要建立健全执法、仲裁机构，使农民工在遇到各类纠纷后能在政府机构的帮助下理智、正确地处理，为其就业创造宽松的宏观环境，进而实现就业制度的平等、公平、公正。最后，规范用人单位和劳动者求职等行为，形成企业和劳动者双向选择、合理流动的就业机制，让所有用人单位均需与所雇用的农民工依法签订劳动合同，接受政府监督，同时在规范缴纳工资的条件下降低、协调费率，以避免因推行该政策而造成企业生产成本急剧上升和农民即期收入的大幅减少，以及导致企业大量裁员的发生。

（四）农民工市民化成本机制的制度化创新

农民工市民化的成本要素探索应对机制涉及两个关键，即制度的平衡与制度的创新。这两个关键变量如何对成本的制度化产生影响，进而影响农民工市民化的进程？

1. 制度的平衡。

研究过程中我们发现，我国农民工市民化过程中不同机制之间的不协调和不平衡，往往容易导致额外成本的增加。因此，遏制和控制农民工市民化成本增加的一个有效途径，就是确保关涉农民工市民化的制度之间的平衡性。

（1）财政支出用于农民工市民化的不同项目机制之间的平衡。各级财政在安排支出时，都要适应农村人口的转移情况，调整本地区的财政支出结构，基本方向是从农村向城镇调整，如调整城市义务教育中央与地方的负担比例、调整财政教育支出中农村与城市的支出比例、调整城市与农村的社保补助结构等。

（2）财力与事权的平衡。一方面，从统筹层面说，由于各地财力水平不同，负担能力有高有低，因此不能随着农民工的自然分布而将相关的财政支出也自发分布在各地和各城市之间，必须由上级财政主持调剂。在确定中央政府应负担的资金总量的前提下，中央财政就可通过增加转移支付总额、调整转移支付比例、修订转移支付系数等方式，来调节地区间、城市间的实际负担水平，促使地方政府的财力与事权能相互匹配。

另一方面，从承担主体层面说，农民工市民化成本的合理分摊既要理清政府、企业与个人的成本分摊财力,也要综合考虑不同主体的成本分摊能力。从农民工来看,农民工自身承担市民化个人成本的能力相对薄弱。从用工企业来看。在原材料、劳动力、资金等投入成本上涨以及国内外市场需求乏力的情况下,企业利润率普遍较低。从政府来看,中央到地方各级政府在农民工市民化中的成本分摊财力与财政保障能力匹配失衡。2011年中央本级财政收入占全国财政收入总额的49.4%,而中央本级财政支出占全国的比例仅为15.1%,与中央相比,各级地方政府分摊市民化成本的财政保障能力相对薄弱,这就需要逐步建立地方主体税种,建立健全地方债券发行管理制度,鼓励社会资本参与城市公用设施投资运营。[1]

(3)农民工输出地与输入地财政机制的平衡。一方面可考虑由流出地政府向中央政府上缴部分土地收益,然后由中央财政专门用于农民工市民化工作,通过转移支付的方式注入农民工的主要流入地区;另一方面可考虑在流出地和流入地之间建立土地指标的增减挂钩机制,中心意思是流出地政府收储的农民转让出来的承包地指标和宅基地指标,拿出一部分给流入地政府,此举的好处是,流出地政府当期可以不拿钱或者少拿钱出来,又可以在总体上维持全国土地增减的平衡,保住18亿亩耕地红线,另外还顺应我国新型城镇化的进程,提高东部人口自然集聚程度,以集约化利用土地。[2]

(4)企业利润、政府税收与农民工工资机制之间关系的平衡。目前,农民工劳动创造的社会财富可分为农民工的工资收入、企业从农民工身上获得的超额利润、政府向农民工征收的各种管理费用与向农民工所在企业征收的赋税。在二元经济结构

---

[1] 胡拥军、高庆鹏:《处理好农民工市民化成本分摊的五大关系》,载于《中国发展观察》2014年第6期。

[2] 冯俏彬:《农民工市民化的成本估算、分摊与筹措》,载于《经济研究参考》2014年第8期。

下，农民工劳动创造的社会财富的主要部分被所在企业以利润的形式，被所在地政府、中央政府以管理费用与税收的形式抽走了，自身的工资已接近"生存工资"。以工业为例，农民工的工资、企业的利润与税收之间的消长，工资在产业增加值中所占比例下降较快，企业利润所占比例扩张迅速，税收所占比例虽然呈现下滑趋势，但下降比例不大，并且所占份额仍然远远超过工资所占份额。[①] 这种分配结构的变化固然与企业劳动生产率提高有关，但很大程度上还是企业利润对工资的侵蚀。因此，在加快户籍制度、就业制度与社会保障制度改革的基础上，合理平衡企业利润、政府税收与农民工工资的关系，不但能够大幅度增强农民工市民化的能力，减轻政府所承受的压力，而且还可以把那些被政府和农民工所在企业以"合法"形式从他们身上抽走的管理费用、税收与超额利润当作农民工市民化的重要资金来源，从而通过机制的平衡来控制农民工市民化的无谓消耗和成本。

2. 制度的创新。

在制度平衡的基础上，通过制度创新来进一步控制和约束我国农民工市民化的成本。

（1）进行与农民工市民化成本相关的财税制度创新。农民工市民化的社会成本中的基础设施建设、住房保障、就业培训等都是由地方政府直接承担，但分税制改革以来，地方政府的财税权力很大程度上被削弱，众多地方的财政收入主要来源于土地交易，财政收入较低与日益增加的财政支出已经成为无法回避的尴尬困境，很多地方政府单靠自身财政收入已无法保障有效地开展对农民工市民化的成本分担工作，资金短缺和持续、大量的成本投入的矛盾导致地方政府缺乏对农民工市民化成本分担的动力，相关工作往往流于形式。这就需要稳步推进财税制度的改革，合

---

① 张国胜：《基于社会成本考虑的农民工市民化：一个转轨中发展大国的视角与政策选择》，载于《中国软科学》2009 年第 4 期。

理完善分税制度，同时逐步完善以常住人口为依据，人财挂钩的财政转移支付和专项资金补助制度，根据农民工流向和规模实施中央到地方和地区间的财政转移支付与配套资金补助，引导激励地方政府积极分担农民工市民化的社会成本。①此外，还必须打破统一化的标准，视不同地区的经济发展水平差异设立不同的支付和补助标准。

（2）进行与农民工市民化成本相关的新公共服务制度创新，包括创新公共服务供给政策与启动政府的公共财政补贴。考虑到制度创新与政策调试在政治上的可接受性与经济上的可行性，这一过程也需要分三阶段推进，各阶段的政策创新与调试分别属于机制变革的第一、第二、第三层次。具体而言，第一阶段的政策重点是配合劳动就业制度，创新农民工子女平等接受义务教育的政策并确保农民工子女平等享受教育资源，创新农民工平等享受公共卫生、计划生育、公共文化、公共交通等基本公共服务的政策并实现农民工的基本公共服务享受；第二阶段的政策重点是与农地转让政策相衔接，创新提升农民工的社会保障水平并全面向现代社会保障转换的政策；第三阶段的政策重点是与农村宅基地转让政策衔接，创新农民工在城镇的保障性住房政策以及创新城镇基础设施的建设政策等。②

（3）综合机制创新。这种综合机制创新的本质在于对现有城乡土地制度、户籍制度、就业制度与社会保障制度进行合理改造的基础上，筹措相应的资金来推动制度自身改革的完成，最终实现农民工市民化。③从博弈论的角度来看，上述筹措是通过一种机制设计，在尊重农民工自愿选择的基础上，通过制度改革筹

---

① 杨世箐、陈怡男：《农民工市民化成本分担的现实困境及对策分析》，载于《湖南社会科学》2015年第5期。
② 张国胜、陈瑛：《社会成本、分摊机制与我国农民工市民化——基于政治经济学的分析框架》，载于《经济学家》2013年第1期。
③ 张国胜：《基于社会成本考虑的农民工市民化：一个转轨中发展大国的视角与政策选择》，载于《中国软科学》2009年第4期。

措农民工市民化所需要的资金,并在分担农民工市民化的社会成本的过程中完成制度改革与实现农民工市民化。

二、中国农民工市民化的主体性路径创新

中国农民工市民化进程中的创新因素,除了制度性、结构性、成本性和社会性等客观要件之外,我们不应当忽视主体能动性创新在农民工市民化过程中所扮演的角色。本节将从人力资本和政策输出两个维度来探讨中国农民工市民化的主体性路径创新。

(一) 通过人力资本创新实现农民工市民化的全面提升

现代人力资本理论的发展肇始于美国经济家舒尔茨(Schultz)。舒尔茨指出,第二次世界大战后发达国家的经济增长对传统的经济学理论提出了三个现实挑战,即资本—收入比率未随着经济的增长而提高、国民收入的增长要快于资源耗费的增长、劳动者的收入大幅提高。要解释上述三个问题,必须要对人力资本进行研究。[1] 人力资本的增长不仅比物质资本快,而且比收入的增长也要快。人力资本的投资是一国经济较快增长和居民收入大幅提高的重要源泉。目前,有相当多的实证研究证实了人力资本对经济增长和居民收入增加的重要推动作用。具体就农民工市民化过程而言,人力资本也扮演着关键的角色,这是进城从业人员能够转变为正式市民的内在核心条件。故而在某种程度上,人力资本决定了农民在城市中经济地位和社会地位的获得,其中,农民工的经济地位主要取决于其就业状况、职业的稳定性以及收入水平;社会地位主要取决于其价值观念、生活方式和行为方式是否能够

---

[1] Schultz, T. W., "Investment in Human Capital". *The American Economic Review*, 1961, 51 (1): 1–17.

得到城市社会的认可。具体地说，较高的人力资本有助于农民适应城市中新的工作、环境和掌握新技能，进而令其获得立足城市所需的稳定的职业和较高的收入；人力资本水平较高的农民，其价值观念和生活方式更容易融入城市社会，获得周围城市居民的认可，这些有助于其转变为符合城市文明要求的具有现代市民素质的真正意义上的城市居民，取得在城市定居所需的相应社会地位。

可见，人力资本对于实现农民到市民的转变起着关键作用。

1. 农民工市民化过程中人力资本创新面临的困难。

（1）农民自身缺乏足够的资源用于人力资本积累。农民在农村成长和生活过程中无法获取充足的资源用于自身人力资本的积累。一方面，长期的城乡二元分割制度历史地造成了农民收入低下，生计收入之外的可支配剩余不多，因此农民个人渠道投资于人力资本的资源十分匮乏，从而使人力资本积累水平远不如城市居民。如2011年，我国城镇家庭平均每人用于文教娱乐和医疗保健的支出分别为1 851.74元和969.98元，合计为2 821.72元；而农村家庭平均每人用于文教娱乐和医疗保健的支出分别为396.36元和436.75元，合计为833.11元，后者分别仅为前者的21.4%、45.0%和29.5%。即农村居民的人力资本投资额不到城镇居民相应支出的三成。另一方面，虽然改革开放以来农村居民的收入有较快提高，但其速度要慢于人力资本投资价格的上涨。20世纪90年代以后，伴随着计划经济时代医疗、教育等公共品廉价供给体制被打破，农民获取健康和教育人力资本的价格被迅速抬高。与此同时，医疗改革、教育改革的进程缓慢，长时期内农民的看病贵、看病难和就学难、高等教育收费昂贵等问题未能得到有效的缓解。比如在很多农村地区，因病致贫、因病返贫现象较为普遍；近年来随着高等教育收费的逐年提高也使农村家庭压力较大。

（2）农民工人力资本结构不合理。根据平均受教育年限及文化程度，可将人力资本分为三种类型：一是初中及以下学历，称为普通人力资本；二是高中、中专学历，称为技能型人力资本，技能型人力资本分为一般技能型和特殊技能型，二者的主要区别是所掌握技能的熟悉程度和技术含量大小；三是大专及以上学历，称为创新型人力资本。不同类型的人力资本参与生产的方式和投入的生产要素均有所不同，其所获得的收入也有很大差别。根据国家统计局公布的数据，我国农民工人力资本结构很不合理，主要表现在：普通人力资本比重过大，超过76%；技能型人力资本短缺，占18%；创新型人力资本过低，所占比例不到6%，我国农民工中高层次人才极其匮乏。[①] 这一状况导致了农民工工资收入水平较低。

（3）农民工的社会公共服务所提供的正规人力资本积累渠道不畅。由于集聚经济和规模经济等原因，教育、医疗等方面的社会公共服务机构、设施和人员往往集中布局于城市地区，这为农村居民由该渠道积累人力资本制造了天然的障碍。例如，绝大多数高质量、高水平的医疗、教育基础设施和专业人员集聚在城市，提高了农民工获取专业的、高质量的医疗和教育服务的成本。比如大部分重点性、示范性的正规教育学校位于城市，农民工能够就近选择的学校比城市逊色得多。

2. 通过人力资本创新促进农民工市民化的内在机理。

人力资本与农民工市民化能力形成相关关系决定了市民化能力提升路径是进行人力资本的积累。其运作机理是农民工进行以教育培训为内容的人力资本投资，提升了自身的学历层次和职业技能，进而实现了人力资本的积累，人力资本的积累又促使了人力资本水平的提升，进而促使以就业与收入能力、城市生活适应能力、政治参与和利益表达能力为表现形式的农民工市民化能力

[①] 徐建军：《中国农民工市民化进程中的问题与对策——基于人力资本开发视角的分析》，载于《中国人力资源开发》2014年第15期。

的全面提升。

具体而言，人力资本创新实现农民工市民化能力的全面提升可以对应为职业转化就业能力、城市生存和生活能力以及城市融合发展能力三个方面。

（1）人力资本创新实现农民工市民化职业转化就业能力的提升。一方面，人力资本决定农民工非农职业适应能力。从经济学角度审视，适应能力本质是人们对不确定性约束条件下追求收益极大化的自我资源重新配置过程。农民工非农职业适应能力就是指农民工迁移到城市和非农产业，能否在最短时间内适应就业和生活环境的能力。职业适应能力也是其成功实现就业结构转型的重要前提和基础。另一方面，人力资本能提高农民工职业转换能力。一般而言，人力资本水平与劳动者竞争能力是正相关关系，拥有较高人力资本者总是倾向于流向预期收益比较高的地区。教育和培训的人力资本积累，有助于农民工在工种、行业、就业单位之间进行职业转移，增强其职业转换能力。

（2）人力资本创新实现农民工市民化城市生存和生活能力的提升。农民工市民化要经历职业转化、身份地域转移、城市融合等阶段性步骤，并要承担城市最低生存成本、转移成本和对更好生活预期的补偿成本。农民工支付市民化成本并在城市赖以生活必须以数量充足、增长稳定、结构合理、知识含量高、获取成本低的工资收入为保障。而农民工工资收入的多寡则主要取决于人力资本的拥有状态。首先，人力资本影响农民工就业决策和岗位筛选能力，进而提高其预期收益能力。因为教育水平的高低能够显著影响劳动者获得工作机会的质量和多寡，使个体在未来可以获得更多的"机会选择权"，从而更容易在市场上找到条件优越的工作。而在职培训可以使劳动者通过获得更高的技术等级或一专多能，提高其适应工作岗位变化的能力并增加劳动报酬。其次，农民工通过接受教育和参加培训等形式的人力资本投资，可以使其工作经验和劳动技能得到提升的同时创造出较高的劳动生产率，不仅提高了农民工收入的数量和质量，而且保障了农民工收入的持续性获得。相关研究表明，培训是影响农民工非农劳动报酬水平最为重要的因素，参加30天以上的培训项目会使新生代农民工的非农劳动报酬上涨11.2%；工作经验每增加1年，新生代农民工非农劳动报酬会上涨8.9%。[①] 因此，农民工收入获取水平取决于人力资本的供给状态，人力资本拥有状况决定着农民工城市生存生活能力的强弱。

3. 农民工市民化过程中人力资本创新的具体路径。

（1）加强对农民工的基础教育。一是做好转岗就业前的农民工的农村基础教育。农村基础教育是农民工获取人力资本的最初途径，它为农民工进城打工提供了必要的前提条件，也是农民工提升人力资本的基础。要逐步提高农村教育经费在国家总教育经费中的比重，改善农村办学条件，提高教师待遇。要在农村义务教育中渗透职业教育的内容，克服义务教育的薄弱性和高中教育发展的滞后性所造成的农民工体力型劳动力供给状态，使农民工具备一定的文化功底与职业技能，为以后的人力资本积累和能力提升打下坚实基础。二是加强在职农民工的成人继续教育。在对农民工文化知识水平做出区分的前提下，开展有针对性的补偿教育和成人继续教育，全面提升农民工的学历水平，提高其思想文化和道德素质。构建以输入地在职教育为主的农民工教育模式，开展综合文化、法制观念、社会公德、文明礼仪等方面的教育，提高农民工的城市生活适应能力与政治参与和利益表达能力。

（2）创新农民工培训机制，为农民工群体人力资本的持续积累和各项能力的系统提升提供良好的保障平台。农民工人力资本能力的形成依赖于培训动力机制、投入机制、保障机制、利益机制等因素的相互作用和耦合。为了发挥不同机制的协同作用，

---

① 罗锋、黄丽：《人力资本因素对新生代农民工非农收入水平的影响——来自珠江三角洲的经验证据》，载于《中国农村观察》2011年第1期。

第一，要完善培训保障机制，为农民工培训提供培训基本经费和基础条件保障。第二，建立培训—就业一条龙式的服务机制，为农民工提供培训前的需求分析和信息发布。培训中的内容和模式选择；培训后竞争上岗等一体化的链式服务。第三，探索并逐步建立财政投入、银行信贷、社会投资和农民工自愿投入等多渠道、多形式、多层次的培训资金投入体系。第四，通过政府对一系列规则和制度的完善，建立起良好的利益协调平台，实现多边多赢的利益格局，使政府、社会培训机构、企业等各个主体都能够积极主动地参与到农民工培训的过程中。

（3）促使农民工转变观念，培养主动进行人力资本投资的长远眼光。应加大有关教育培训的宣传力度，让农民工明白人力资本对提升市民化能力的重要作用，从而转变观念，积极主动地去参加各项教育培训活动，提升自己的人力资本水平。社会应该消除对农民工的用工歧视，实现"同工同酬"，将农民工的工资水平和人力资本水平相挂钩，以此激发农民工的人力资本投资热情。

（二）完善农民工市民化的主体政策创新

农民工市民化的主体政策创新包括政策过程、政策类型和政策支持三个方面的创新。

1. 农民工市民化的政策过程创新。

农民工市民化政策的演变过程创新，是中国城市化战略选择过程。城市化战略，即城市化采取的模式。城市化战略取向对市民化政策设计具有决定性影响。改革开放以前，我国采取重工业主导下的"择定扭曲"的城市化战略，农民被排斥在城市大门之外。改革开放以来我国城市化战略经历了以"小城镇战略"为主，到大中小城市和小城镇协调发展，再到新型城镇化发展战略的演进路径。

1980年12月，国务院批转《全国城市规划工作会议纪要》，提出"控制大城市规模，合理发展中等城市，积极发展小城市"

的城市发展总方针。在总方针的指导下，"六五"到"九五"期间，发展小城镇成为城市化战略的核心。1998年10月，党的十五届三中全会通过《中共中央关于农业和农村工作若干重大问题的决定》，指出"发展小城镇，是带动农村经济和社会发展的一个大战略，是推进我国城镇化的重要途径"。21世纪之初，中央在《"十五"规划纲要》中提出，"推进城镇化要遵循客观规律，与经济发展水平和市场发育程度相适应，循序渐进，走符合我国国情、大中小城市和小城镇协调发展的多样化城镇化道路，逐步形成合理的城镇体系"；2002年11月，党的十六大报告强调"要逐步提高城镇化水平，坚持大中小城市和小城镇协调发展，走中国特色的城镇化道路"。到"十一五"时期，我国的城市化战略开始进一步凸显大城市的作用并积极倡导城市群的建设。中央在《"十一五"规划纲要》中指出，"要把城市群作为推进城镇化的主体形态，逐步形成……高效协调可持续的城镇化空间格局"。2010年，《中国发展报告2010：促进人的发展的中国新型城市化战略》发布，提出关于中国新型城市化的战略目标：即从"十二五"时期开始，用20年时间解决中国的"半城市化"问题，使我国的城市化率在2030年达65%。①《国家新型城镇化规划（2014~2020年）》更是把"有序推进农业转移人口市民化"作为新型城市化发展战略的重中之重，而其重点和难点则在于数亿农民工市民化。在城市化战略引导下，政府越来越重视社会弱势群体和社会公正问题，政府政策选择从就业促进向融入方向转变。同时，企业、政府与民间机构合作，通过社会融入实践项目推进农民工融入城市。

可见，农民工市民化政策过程作为政治现象，本质上是社会利益的调整与分配过程。政策设计和选择总是伴随着决策层发展

---

① 王竹林、吕俊涛：《农民工市民化政策演进的实质和路径选择》，载于《农业经济与管理》2014年第4期。

观的演进，有什么样的城乡发展观，就有什么样的城市化发展战略，进而支配农民工市民化的政策选择。

2. 农民工市民化政策过程所体现的公共政策类型创新。

农民工问题是一个集经济、社会、政治以及精神文化问题于一体的复杂问题，它的解决决定着中国工业化、城市化与现代化进程及整个国家的未来发展前景。在由传统农业社会向现代工商业社会转型的历史起承转合关节点上，在城乡二元体制的结构背景下，农民理性的扩张创造了"中国奇迹"，推动了农民工市民化的进程。

从公共政策类型角度看这一历史阶段是农民工市民化的第一个阶段，即"农民—农民工"阶段。经验地看这一阶段，农民工经济权益的受损与维护农民工公共政策实然地表现为"防范—控制型"①，农民工市民化的内容则体现为完成了地理意义上的地域市民化（但并未融入城市社区）（即"进了城"）以及非正规就业的职业市民化即"务了工"。

农民工市民化的第二个阶段是"农民工—新市民"阶段。其内在逻辑是：随着经济社会发展，城市现代化工商业生产生活体验的深入和积淀，农民工身上的农民理性由扩张到收缩、衰减直至蜕变，市民理性不断生长，这一转变伴随着农民工群体的代际更替而凸显和实现，由此产生了新生代农民工问题，主要表现为以平等公民权为核心的综合权益的受损与维护。适应新生代农民工的出现和其特有的利益诉求农民工公共政策逐步转为"权益保障型"②，以户籍制度为核心的城乡二元体制在这一阶段终结，农民工市民化实现具有决定意义的一步——身份市民化，自此"农民工"这一中国特色的称谓终结，获得市民身份的农民工成为具有完整权利的城市社会主体即"新市民"。与之相伴，受制

---

①② 冷向明、赵德兴：《中国农民工市民化的阶段特性与政策转型研究》，载于《政治学研究》2013年第1期。

于身份问题的职业市民化问题至此获得解决实现就业正规化。

农民身份的终结并不意味着农民理性的终结,恰恰相反,农民理性将在"新市民"身上以其特有的文化惯性产生影响,这就会产生传统农民工"终结"后的"农民工"问题,即"新市民"与原城市市民在精神文化以及社会层面的融合问题,这亦是农民工市民化的第三阶段"新市民到市民"所面临的主要问题。与之相关在这一阶段农民市民化的主要内容是价值观念层面的市民化,以及社会意义上的地域市民化即社区融入、融合。从应然的角度看,该阶段的公共政策应该转为"发展—融合型"①,如表5-1所示,着力社会资本的投资,提升新市民城市融入能力和相应的现代城市商业生产生活能力。

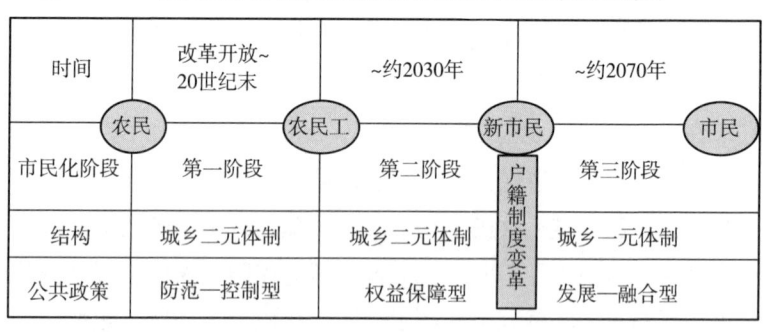

表5-1　农民工市民化政策过程所体现的公共政策类型创新

时间	改革开放~20世纪末	~约2030年	~约2070年
	农民	农民工	新市民　　市民
市民化阶段	第一阶段	第二阶段	户籍制度变革　第三阶段
结构	城乡二元体制	城乡二元体制	城乡一元体制
公共政策	防范—控制型	权益保障型	发展—融合型

资料来源:冷向明、赵德兴:《中国农民工市民化的阶段特性与政策转型研究》,载于《政治学研究》2013年第1期。

3. 农民工市民化的政策支持创新。

农民工市民化的政策支持创新应该是一个系统,农民工不应简单地被视为拥有一定属性、技能和资源的个体,也应注意到行动者之间社会关系或社会互动构成了一个相对稳定的体

---

① 冷向明、赵德兴:《中国农民工市民化的阶段特性与政策转型研究》,载于《政治学研究》2013年第1期。

系，行动者会从该体系中摄取资源以维持日常生活的正常运转，尽管同时也受制于该体系。因此，农民工市民化政策支持系统应该用平等的政策处理农民工与其他人之间的关系；用平衡的政策处理农民工自身在市民化中的问题；用同一的政策处理农民工的生产与生活的关系；用发展的政策处理农民工生存的城乡地域之间的矛盾。

（1）平等的政策支持。学术界从制度变迁或农民工市民化条件的角度对这个方面的政策支持进行了反复研究。一般认为，农民工市民化需要构建统一的就业、社保等制度，需要处理农民工因其农民身份形成的农地权利，需要解决农民工参与城市社区治理问题。这些方面的制度涉及了农民工市民化过程中的经济（就业与土地）、生活（社保）、政治（参与）等各个方面，核心处理的是农民工与其他城市居民之间的权利关系问题，也就是政策的公平性问题，让农民工享受国民待遇是其宗旨所在。但事实上平等并不是农民工市民化政策变迁的核心，而是一种条件，即在现实的二元社会结构未根本打碎的情况下，帮助农民工实现其平等权利的一种工具，并且解除社会对农民工的束缚。这种解缚的过程也是中国社会突破二元结构走向城乡一体与现代化的过程。可见，在建立平等的政策支持时，不仅要考虑法律上的农民工与市民的平等，而且要始终以人为本、以农民工的发展为宗旨，以形成农民工的自由发展为方向。[①] 因此，在农民工市民化的政策发展和制度改革上可以获得两个方面的意义：一是把平等权利的实现作为政策实施的现实目标；二是在追求平等的过程中体现发展的旨趣，时刻关注农民工的现实条件来操作。

（2）平衡的政策支持。作为维护农民工市民化过程中身心平衡的政策，主要是建立农民工的社会工作机制。通过一种专业化的服务来帮助农民工渡过心理与生理上的危机期，以及缓冲社

---

① 王一：《农民工市民化的政策支持研究》，载于《改革与开放》2011年第2期。

会经济不稳定对农民工生活带来的压力。这种社会工作机制的范围应该是广泛的，包括就业、社交等多个方面，应由财政支持实现非营利的管理模式，以减轻农民工的经济负担，真正帮助处于社会弱势的农民工群体。① 同时，作为平衡的政策，应该针对农民工在城市遭受到的社会歧视与社会排斥进行帮助。

（3）统一的政策支持。要用统一的视角处理农民工的生产与生活的关系，把农民工和农民工聚居区纳入城市社区建设。② 近年来，我国各城市都在轰轰烈烈地开展社区建设，对社区居民开展各种服务和社会救助等，但由于农民工还没有合法的"市民身份"而排除在外，这对农民工市民化和增强农民工对城市认同感十分不利。城市社区建设要把农民工包括在内，这样不但可以解决农民工在实际生活中的困难，而且可以帮助农民工转变价值观念、生活方式和工作方式，使他们能够自觉地以主动的方式融入城市。同时，通过社区开展的各项活动使农民工融入城市主流文化，增加农民工与城市居民的互动，增进与城市居民之间的信任，这样可以减少农民工市民化过程中面临的各种冲突，从而增强农民工对城市的认同感。

（4）发展的政策支持。就农民工市民化的发展来讲，应着力加强培训力度，提高农民工的综合素质。农民工进入城市后，会面临各种冲突，如城市社会规范和农村社会规范、城市文化和农村文化的冲突，造成农民工的角色紧张，城市劳动管理部门应该及时给予帮助，缓解他们的心理压力和角色冲突，进而顺利地融入城市生活并转变为城市居民。

---

①② 王一：《农民工市民化的政策支持研究》，载于《改革与开放》2011年第2期。

第五章　中国农民工市民化的创新

三、中国农民工市民化的治理创新

影响中国农民工市民化的治理创新应当放在结构性创新当中来分析，但由于国家治理体系与治理能力现代化作为国家战略而提出，其作用越来越重要。因此，我们把治理创新单独开列出来进行分析，包括农民工社会治理创新的三角结构框架和流动人口管理创新两个主要方面。

（一）农民工市民化的社会治理创新[①]

在本书第三章第三节论及了社会治理结构对农民工市民化的三角结构影响，即"党—基层政府—社会"。农民工市民化的社会治理路径创新分析也遵循这个三角结构展开，包括三个维度。

1."党—社会"维度创新。

"党—社会"维度创新就是通过夯实基层党建来加强对城市农民工的管理，增强城市农民工的凝聚力。

（1）用信息化党建搭建网络公共平台，通过信息化整合农民工的利益诉求。网络论坛已成为收集民意、反馈民情的平台，这也包括农民工。如农民工的日益"网民化"、年轻的"80后""90后"农民工日益增多、农民工党员的流动性日益增强、农民党员管理服务手段的信息化等。随着"单位人"向"社区人"的转型，社区党组织的群众工作对象有了新的变化：除了传统的一"大"一"小"（即退休的老年人和未参加工作的少年儿童），农民工阶层等正成为社区党组织开展群众工作所必需面对的新群体，而了解、联系和服务这些新群体的一个重要渠道就是互联

[①] 中共上海市委党校科社部讲师程熙、中国人民大学国家发展研究院博士后林雪菲对本小节撰写亦有贡献。

网。上海杨浦新江湾城小区业主网络论坛从最初的仅服务于居民购房、业主装修等简单交流平台，发展到如今作为社区居民重要的"网络生活空间"，已经成为民情、民意、民忧的重要集聚地，也是居民开展邻里互动活动、参与社区公共事务的重要渠道之一。江苏省南通市在地市一级建立"网上基层社会管理平台"，并贯通到县（区）、镇、村三级，整合"三农"信息发布、村级民主管理、村民参政议事等功能，设置四十余栏目，成为"网上公共服务中心""农村产业在线联盟""村务电子管理系统""致富信息高速公路"；市委组织部牵头与劳动、农业等二十余家单位合作共建，吸纳大学生村官、技术志愿者参与其中；市、县（区）两级组织部门分工负责平台建设；开设专题培训班，印发《管理员操作说明》。该模式就是在发布信息、党员教育培训、党员管理服务等技术层面，基于互联网的信息化手段，在发展党内民主、意识形态宣传和团结凝聚群众等价值层面，将党建工作拓展至互联网的"虚拟社会空间"。

（2）通过区域化党建实现对农民工的有效管理和组织。所谓区域化党建，就是整合党组织的一切资源，通过党组织与党组织，党组织与社会组织、党组织与各种社团进行联建、联动的形式，实现党组织有效领导社会组织的工作目标。在现代国家体系中，社会组织是独立于政党与政府之间的中间力量，对执政党政府的执政行为具有一定的制约力。现代国家发展的经验表明，市场经济的发展必然导致社会阶层的分化，而不同利益的人群必然会组织起来进行利益诉求并实现自己的利益目标，这也是公民社会产生各种社会组织的根本原因。城市农民工阶层是党的群众基础的重要组成部分，会影响改革与发展方向。在城镇化建设成为地方政府重要推动力的新形势下，大量的村庄走向合并，大量的农村人口进入城镇，导致传统"半熟人社会"的乡村在不断消解，留守农村的主要是老弱病残、妇女、儿童。他们不仅要从事繁重的农业劳动，而且对诸多惠农政策知之甚少。再加上在城镇扩张过程中，乡镇、村庄的面积在不断增大，无形之中延长了群众到城镇办事的距离，给留守群众办事带来了很多不便。随着基层党员干部的主要工作不再是收钱收粮，党员干部与群众的交往越来越少了。城市化和流动人口对于城市和农村同时产生了两大"没人管"的困境，在这种情况下，区域化党建成为探索转型社会农民工基层党建的一种有效途径。江苏省海安县打造"乡镇（街道）—村（居）—小组"三级代理网络。乡镇（街道）依托便民服务中心建立代理中心，设立导办室，实行一站式服务，直接办理镇级权限事项，全程代办县级及以上权限事项；村（社区）设立代理站，受理农民工需要到镇以上机关、部门办理的事务，直接提供便民服务；村（居）民小组建立代理点，党员干部直接受理农民工事务。海安县从两个方面来积极优化"农民工事务党员干部代理制"的流程。一是整合资源，坚持集约代理：对个人受理和站、点统一受理的事项进行梳理，分类流转职能部门统一办理，提高效率；对代理人或单个部门难以解决的问题，通过县、镇、村三级联动，相关部门集中会办，从而实现了办理资源的集约化。二是特殊关照，坚持结对代理。针对农民工的家眷包括空巢老人、留守儿童等日益增多的客观情况，海安县加大对特殊对象的服务力度，确定能力强、群众信得过的党员干部提供结对帮扶服务。2011 年以来，全县 46 名代理成绩突出的干部得到提拔，24 名优秀村（居）党支部书记破格入编事业人员，而对敷衍塞责、群众评价较差的党员干部则进行诫勉谈话[①]。

（3）针对"两新"组织中农民工群体日益增多的情况，建立"楼宇党建"，以此来加强对城市农民工的有效管理。浙江省宁波市天一商圈位于宁波市中心商务商贸集聚区，面积 0.56 平方公里，有甲级写字楼和高档酒店 18 幢，"两新"组织 2 800 多

---

① 《江苏海安：事务代理构建服务下沉型基层党建新模式》，人民网，2014 年 2 月 17 日。

家，从业人员近 3 万人，其中包括大量农民工群体，该商圈经济总量占所在区 20%。2008 年成立区域性综合党委，辖党组织 13 个、党员 203 名。2011 年获评全国先进基层党组织，被评为浙江省"创先争优闪光言行月度之星"。商圈党委依托行业统建、片区联建、挂靠组建，向规模以下企业延伸，形成"区域建党委、楼宇建支部、楼层建小组"的网格化组织覆盖模式。建成 2 700 平方米的天一广场党员服务中心，拓展党员服务中心功能定位，构建以党建为龙头，群团、综治、经济等部门参与的综合性服务体系。建立"组织共建、党员共管、设施共享、活动共办"的协调机制，吸收 2 800 余家区域共建单位和 970 名辖区党员参与商圈党建共建，宁波市"两新"组织党员锋领指数考评标准如表 5-2 所示。

表 5-2　　"两新"组织党员锋领指数考评标准

指数		考评参考标准
基本指数 80 分	道德品质 20 分	政治立场坚定，在思想上、行动上和党中央保持一致。模范遵守公民基本道德规范，自觉维护社会治安，营造安居乐业社会环境，遵守法律法规（5 分）；勤奋敬业、守法经营、照章纳税，杜绝见利忘义、侵害职工权益等违背职业道德的行为（5 分）；积极践行孝心、爱心、责任心，家庭关系和谐（5 分）；举止文明、心态健康，坚决抵制"黄赌毒"等不正之风（5 分）
	党内生活 20 分	认真学习中国特色社会主义理论，积极参加党组织举办的各类学习活动（5 分）；按规定参加党的组织生活和各类会议，自觉遵守党的纪律（5 分）；贯彻执行党组织决定，履行党组织交办的各项任务（5 分）；按时足额缴纳党费（5 分）
	履行职责 20 分	认真加强业务学习，全面掌握市场经济等知识，努力成为本职岗位行家里手（5 分）；工作态度、工作作风良好，努力为企业经营发展贡献力量（5 分）；积极宣传贯彻党的政策方针，带领员工共同促进企业技术创新、转型升级、科学发展、企业文化等（5 分）；爱岗敬业，在本职岗位上作出突出业绩，为企业社会创造财富（5 分）

续表

指数		考评参考标准
基本指数80分	奉献社会20分	加强与居住地党组织联系，主动参与各类志愿者活动，深入社会服务发展、服务基层、服务群众（5分）；热心社会公益事业，带头奉献爱心回馈社会（5分）；积极开展结对帮扶活动，为困难群众排忧解难（5分）；定期走访基层，了解社情民意，做好矛盾排摸化解工作（5分）
正向加分（最高不超过20分）		积极向党组织提合理化建议，被党组织吸收、采纳，助推各项工作进展成效明显，视情加分，最高不超过10分；获得各类党内外表彰、行业条线先进个人或专项竞赛荣誉的，按照国家、省、市、区4级，每项分别加10分、8分、6分、4分，党员所属党组织荣获各类党内先进称号的，按照国家、省、市、区4级，每项分别加8分、6分、4分、2分；在抗击自然灾害等突发性事件中，为保护国家、集体利益或他人生命、财产安全，奋不顾身、冲锋在前的，视情加分，最高不超过10分；积极为社会公益事业出资出力，事迹感人、贡献突出的，视情加10分；重大发明、专著论述、科研成果、文艺作品、工作经验等经实践证明产生明显效益和作用，并得到认可和推广的，视情加分，最高不超过10分
反向扣分		拒不执行各级党委政府的决策部署和所在党组织布置的任务，酌情减5~10分；在党员中搞不团结活动，酌情减5~10分；参与越级上访或群体性事件，每次酌情减5~10分；在处理突发事件、抗灾救险等关键时刻，袖手旁观、退缩不前，酌情减5~10分；其他情形
总体得分		

资料来源：《中共宁波市委组织部关于开展党员锋领指数考评管理深化党员民主评议工作的通知》。

通过打造智慧党务平台，建成"党员通""党联通""党务通"管理系统，宁波市打造的这个"锋领天一"党建数字化平台，实现了基层党员和农民工的教育管理、组织联络。

2."党—基层政府"维度创新。

"基层政府—社会"维度创新就是通过转变基层政府的职

能，实现对城市农民工的有效管理与自治治理。

（1）街道变为社区。进入城市化建设"快车道"和农民工市民化高速期后，街道办事处的职能发生了变化，其机构规模的膨胀已远远超出了派出机关本身所能涵盖的范围，超出了其作为城市社区治理派出组织最初的角色定位和权限范畴，由于街道办事处存在的缺陷明显，进入21世纪后，不少城市纷纷试点撤销街道办事处。例如，2010年7月，铜陵市被安徽省委确定为全省社会管理创新综合试点市。铜陵市主城区铜官山区启动了"区直管社区"的综合体制改革。这次改革的核心是撤销街道办事处，变"市—区—街道—社区"四级管理为"市—区—社区"三级服务。原有的49个社区整合成18个社区，同时撤销原有的6个街道，在全区范围内实行"区直管社区"。直管打破了现行的区、街道、社区三级城市基层管理体制，将计划生育、民政、社保等服务职能全部下放到新社区，使社会管理和公共服务更贴近居民。2011年1月，铜陵市在总结铜官山区的经验后，开始在全市大规模撤销街道办事处。铜陵模式改革的基本做法是，以转变职能为核心，着力构建区直接服务社区的新型管理体制。核心部分，新社区组织架构为"一个核心三个体系"，即以社区党工委为核心，社区居委会、社区公共服务中心（社区服务中心）以及社会组织三个体系为支撑的整体架构。通过基层政府的扁平化改革，实现了基层政府与群众（包括城市农民工）更直接有效的对接。

（2）街道职能转变。如上海市从2014年开始全面取消街道招商引资职能及相应考核指标和奖励，招商引资的工作由市、区县层面加以统筹。街道经费支出由区政府全额保障，推动街道工作重心切实转移到加强基层党建和公共服务、公共管理、公共安全等社会治理工作上来，这也包括对上海大量农民工的公共服务、公共管理和公共安全等方面的社会治理工作。

在上海市的改革中，原社区（街道）党工委更名为街道党工委,作为区委派出机关,在地区社会治理中发挥领导核心作用。这使街道党工委作为区委派出机关的性质更加明确,街道党工委作为区委派出机关,负责辖区经济、政治、文化、社会、生态文明和党的建设等工作,充分发挥在地区社会治理中的领导核心作用。按照街道职能定位和创新体制的要求,街道党政内设机构按"6+2"的模式设置,并进一步理顺街道党政机构与各中心之间的关系,继续优化和建立完善相关中心。街道的行政编制一般不超过60名,常住人口多、面积大的街道可适当增加,所需编制从市、区两级机关"瘦身"精简的编制中调剂解决。街道的事业编制原则上控制在35名左右(不包含居民区党组织书记事业编制),其中社区事务受理服务中心不少于15名,城市网格化综合管理中心不少于5名,社区党建服务中心核定3~5名。通过取消街道的招商引资职能,街道可以更加专注于基层的公共服务、公共管理和公共安全,这也包括为城市农民工的民生与社会保障提供更好的供给,维护社会的长治久安。

(3)通过基层政府的综合执法平台建设来加强对城市农民工的有效管理。街道体制改革还包括整合执法资源和执法力量,扩大相对集中行政执法权限和范围,探索完善属地管理体制机制,提高基层执法能力。如上海市将社区定位于街道范围,构筑了领导系统、执行系统和支持系统相结合的街道社区管理体制,明确社区管理领导系统,由街道办事处和城区管理委员会构成。街道办事处成为街道行政权力的中心,并成立由街道办事处牵头,派出所、房管所、环卫所、工商所、房管办、市容监察分队等单位参加的城区管理委员会。又例如,作为南京市委、市政府第二轮综合改革部署的先试先行区之一,建邺区于2014年11月25日在全市率先启动综合行政执法改革试点——在莫愁湖街道和南苑街道分别成立综合行政执法大队,由原来单一的城管执法,变成16个部门"组团"执法。其中,城管、环保、药监、工商、治巡警、交警6个部门选派执法人员常驻街道,公安、住建、卫生、人社、投促、安监、质监、文化、教育、消防10个区级部门明确执法联络员,随时根据需要参与综合执法,即"派驻执法"和"联合执法"相结合。为保证此项改革工作真正落到实处。建邺区政府还建立了系列保障机制和管理考核机制,从工作经费、执法装备、人员力量上优先向街道倾斜,同时制定了相关工作制度、管理考核及人员轮换制度,确保综合执法效能,严格落实执法责任制。街道综合行政执法大队由各街道书记担任政委、主任担任大队长,分管副主任担任常务副大队长,相关副主任、综治办主任担任副大队长。① 通过建立基层政府的综合执法平台,对城市农民工的"一站式服务"得到完善,城市农民工由此享受到更加便捷的公共服务和社会相关保障。

3. "基层政府—社会"维度创新。

"基层政府—社会"维度创新主要表现为农民工市民化过程中基层协商民主发挥的作用。

(1) 通过基层协商民主实现农民工的社区自治。该类型协商集中于农村"两委"和城市社区,围绕着农民工居民切身利益相关的社区事务展开。农民工居民通过各种协商议事平台参与到这些微实事的管理过程中,经由充分的讨论、协商,达成解决问题的共识,这不仅满足了农民工日益增长的利益表达与政治参与需求,也在公开的讨论与坦诚的交流中协调不同利益主体间的关系,化解基层矛盾并形成社区自我管理、自我监督的自治氛围。由于农村两委或城市社区长期的自治传统,农民工居民在日常生活中培养出了较为普遍的参与体验和民主意识,在碰到社区发展的重大决策或疑难问题时,经常会自发性或探索性地形成相应的协商平台或议事规则,并且在随后的社区治理中不断将其制度化。

各地实践中相关的协商案例包括杭州市德加社区的"模拟道

---

① 《南京建邺全面推行街道综合行政执法》,人民网,2015年2月4日。

德法庭"、南京市鼓楼区的"社区党员议事会"、厦门市海沧区的"乡贤理事会"以及各种社区议事会、民主议政日等。部分依托于现有的农村两委或社区自治组织结构,在村民代表大会或居民代表大会的基础上增加议题内容、开放参与机会并将会期常态化,使社区民众关心的议题能够得到公开和充分的讨论;此外有些协商平台是在现有自治结构外另行组建的,例如,南京市鼓楼区的社区党员议事会,是在社区党组织牵头下,依托社区党员服务站定期召开的协商议事平台,参与议事的主体大多根据议题内容进行选择;厦门市海沧区的乡贤理事会则是在村庄再造议题中自发形成的,主要依托村内威望较高的村民(可能是返乡农民工及其亲属)、网格员等组成;而杭州市德加社区的模拟道德法庭则是利用网络虚拟空间构建农民工业主间、业主与居委会、业主与物业公司间的信息沟通、农民工居民议事以及监督投诉平台[1]。

(2)通过基层协商民主建立起农民工诉求与基层政府回应的常备机制。这一类型的基层协商更多表现为地方政府与辖区农民工之间,矛盾双方之间(如劳资纠纷等)的沟通与协商。社会转型是一个复杂过程,即要求政府从总体性社会中解脱出来,扮演有限政府的角色,同时又要求政府从"服务性政府"出发,对经济发展负责,这必然使之更多地介入农民工日常的社会生活中。地方政府为满足民众需求、化解官民矛盾经常会主动搭建平台,为农民工提供利益表达的渠道,同时倾听和回应农民工的诉求。吉林省安图县的"民意裁决团"就是政府主动搭建农民工群众诉求服务中心,议事代表通过自荐和推荐的方式产生,诉讼双方在议事代表的监督下进行辩论,还进行全过程的电视直

---

[1] 郭夏娟、吴理俊:《城市社区治理中的道德调控——来自杭州市德加社区的实践》,载于《浙江社会科学》2005年第5期。

播。① 此外地方政府也会利用不同组织力量搭建这个诉求沟通渠道，例如，深圳市和重庆市垫江县就动员起党代表、人大代表和政协委员，通过它们组建"两代表一委员"工作室，定期接待民众（包括农民工），调研居民（包括农民工）所关心的重大议案，将基层群众和农民工诉求及时输送到地方政治系统中。

(3) 通过基层协商民主建立起基层政府为农民工决策咨询的机制。这类型协商围绕基层政府的公共决策进行，根本出发点在于提高政府决策的科学性和民主性，通过构建协商议事平台为农民工提供表达真实需求与偏好的机会，通过把握农民工真实意愿来增强公共服务供给与受益者之间的匹配性，提高公共服务的效率和质量。基于决策咨询的协商平台通常是由地方政府主动构建的，在重大公共事项决策前召集政府职能部门、利益相关的农民工代表以及专业性机构进行协商。浙江省温岭市的重大公共决策"民主恳谈"制度是运行较为成熟的协商平台，议题是由乡镇讨论形成的近期重大公共事项，通过引入菲什金的"协商民意测验"技术，通过随机抽签产生代表，"两小两大"的分组讨论以及主持人培训，协商结果的问卷测试将协商的过程规范化和技术化。

（二）农民工市民化的流动人口管理创新

关于农民工市民化的流动人口管理创新，有必要先从逻辑上加以界定。

一是农民工和流动人口之间的关系。一方面，农民工是从农村到城镇打工的劳动力，从逻辑上说都属于流动人口；另一方面，流动人口不都是农民工，比如因家庭或子女在异地而到外地暂时居住却不工作的人群，也属于流动人口，但却不是农民工。

二是农民工市民化和流动人口管理之间的关系。一方面，农

---

① 李云芳：《吉林安图民意裁判团调查：让老百姓投票破解信访难题》，载于《东方早报》2014年1月13日。

民工属于流动人口,而市民化了的农民工却不再是流动人口,因为市民化了的农民工已经通过户籍或其他方式成为城镇居民,不再属于流动人口的范畴;另一方面,农民工市民化这一过程本身,实质上是流动人口管理的一种手段。其背后的逻辑在于,流动人口管理的关键是确保流动人口的社会稳定,而农民工属于流动人口,因此确保农民工的社会稳定性的重要手段之一就是使其在流入地定居下来即实现农民工的市民化。

界定了农民工和流动人口,以及农民工市民化和流动人口管理之间的逻辑关系之后,我们有必要进一步探讨一下流动人口的基本特征、管理方式和措施。因为农民工和流动人口之间在逻辑上是属种关系,因而流动人口所具备的基本特征、管理方式和措施,在逻辑上也很大程度体现了农民工迁移过程的基本特征。因此,我们可以且有必要从流动人口的基本特征、管理方式和措施切入来探讨农民工迁移过程的基本特征、管理方式和措施。须注意的是,农民工迁移过程的基本特征、管理方式和措施,并不一定是农民工市民化的基本特征、管理方式和措施;但农民工市民化的基本特征、管理方式和措施,在很大程度上属于农民工迁移过程的基本特征、管理方式和措施的范畴。

1. 当前我国人口流动的基本特征。

(1)人口流动规模持续上升,乡城流动主体地位更加突出。一方面,人口流动规模持续上升表现在,按 2005 年全国 1% 人口抽样调查数据,调查时流动人口总数为 1.95 亿人,占全国总人口的 14.88%。根据 2010 年第六次人口普查数据,全国流动人口总数为 2.44 亿人,占全国总人口的 18.27%。最新数据显示,2015 年全国流动人口规模达 2.47 亿人,占全国总人口的 18%,相当于每 6 个人中有 1 个人是流动人口[①]。

---

① 国家卫生和计划生育委员会流动人口司:《中国流动人口发展报告 2016》,新华网,2016 年 10 月 19 日。

另一方面，乡城流动主体地位更加突出体现在，按户籍所在地，将户籍在乡或镇的村委会的人口归为乡村流出人口，将户籍在镇的居委会或街道的人口归为城镇流出人口，那么2005年其中乡村流出人口1.19亿人，占总流动人口的61.3%，乡城流动人口0.96亿人，占乡村流动人口的80.2%，占总流动人口的49.2%。至2010年乡村流出人口有1.53亿人，占总流动人口的63.0%。其中，乡村流出人口中的83.7%是流入城市，因此乡城流动的人口占总流动人口的52.7%。

通过比较可以看出，流动人口的规模、比重都在上升，乡村流出人口的比重与乡城流动的比重也在上升。因为流动的标准是户籍与居住地是否一致，所以流动人口规模、比重的增加，以及乡城流动主体地位的上升，都意味着"人户分离"状况更显著。在基本公共服务和其他福利均与户籍挂钩的情况下，特别是在福利差距主要存在于城乡户籍之间的情况下，公共服务、福利供给与人口分布脱钩的问题也就更加突出了。

（2）流动人口更加集中于东部地区。研究表明，从1985~1990年、1995~2000年、2005~2010年三个时期按常住地址变动衡量的跨省人口流动的流量，包括各时期的流动人口规模与分布可以看出，从流出地角度看，流出人口最多的5个省份在全国跨省流动人口中的比重经历了先升后降的变化，在由31.4%上升至52.9%后又降至44.3%。从流入地角度看，广东、浙江、上海、江苏、北京三个时期都是人口流入最多的5个省（市），人口流入量增加的同时，5个省（市）在全国跨省流动人口中的比重也逐步上升，由1985~1990年的32.8%上升至1995~2000年的62.5%，2005~2010年又提高至65.1%[①]。

最新研究显示，2013年，东部地区流动人口占全国流动人

[①] 杜旻：《我国流动人口的变化趋势、社会融合及其管理体制创新》，载于《改革》2013年第8期。

口的比例为75.7%，西部地区为14.9%；2015年的相应比例分别为74.7%和16.6%。东部地区依然是流动人口最集中的地方，但占比有所下降，而西部地区占比有所增长。东部地区的流动人口以跨省流动为主，2013年东部地区跨省流动人口的比例为88.2%，2015年相应的比例有所降低，但仍达87.7%。[①]

（3）流动人口中以劳动力为主，尤以农民工为重要组成。2011年"流动人口动态监测调查"的抽样覆盖全国31个省（区、市），样本包括12.8万个调查对象及其随行（同住）家庭成员的信息，按家庭成员计算的流动人口样本数为31.6万人。其中，来自农村的人口占85%。对基本人口特征的分析表明，流动人口以劳动年龄人口为主，发生流动的主要是劳动力而不是家庭。流动人口平均年龄为27.8岁，0~14岁儿童占19.7%，60岁及以上老年人仅占0.5%，15~59岁劳动年龄人口占79.8%，其中又以25~49岁人口为主，占样本人口的59%。[②]此外，农村留守儿童和留守老人的情况普遍存在，则可以从反面证实劳动力的外流。2015年12月~2016年1月，国家卫生计生委在河北、辽宁、吉林、黑龙江、江苏、浙江、安徽、河南、广东和四川10个典型省份开展了流动人口卫生计生服务流出地监测调查，结果显示，留守儿童（由于外出打工等原因，父亲或母亲至少一方跨县外出的0~17岁居住在户籍地的儿童）占农村儿童总体的35.6%，其中安徽、河南、四川三省跨省流出集中地区留守儿童比例较高，达43.8%；青壮年劳动力的外出同时导致留守老人的出现，留守老人占老人总体数量的31.8%。[③]由此可见，数据统计的85%的流动人口来自农村，且流动人口以青壮年劳动力为主，这恰恰构成了农民工的重要特质。在某种程度

[①③] 国家卫生和计划生育委员会流动人口司：《中国流动人口发展报告2016》，新华网，2016年10月19日。

[②] 杜旻：《我国流动人口的变化趋势、社会融合及其管理体制创新》，载于《改革》2013年第8期。

上可以说，农民工是流动人口的重要组成。

（4）流动人口家庭化趋势显现。从配偶随迁情况看，人口流动的家庭化趋势已经显现。在调查对象中，已婚人口占63%，其中的85%与配偶居住在一起。调查对象在流入地居住时间越长，配偶随迁的比例也越高。在居住时间不足1年的已婚调查对象中，72%的人口有配偶随行，而在居住时间超过10年流动人口中这一比重增长至91%。分地区看，中部地区已婚调查对象配偶随迁比例最高，西部最低。在流入地居住时间不足1年的已婚调查对象中，配偶随迁比例的地区差距最大，中部地区为78%，东部和西部都在70%左右，东北地区只有58%；当在流入地居住时间增至2～3年时，配偶随迁的比例在各地区都迅速上升至80%以上，地区间差距明显缩小；在流入地居住时间达10年以上的已婚调查对象中，除了西部地区，配偶随迁比例都在90%以上。[①] 流动人口家庭化趋势的显现，实际上为农民工市民化打下了基础。

2. 当前我国流动人口管理的转型创新。

（1）从区别对待管理向服务型管理转变和创新。长期以来，我们对外来人口实行的是区别对待管理：在登记、就业等过程中，设置了"外来人口分类管理制度"等带有计划经济思维观念的种种措施，忽视了外来人口对社区各项事务的参与和对他们的服务引导，以至于外来人口作为普通公民没有得到应当有的国民待遇，大量外来人口游离于社会保障、教育宣传、政治参与等边缘。因此，外来流动人口理应得到相应的服务和公平对待。我们要转变管理观念，树立管理就是服务的理念，纠正长期以来强调惩罚和限制看轻保护和服务，主动为外来流动人口在就业、住房、子女教育、选举等方面提供服务；积极为外来流动人口提供

---

① 杜旻：《我国流动人口的变化趋势、社会融合及其管理体制创新》，载于《改革》2013年第8期。

安全保障和良好的生活环境；在法律框架内，保护他们的权利和利益，建立适应于流动人口的社会保障制度，尤其是社会福利制度，使他们充分参与到城市的管理中来，提高外来流动人口社区建设的参与性和积极性。

（2）从行政化管理向法制化管理转变和创新。以前我们的流动人口管理多是依靠各级行政机关、行政条令等来进行，从而难免出现"人治"的情况。要使人口有序化、正规化、法制化，依法管理才能实现管理目标。因此，外来流动人口的管理应严格纳入法制化轨道，制定相应的政策配合，修改不合时宜的条款。要落实外来流动人口的就业政策、社保政策、受教育政策、住房政策，对外来流动人口的合法利益进行保护。应明确对外来流动人员保护的活动和项目以及限制或取缔的活动和项目，对后者进行专门研究。同时，规范相应的管理部门和管理者的行为，纠正粗暴式的管理方法。

（3）从粗放型管理向集约型管理转变和创新。我国以前对流动人口管理是粗放型的：基本情况不明确，动态不掌握，应对不及时。外来人口管理应明确重点，强调重点，狠抓重点人口，进行有效管理。通过对外来人口的工作地点和落脚点进行网络化管理，把外来人口纳入城市管理的范围。公安机关，城管机关，社会保障机关应竭诚合作，建立高效迅速地集约型外来人口管理新模式。这种集约型的管理模式主要包括：一是建立、健全流动人口计划生育调查统计工作。二是真正落实社区管理，把责任分配到社区：即利用社区的有效资源，把外来人口和当地人口一同纳入社区服务管理的正常轨道，进行同等的服务和管理，对有条件的社区辅之以集中居住的服务管理方式，努力实现社区居民（包括社区内所有外来人口）"困有所帮、难有所帮、需有所帮"。

（4）从专门化管理方式向社会化、市场化管理方式转变和创新。以前的流动人口管理多是公安、劳动、计生等部门负责，管理主体较单一，社会化、市场化不够。现在应当建立一种新的人口管理制度，充分发挥市场在资源配置尤其是劳动力资源配置方面的作用。与市场机制相适应的流动人口管理方式特征如下：一是变重行政化轻市场化为重市场化轻行政化，新的管理方式充分发挥市场的利益引导机制，使各方面人群积极服从管理，参与管理。二是原来的管理对象地位得到提升，外来流动人口变被动为主动，积极成为管理的主体之一，实行自我管理。三是各管理主体之间进行明确的权利分配，责任划分。

3. 当前我国流动人口管理的基本模式[①]。

（1）以房管人。暂住证的取消并不意味着流入地政府对流动人口的属地管理职责也随之取消。首先，流入地政府对流动人口的信息收集有利于摸清底数，为城市经济发展和公共服务供给提供准确信息，其次，流动人口的治安管理、出租房屋的安全隐患排查以及劳动纠纷等问题仍是流入地政府的重要管理职能。在暂住证取消后流动人口不再需要主动向公安部门登记，如何对流动人口进行管理，北京、深圳等一些城市开始探索"以房管人"模式，目前这种制度创新已经在全国范围内得到有效的扩散。

"以房管人"的核心就是将流动人口与所居住（购买或租赁）的房屋关联起来，以其居住的落脚地（在大城市主要是出租房屋）为载体对流动人口进行管理，而管理内涵也由单一的治安管理扩展至安全隐患排查、社会保障、就学就业、医疗卫生和计划生育等多个领域和综合管理内容。深圳市最早开始探索"以房管人"，2003年在深圳市、区两级综治办下设"出租屋综合管理办公室"，在街道成立出租屋综合管理所、部分村居设立出租屋综合管理站，共四级，全面负责房屋租赁、承租人信息采集以及租赁管理费用和税收的征收工作。同时将原有的房屋租赁管理人员和公安流动人口户管员两支队伍进行整合，组建为出租屋综

---

① 本小节由中国人民大学国家发展研究院博士后林雪菲撰写。

合管理队伍。① 2006年深圳市南山区将基层社区出租屋管理站的职能连同人员并入社区工作站，称为"街道事务综合协管员"，对固定社区进行更精细化的信息收集和安全隐患监管。随后深圳市进一步委托技术公司开发了全市统一的房屋租赁综合管理系统，使得数据传输和统计比较更为便捷明了。②

这一模式目前已经被许多城市普遍采纳，只是在机构设置和运行机制上有操作性的差别。外来流动人口最显著的特征就是流动性，以居住空间为载体进行管理和服务相较于以生产空间而言更为稳固，而且可以依托现有街道、社区（村）等基层组织的属地化管理职能进行延伸，覆盖面较为全面，可操作性也较强；同时将各类型公共服务加载到管理职能中，有效地扩展了对外来流动人口的管理内涵。然而从本质上来看，这种模式仍然延续着原有的管控型思路，它所能够加载的公共服务相对有限，而且是政府单向供给的，与该群体间的个性化、自发性需求可能存在错位。

（2）区域协作。地缘关系在流动人口的社会关系中是重要的联结纽带。这种同乡、邻里的关系经常具有连锁的带动效应，于是经常可以看到亲戚、同乡共同在某个城市或地区集聚，从事相同的行业；由于传统的乡土习惯和地缘感情，这些流动人口多选择自发性地聚居在一起。例如，北京市的"浙江村"、广州的"新疆村"等都是明显的例子。有研究表明在流动人口的组织化维权行动中，"基于地缘的社会关系网络是最重要的非正式组织基础"③。

由于明显的地缘特征，有些地区开始探索在流入地与流出地

---

① 傅崇辉：《流动人口管理模式的回顾与思考——以深圳市为例》，载于《中国人口科学》2008年第5期。
② 苏熠慧：《城市化进程中国家与流动人口的关系——以深圳市流动人口管理模式的变迁为例》，载于《甘肃行政学院学报》2011年第2期。
③ 王金红、黄振辉：《制度供给与行为选择的背离：珠江三角洲地区农民工利益表达行为的实证分析》，载于《开放时代》2008年第3期。

建立信息沟通、职能合作的区域化协作模式。安徽省是人口流出大省之一，在六安霍邱县探索的"六安模式"是目前较为成熟的区域化协作实践。霍邱县自2008年开始探索跨区域的流动人口管理，改革的触发点是对流动人口卫生计生管理的困境，流出地管得着但看不见，流入地看得见但是管不着，在这种情况下，霍邱县主动联系集聚大量本地流出人口的浙江乐清县，构建两地区域协作、资源共享的工作机制。具体而言，首先是"四位一体"的组织架构，乐清—霍邱流动人口计划生育协会、党支部、安徽省—浙江省流动人口区域协作乐清工作站以及民办非企业单位；其次是跨区域的计划生育证件办理以及服务，为流入乐清的安徽籍流动人员办理或免费代办《流动人口婚育证明》《康检证明》等证件，开展健康体检、生殖健康讲座等。目前其服务范围已经从计划生育扩展为独生子女保健费发放、驾驶证等证件代领、法律咨询和援助，以及纠纷调解、欠薪催讨等方方面面。这种类似的区域协作性组织已经从安徽扩散至四川、湖北[①]、河南等人口流出大省，形成一种长效化的运作机制。

这种区域协作突出的优势就是打破针对流动人口的公共服务在流出地和流入地的断层，通过区域间的协调合作实现信息互通、资源互补以及双向管理。但是这种区域化管理涉及跨省或市间的复杂关系，它相对于省域或市域内的协调而言具有更大的难度，也需要更强有力的协调领导机制和更丰富的人力、行政资源作为支撑。目前大多是在市或县层面碎片化、分散式的零星探索，尚未形成省域间的常态化、成规模的联系机制。

（3）积分落户管理。曾经的暂住证是一种政府管理导向下的居住证明，而户籍则是一种市民身份的象征，背后打包着城市政府供给的一系列公共服务。部分城市基于两者之间出台居住证

[①] 罗卫国：《创新流动人口区域化管理、推动流动人口均等化服务》，载于《人口与计划生育》2014年第9期。

制度，拥有居住证能够享受部分公共服务与参与社会事务的权利，更重要的是通过一套积分落户的规则安排，持有居住证者具有获得这个城市户籍的机会。总而言之，它为流动人口获得城市户籍和市民身份开放了更大范围的通道。目前这种政策在广东、上海两省市已经完成试点探索工作，而北京市也于2015年出台相关政策，进入方案设计和细则论证环节。

广东省中山市流动人口积分制管理指标由3个一级指标构成，分别为基础分、附加分和扣减分部分。这3个一级指标又可以细化为20个二级指标，它们综合反映了中山市流动人口各方面的能力水平，是计量和评估中山市流动人口积分的基本依据。[1] 达到一定分数标准的流动人口（或农民工），就可以在中山市落户。上海市在2009年2月出台《持有〈上海居住证〉人员申办本市常住户口试行办法》，规定来沪创业、就业，并持有《上海市居住证》的境内人员，符合条件都可以申办上海市户口。在条件设置中区分了申办条件和激励条件，其中有三个必须同时满足的关键内容：持有居住证满7年，缴纳城镇社会保障满7年以及拥有中级以上专业技术职称。[2] 由此可以看出，上海市"户籍新政"具有很高的门槛，许多外来流动人口无法获取中级职业技术职称。广东省中山市也于2009年开始实行更加精细化、多元化的积分管理入户的办法。2010年广东省在中山市试点基础上尝试在省内推广该模式。具体来说，流动人员积累一定的分值就可以获得城镇户口或子女入学指标。积分标准由基础分、附加分和扣减分三部分组成。在考虑个人素质、工作经验和居住情况等基础内容外，对急需人才、专利创新、荣誉奖励、慈善公益

---

[1] 郭建玉：《农民工市民化的新思路——对中山市流动人口积分制管理的解读》，载于《江西农业大学学报》（社会科学版）2010年第3期。
[2] 《市政府印发持有〈上海居住证〉人员申办本市常住户口办法》，上海市人民政府网站，2012年2月22日。

和投资纳税等内容加分，而对违法犯罪和其他违法行为扣减分。[①]

积分落户政策可视为渐进式改革，它在理论上为外来人口提供平等而公开的进入路径，也提供了更多元化的可能性，不会因某一缺陷而阻断申请，因而具有较高的社会支持度，同时它也为政府留存了对外来人口市民化进程的控制能力。

积分落户在具体操作中也遭遇到一些问题。例如，增加相关职能部门的政策实施与社会管理成本、存在部门扯皮、存在争议较大的奖惩加分事项、指标控制与外来流动人口规模和需求不相匹配等。[②] 该政策主要适用于超大城市。在《国务院关于进一步推动户籍制度改革的意见》中明确规定全面放开建制镇和小城市落户限制、有序放开中等城市落户限制、合理确定大城市落户条件[③]；只有在特大城市，由于严格控制其人口规模，户籍仍旧属于稀缺资源，城市政府才对流动人口落户有较大的选择性和裁量权，这种政策才有施行的空间；而在中小城市这种条件并不存在。换言之，落户的行政门槛很低，更多取决于外来人口的个人选择和意愿。

（4）流动人口协会。流动人口管理是个复杂的综合性工程，政府所能提供的更多的是规制性或底线的社会保障，很难满足不同群体在特定情景下的个性化需求，更重要的是政府内部条块分割的组织结构导致政府内部的协调和配合存在困难，无形中提高了政府的内部协商成本。在这种背景下部分地方政府开始尝试建立流动人口的自组织，发挥其自我管理、自我组织和自我约束的作用。

浙江是较早实践的省份，2002年温州市塘下镇陈宅旺村在

[①] 《关于开展农民工积分制入户城镇工作的指导意见（试行）》，广东省人民政府网站，2010年6月23日。

[②] 赵德余：《广东积分落户管理政策的经验及其对上海的启示》，载于《科学发展》2013年第8期。

[③] 参见《国务院关于进一步推动户籍制度改革的意见》，中国新闻网，2014年7月30日。

政府推动下成立"外来人口协会",其主要是为外来人口提供包括法律宣传、政策咨询、维护权益、解决劳资纠纷以及相互扶持等服务内容。① 随后无锡市广瑞路街道、广州市天河区、福建连江县等地相继在不同层级成立各种称谓的流动人口协会。这些协会大多将自身定位为政府与流动人口间的联通桥梁,首先为政府实时掌握外来流动人口的动态信息提供更为准确和及时的来源;同时也借由政府资源为外来人口提供基础性的服务,例如,办理暂住证、子女就学、协助就业就医等,帮助他们切实解决在生活中的各种困难;最重要的是对于有些协会而言,在这过程中协会内部形成内在的互助环境,基于对协会以及会员间的信任,许多会员由此迅速融入当地社会,在为他们提供心灵依赖的同时也促进了社会的稳定和谐。

流动人口协会的组织性质使之具有更为灵活、多元化的服务供给方式,这是政府科层组织结构下所难以生产的。然而,在中国现有的国家—社会结构下,农民工自组织的发育不可能是自下而上的,必须要借由政府资源的扶持并拥有合法性的身份,这使得这些组织的成长在一定程度上依赖于地方政府的主动性与管理认知。所以尽管出现较早,流动人口协会在国内仍处于萌芽阶段。它的发展不仅依赖于地方政府,也依赖于流动人口社会参与意识和参与能力的提高,如何处理地缘和协会的关系,如何处理政府资源与社会代表的关系,如何尽可能地吸收并形成协会的组织资源,这些都是流动人口协会在进一步发展中需要思考的关键环节。

4. 未来我国流动人口管理的目标。

(1) 实现流动人口的动态管理。我国传统的户籍制度是一种静态管理制度,采取由户及人的运作方式,主要反映的是以家

---

① 陈丰:《城市化进程中的流动人口管理模式研究》,载于《求实》2008年第12期。

庭为单位的静态信息，无法反映家庭中每个成员的动态信息。在现行管理体制下，一般地，除了10年一次的人口普查和不定期的大规模人口抽样调查之外，很难通过其他渠道获取"人户分离"人口的准确数据。因此，在城市流动人口规模如此巨大的情况下，要想实施有效管理，就需要对传统的静态管理进行改变。应对"人户分离"人口以现居住地作为管理的立足点，建立属地化的人口管理模式，全面掌握属地内居民的人口信息，定期跟踪人员的变动情况，实施动态管理。从长远看，人口流动的常态性，要求对流动人口的管理也应该是常态的制度性管理。流动人口统计数据的获取以及对实有人口的全覆盖式管理具有重要的意义。但是，目前流动人口的数据获取以及对实有人口的全覆盖式管理存在许多问题。一是以条线为基础的流动人口统计既相互交叉又存在遗漏，各个条线的人口统计与实际情况存在很大偏差。二是依靠每年一次的流动人口调查来获取流动人口数据执行成本太高。三是即使有办法获取流动人口数据，在实际工作中以户籍为基础的人口管理制度也难以对实有人口进行全覆盖、动态式管理。[①] 因此，加强流动人口的制度性管理，最有效的办法是加强居住地管理，建立相应的全覆盖的常住人口统计和管理体系。

可以说，居住地管理体制是对人口进行有效管理和统计的基础性制度。实施常住人口的居住地登记制度，逐步实现户籍人口和流动人口管理的平稳对接，是城市人口综合管理的基本目标。因此，应逐步剥离依附于户籍制度之上的各种利益与现有流动人口管理的部分成本，并使之最终转化为按居住地登记的常住人口的社会福利。对于基于社区层面的居住地人口登记制度，由于其本身是人口信息数据库和人口管理网络建设的基本内容，因此在管理过程中，各职能部门应通力合作，建立与之相联系的信息共

---

① 郭秀云：《流动人口市民化的政策路径探析——基于城市人口管理创新视角》，载于《中州学刊》2008年第4期。

享和数据更新机制,这是实施有效的动态管理的必要环节。

(2)完善流动人口的信息化管理。一方面,从系统输入论角度来看,要规范流动人口信息采集对象和内容——为提高信息采集的覆盖面,在流动人口信息采集的对象与范围上,凡没有本地户口,在本地经商、务工、购房居住、租住、寄住等外来人员均为信息采集对象;拓宽流动人口信息采集渠道;完善对于以出租房屋为重点的流动人口落脚点的信息采集。另一方面,从政府主体能动角度而言,要加强流动人口综合信息数据库建设,有利于政府加强对流动人口的宏观管理,提高政府对犯罪活动的打击力度,有效提升政府办事效率,满足企事业单位和市民对流动人口信息的多层次、多类型的长期需要。[1] 此外,从信息共享角度而言,要加强全国范围的流动人口信息共享工作,把城市流动人口服务管理信息化与国家人口信息系统建设结合起来,实现全国人口信息管理"一盘棋",因为大部分城市流动人口服务与管理都是针对本辖区进行的,流动人口的信息采集依托本地基层的登记机构完成,随着全国人口基础数据库的建设,城市流动人口管理与服务可以从"大人口"的角度开展相关工作,如流动人口异地数据查询、流出地查询、流入地数据资料反馈回流出地等,节约社会管理成本,形成流动人口管理与服务信息化建设的协同和共享机制。

(3)推进流动人口的扁平化管理。以往流动人口管理的一个弊病是,管理层级较多导致管理效率较低。例如,出现突发群体性事件,按事件上报流程则是从农村两委或社区——乡镇或街道——区县——地市,这样一来势必延缓了政府相关部门的决策时间,降低了决策效率。扁平化管理的核心就是压缩中间环节,使得政府相关部门的决策和处理能够快速进行。一方面,通过流

---

[1] 王进孝:《关于城市流动人口服务与管理信息化建设的思考》,载于《电子政务》2011年第4期。

动人口信息化综合服务平台的建立，运用"智慧城市"方式和手机 APP，使得突发事件能够同步到政府各个层级，而不必像以往那样逐层传递。另一方面，把流动人口管理和基层社会治理的网格化治理相结合，压缩不必要的管理层级，提升管理和服务效率。例如，在河南省安阳市，其流动人口管理在层级管理的基础上，拓展了"1+3+N"的人口服务工作模式，即"1（1个网格小组）+3（1名社区网格管理员、1名网格督导员、1名网格社区民警）+N（驻地党员、两代表一委员、楼院长、志愿者等）"。网格管理员人手一本民情日记，负责社情民意的收集、整理、矛盾纠纷的排查、问题的处理等，使信息能够及时被掌握；网格督导员以督导检查为主，同时协助网格管理员处理日常事务，使信息能够及时上传下达；网格社区民警配合街道和社区做好流动人口计生的政策咨询、教育培训、助老助残、民事纠纷，等等。N个服务团队则充分利用他们热心公益、威信高、能力强的特点，通过公共、市场、志愿三种服务方式，提升了流动人口的管理效率。

（4）加强流动人口的社区管理。其目标在于实现流动人口的自我管理，与我国基层治理中的农村两委和社区实行的群众自治相一致。一是以"条块"体制为切入口，改革基层流动人口管理机制。以块为主，即以社区为主，对辖区内所有单位实行统一领导。除"街道"外，理论界还从"居委会"的层次解释"社区"，提出居委会等社区自治组织应发挥监督作用，拓宽服务领域，做好与有关部门的信息交流工作。"条条"保证，即各部门、系统对本部门、本系统的流动人口管理工作实施管理、协调、检查和监督。条块结合，即在各级党委、政府的统一领导下，"块块""条条""单位"在各负其责的前提下，互相支持、互相配合、互为补充，同心协力做好流动人口管理工作。二是重构社区流动人口服务管理职能，构建社区层面的属地化管理体系。目前我国流动人口管理体制中最大的问题，就是社区在流动人口管理体系中的缺位。社会管理创新背景下流动人口社会管理体制的改革,必须突出社区的主体性地位,重构社区流动人口服务管理职能,构建社区层面的属地化管理体系。三是完善社区经费保障机制,健全社区服务多元化投入机制。加大对社区的经费投入,是完善社区服务管理机制,实现流动人口社区化管理的基本保障。社区流动人口服务管理的经费保障工作,应坚持从实际出发、合理充足、保障的原则,将社区办公经费、社区工作人员岗位补贴、社会保险、社区基础设施建设、社区信息化网络建设等社区专项经费按照财权和事权划分相应纳入政府财政预算,并随着经济发展和社区工作需要相应增加。四是探索"政—社"合一的流动人口自我管理新举措。城市外来人口管理陷入困境的一个重要原因在于,城市外来人口管理中的横向联系的缺乏与社会中间组织的缺位。根据城市发展的一般规律,城市管理中的公共事务不应也不能由政府完全包办。为此,可以通过社会中间组织特别是外来人口自组织在外来流动人口自助和互助性横向管理中的作用。社会中间组织参与公共服务是现代公共管理不可或缺的重要环节之一,也是城市公共管理现代化的必然要求。尤其是在城市化迅速扩张、城市外来人口规模不断扩大的情况下,应当加快社会中间组织的培育发展并发挥其在城市外来人口管理中的作用。社会中间组织介于政府和社区公众之间,这决定了它们在发挥服务、沟通、公证和监督职能方面具有独到的优势。社会中间组织的独立、公开、公平、公正的行为准则,也决定了它们在承担人口管理特别是外来人口管理方面的有效性。[1] 因此,要充分发挥社会中间组织在外来流动人口管理中的优势和有效作用。

---

[1] 郭秀云:《流动人口市民化的政策路径探析——基于城市人口管理创新视角》,载于《中州学刊》2008年第4期。

第六章

中国农村劳动力转移与农民工市民化实践探索和创新对传统理论的挑战与拓展

研究中国的农村劳动力转移与农民工市民化问题，需要以相关理论作为支撑。不可否认的是，关于农村劳动力转移和农民工市民化的早期理论，都来自西方经济学、社会学和政治学等领域。而中国农村劳动力转移和农民工市民化过程中大量的生动案例和经验，并没有成为上述理论抽象的来源素材。通过本书前面关于中国农村劳动力转移和农民工市民化实践探索与创新的梳理和归纳，我们有必要用我国的经验去检验西方既存的相关理论，并在此基础上生发出能够解释中国农村劳动力转移与农民工市民化进程的原创性理论。本章至少尝试做到第一步，即用中国经验去验证并分析西方既存理论的局限，这本身就是一种理论的创新。

一、中国经验验证了古典理论的局限与不足

笔者把农村劳动力转移与农民工市民化相关的最为经典的理论归纳为古典理论，包括完全转移理论、农业有效理论、反刘易斯理论和转移矛盾理论。其中一些相关理论的称谓，在国

内农村劳动力转移与农民工市民化研究相关领域是首次使用，因为笔者认为以往的部分理论称谓并不能很完整地概括理论的本质或新发展。本节主要就古典理论对于中国经验的局限与不足进行分析。

（一）完全转移理论的价值及其对中国经验的局限

完全转移理论，是指发展中国家的农村劳动力最终会完全转移到城市工业部门。其最早提出者是美国经济学家亚瑟·刘易斯（Arthur Lewis），在《劳动力无限供给下的经济发展》中首次提出。发展中国家的劳动力流动和经济发展有特殊性，在于经济结构中两种部门并存，即农业部门和工业部门。前者以传统方法进行生产，劳动生产率低，收入只能维持生计；后者以现代生产方法进行生产，劳动生产率和工资水平超过传统部门。

传统农业部门的剩余劳动力转移到现代工业部门的关键在于资本家的利润投资，因为工人的工资收入很低，仅够养家糊口，几乎没有储蓄。当资本家利润用于投资时，现代工业部门就扩大了。从农业部门吸收的劳动力就增加了。随着资本家利润的扩大，工业部门便会进一步扩张，从而吸收农业劳动力更多。一直到把农业部门的剩余劳动全部转移到工业部门为止。此时农业的劳动边际生产率就会提高，从而农村劳动者的收入也会相应增加。这时工业部门要想雇到更多的劳动力，就必须提高工资水平，以与农业部门相竞争。也就是说，工业部门的劳动供给再也不是无限的，而是像资本一样变为稀缺的。在这种情况下，二元经济就变为一元经济，不发达经济变为现代资本主义经济。[1]

完全转移理论的价值在于以下几方面。一是首次强调了发展中国家经济结构的差异性，较为接近发展中国家的实际，并为探

---

[1] 郭熙保：《发展中国家人口流动理论比较分析》，载于《世界经济》1989年第12期。

索经济发展开辟了一个新的思路。实际上,自刘易斯模型建立以来,出现了许多形形色色的二元经济发展模型,它们都受到了这一模型的影响。二是刘易斯模型把经济增长与劳动力转移有机地结合在一起,与发达国家曾经走过的道路是一致的,因而它是建立在历史经验基础上的,对当今发展中国家制定经济发展战略具有一定的参考价值。[①]

但对于中国农村劳动力转移研究而言,完全转移理论有其局限性。一是逻辑前提与中国实际情况不符。完全转移理论假定劳动力的乡—城流动不需要人力资本的积累,认为所有的劳动力都是同质的,即城市劳动力与农村劳动力、农村转移劳动力与留守劳动力之间在教育、技能、年龄和性别上不存在差异,都具有同质性,因此具有相同的劳动生产率。[②]而中国的劳动力,无论在城乡还是地域上都有显著差异。二是理论假设与中国实际情况不符。完全转移理论把发展中国家经济结构假定为两个部门即农业部门和工业部门。这和中国的经济结构也大相径庭。即使单就中国经济结构而言,不同时期和不同阶段的经济结构也大不相同,如新中国成立初期社会主义改造阶段、改革开放初期计划经济转型阶段,以及20世纪90年代之后社会主义市场经济逐步完善阶段等,其经济结构差异甚巨。就连刘易斯自己也承认,两部门划分的适宜性是指像埃及、印度、牙买加等这样的不发达国家或地区,而非如英国或西北欧这样的发达国家或地区。从理论上说,新古典经济学的分析框架不适宜这些不发达国家或地区。[③]三是理论预测趋势与中国实际情况不符。2004年之后,中国出现了"民工荒"。如果按照完全转移理论的预测,在人口没有发生减

[①] 郭熙保:《发展中国家人口流动理论比较分析》,载于《世界经济》1989年第12期。
[②] 郭熙保、黄灿:《刘易斯模型、劳动力异质性与我国农村劳动力选择性转移》,载于《河南社会科学》2010年第2期。
[③] 王恒彦:《刘易斯模型及相关争论的评析》,载于《技术经济》2007年第9期。

少的前提下，农村劳动力会持续地向城市工业部门转移，而不可能出现劳动力供给不足的情况。如果出现"民工荒"，就应该出现发展经济学上著名的"刘易斯转折点"，它是经济发展进入新阶段的一个重要特征，意味着工资水平上涨，劳动力开始变得稀缺了，这时的资本相对丰富，资本、技术在经济发展中的作用和比例会逐步提高。然而，我们还远远没有观察到这样的迹象。①

（二）农业有效理论对中国经验的不适用性

农业有效理论是对完全转移理论的进一步发展。它最早由美国经济学家拉尼斯和费景汉在20世纪60年代共同提出，强调了工业部门和农业部门的平衡增长，即在发展中国家工业化和农村劳动力转移过程中，农业部门的功能和作用也非常重要。

拉尼斯和费景汉把劳动力转移划分为三个阶段。第一阶段，农业劳动边际生产率等于零。在这一阶段中，农业劳动力转移到工业部门不会遇到困难，因为农业总产出没有减少，从而粮价和工资不会上涨。第二阶段，农业劳动边际生产率大于零而小于农业平均固定收入。在这个阶段，农业仍然存在着剩余劳动，因为有一部分农民的产出要小于他们获得的收入。拉尼斯和费景汉把这部分劳动者连同第一阶段的剩余劳动者一起统称为"伪装的失业者"。他们都必须转移到工业部门。劳动力转移规模越大，粮价越高，工资水平也越高。而工资的持续上涨将会使工业资本家的利润不断下降，最终引起经济增长和劳动力转移过程减缓甚至停滞。第三阶段是农业劳动边际生产率等于和大于农业平均固定收入的阶段。在这一阶段中，农业剩余劳动全部转移到工业部门，伪装失业消失了，农民收入水平像工资水平一样都由市场原则来决定，即由劳动边际生产率决定。这时发展中国家经济就进

---

① 包小忠：《刘易斯模型与"民工荒"》，载于《经济学家》2005年第4期。

入了发达的资本主义阶段。①

农业有效理论的好处是弥补了完全转移理论关于农村劳动力人口转移分析的逻辑缺陷。但该理论本身也有先天性缺陷，尤其对于中国农村劳动力人口转移的分析。原有理论的三个假设条件都和中国的实际情况不符。第一个假设是转型过程中总人口数量保持不变。而作为世界人口第一大国，即使是实行了计划生育，中国的人口增长率仍然为正。第二个假设是工业部门吸收农业人口的数量与工业资本存量成正比。而中国的实际情况是，资本和技术密集型工业的发展减缓了工业部门吸收农村剩余劳动力的速度。第三个假设是在农业劳动生产率不断提高的情况下，农业总产量不变，从而制度工资不变。而中国的实际情况是制度工资随着劳动生产率的提高而提高，推迟了刘易斯转折点的到来。②

（三）中国经验对反刘易斯理论的拓展

反刘易斯理论抛弃了刘易斯提出的完全转移论和拉尼斯、费景汉提出的农业有效论所坚持的农村存在边际产品为零的剩余劳动力和不变制度工资的假定，转而从农业发展和人口增长的角度来研究二元经济结构转化和农村劳动力转移问题。③

反刘易斯理论假定了一个纯农业国家农业发展的两种情况。第一种情况是，人口增长率低于生理最大量。所谓生理最大量是指在现有社会制度和医学水平上能够达到的自然人口增长率，它被假定是一个不变的量。乔根森假定，在这种情况下，农业产出增长与人口增长成一个固定比例。这样人均农业产出保持不变。乔根森把这种情况叫做"低水平均衡陷阱"。如果一个经济处在

---

① 郭熙保：《发展中国家人口流动理论比较分析》，载于《世界经济》1989年第12期。
② 李丽纯、李灿：《关于当前我国二元经济结构转型困境的几个理论问题分析》，载于《湖南省社会主义学院学报》2004年第3期。
③ 张国胜：《中国农民工市民化：社会成本视角的研究》，人民出版社2008年版，第24页。

第六章　中国农村劳动力转移与农民工市民化实践探索和创新对传统理论的挑战与拓展

这个陷阱中，它就不可能存在劳动力从农业到工业的转移问题，所有人口都得从事农业。第二种情况是，人口增长率达到生理最大量。这时，农业产出的增长将有可能快于人口的增长，因为后者已经达到增长的极限。当一个国家农业产出的增长快于人口的增长，农业剩余便产生了。①

反刘易斯理论的特点，一是建立在农业剩余基础上，而不是剩余劳动基础上。如果没有农业劳动力的完全转移，那么也就不可能存在刘易斯等人提出的农业部门劳动剩余了。② 二是劳动力转移的意义不在于劳动生产率的提高，而在于消费结构的必然变化。③ 农业劳动力之所以持续地转移到工业部门，其主因不在于劳动生产率的提高，而在于消费结构发生了变化——对粮食等农业产品的需求是有限的，而对工业产品的需求是无限的；"一增一减"，导致了农业劳动力需求的下降和工业劳动力需求的上升。因而发生劳动力从农业部门向工业部门的转移，也就顺理成章了。三是经济增长决定人口增长，进而决定了农业劳动力的转移情况。正常情况下，人口增长不会超过经济增长；而一旦发生这种情况，那么人口增长会因为资源的短缺和供大于求而自发地降低生育率，使得人口增长再次回落到经济增长水平以下。

但反刘易斯理论的缺陷体现在两个方面。一是有关粮食需求收入弹性的假定。它认为一旦人均粮食产出达到和超过临界最低水平时，人们就把所有增加的收入用于工业品和劳务的消费，而没有增加粮食消费的欲望。这就是说，在存在剩余时，粮食需求收入弹性为零。这个假定显然不符合事实。二是有关人口增长的论述也不符合中国的实际情况。按照其理论，既然人口增长决定于经济增长，那么当经济高速发展之后人口也会迅速增加。但它

---

①② 郭熙保：《发展中国家人口流动理论比较分析》，载于《世界经济》1989年第12期。

③ 张国胜：《中国农民工市民化：社会成本视角的研究》，人民出版社2008年版，第24页。

忽视了政治对于人口增长的重大影响。实行计划生育国策的中国，改革开放之后经济高速发展，但人口增长率虽然始终为正但却逐年下降。

（四）转移矛盾理论与中国经验的不符

转移矛盾理论试图解释发展中国家农村劳动力转移过程中的一对矛盾：为什么大量农村劳动力从农村涌入城市的同时，城市劳动力大批失业？正常逻辑是，农村劳动力大量进入城市，使城市具有了充分的劳动力供给，那么劳动力的价格会下跌，从而导致劳动力工资水平的下降。但实际情况是，一方面供给充足；另一方面需求无法得到满足，其根源何在？

美国经济学家托达罗（M. Todaro）于1969年在《欠发达国家的劳动力迁移模式和城市失业问题》一文中指出，一方面，城乡预期收入的差异有可能导致这种情况发生。农村劳动力转移到城市的一个重要原因，是收入预期。农民不满足于耕地所得收入，希望通过进城打工获得更高收入，而当他们进入城市之后，发现高收入所需的技能是他们不具备的，因而只能从事那些替代性极高的工作，而这些工作往往技术含量低、可替代性高，所以工资也相对比较低，造成了大批农民离开了农村，却无法在城市就业。另一方面，研究发现，人口流动率如果超过城市工作机会的增加率，那么在城乡收入差距很大的情况下，农民离开农村而在城市失业的情况是完全可能出现的。人口流动率很高，意味着这些从农村来的劳动力自身就具有很高的可替代性，其价值自然大打折扣，工资水平就会偏低而无法达到这些背井离乡的农民的预期。于是，他们虽然离开了农村，却也无法在城市找到满意的工作。

转移矛盾理论的特点，一是从问题着手，试图找出解决方案。如果只研究农村劳动力转移本身，就无法解释农村劳动力在离开农村的同时在城市失业的问题，因而它还涉及人口增长情

第六章　中国农村劳动力转移与农民工市民化实践探索和创新对传统理论的挑战与拓展

况、人口流动速度以及农民本身的选择偏好等情况，应当综合考量。二是把城乡差异（即城乡二元结构）纳入农村劳动力转移的研究中，作为研究的自变量之一加以考虑。城乡收入差距加大，使得农村劳动力转移面临更为复杂的局面，即农民进城后不能获得预期的收入而失业。因此，消弭城乡差距成为农村劳动力转移研究中的重要解决方案。

但转移矛盾理论的缺陷在于，一是逻辑假设问题。它假定农村不存在剩余劳动力，这和大多数发展中国家的实际情况不符。① 二是对农村转移劳动力对未来选择的偏好预设和实际情况有差异。它预设城市就业是农民离开农村后的唯一选择，而忽视了农民可能只把城市就业视为选择之一，而一旦由于收入离预期有差距则会选择离开城市，返回农村，或者是其他渠道，如出国打工等。如果是这样的话，那么转移矛盾理论所提供的解决方案就是有局限性的。

二、发展理论之于中国经验的适用性

在研究农村劳动力转移和农民工市民化的相关理论中，有相当一部分是从发展的视角来进行分析的。笔者把这类理论归纳为发展理论，包括劳动力市场发展理论、迁移发展理论、规模发展理论和资本发展理论，其中一些提法可能在相关研究领域中首次使用。本节主要探讨发展理论对中国经验的适用性问题。

（一）劳动力市场发展理论不完全适用于中国经验

如果说古典理论把农村人口转移过程中的劳动力市场视为铁

---

① 张国胜：《中国农民工市民化：社会成本视角的研究》，人民出版社 2008 年版，第 27 页。

板一块的话，那么劳动力市场发展理论则把劳动力市场本身进行了区别对待，按照产业集聚类型进行划分，不仅用以解释成城乡之间劳动力转移，也试图解释国家间劳动力转移等更为宏观性议题。该理论最早由皮奥雷（Piore）在1979年提出。

劳动力市场发展理论把劳动力市场划分为资本密集型劳动力市场和劳动密集型劳动力市场。资本密集型劳动力市场，对劳动力的教育背景和技术要求相对比较高，并且资方提供了较为丰厚的薪酬和社会保障，因而本地劳动力凭借其语言优势、教育背景优势和劳动力技术专业程度优势，将资本密集型劳动力市场所把持；劳动密集型劳动力市场，对劳动力的教育背景和技术要求相对比较低，并且资方所提供的薪酬和社会保障水平也比较低，工作稳定性差，因而本地劳动力常常不愿意从事相关行业，从而导致该劳动力市场的劳动力供需水平失衡，出现了劳动力供给的缺口，由此为跨地域或跨国劳动力转移提供了空间。因此，城乡之间，乃至国家之间的劳动力转移成为可能。

美国的墨西哥移民和古巴移民的相关研究对劳动力市场发展理论进行了验证。墨西哥移民通常在到达美国后从事第二部门的工作，尽管这和受教育程度有很大的关联，但那些工作在第一部门的墨西哥移民比工作在第二部门的收入高出许多。[1] 进一步研究表明，移民职业变动的趋势与劳动力市场分层理论的预测相当接近。在第一部门中，随着移民工作经历、教育程度和职业期望的提高和上升，他们的社会经济地位也在上升；但在第二部门中，仅教育程度可以预测职业状况的未来变动，而且在第二部门中移民的受教育程度给他们带来的回报率仅是第一部门移民的一半。对古巴移民的情况而言，相关研究又在双重部门劳动力市场分层中增加了一个第三部门劳动力市场分层，这一衍生的部门是

---

[1] 赵敏：《国际人口迁移理论评述》，载于《上海社会科学院学术季刊》1997年第4期。

第六章　中国农村劳动力转移与农民工市民化实践探索和创新对传统理论的挑战与拓展

由那些受雇于古巴裔雇主的古巴移民组成。在第三部门工作的古巴裔工人，他们的英语语言能力、教育程度和经历能带给他们相应的回报。在迈阿密，古巴人拥有许多产业，由于大量古巴移民人口的存在和聚集，产生了对一些古巴民族商品和传统服务及文化的特殊需要。而这些商品和服务只能由这些古巴企业来提供。此外，这些由古巴裔雇主开办的企业对古巴移民的吸引比其他企业具有得天独厚的优势。由于这些古巴移民的劳动力价格十分的低廉，使这些企业的产品和所提供的服务非常具有竞争力。在这些古巴裔企业工作的新移民，在他们到达之初非常愿意接受较低的工资，以期获得其他方面的便利和未来的发展。[1]

　　劳动力市场发展理论的贡献在于，它不仅仅打破了传统研究劳动力转移问题时把劳动力市场不加区分地加以分析的弊病，还为城乡和跨国劳动力转移的动因提供了新的解释——这个动因不仅仅来源于劳动力主体或者劳动力所处的国家—社会结构，还来自劳动力本身的差异。

　　但是，近年来，随着国际政治经济格局的变化，劳动力市场发展理论本身的不足也日益显现。

　　（1）该理论的假设前提基于对发达国家劳动力转移的研究。虽然其中涉及发展中国家和第三世界国家劳动力人口转移问题，但也只是作为发达国家人口转移问题的派生品出现的。而该理论本身并非发展中国家劳动力转移的自生理论，更无法移植到发展中国家的农村劳动力人口转移问题的研究中去。

　　（2）该理论忽视了新生代发展中国家劳动力的变化。如果说发展中国家第一代劳动力为发达国家的劳动密集型劳动力市场弥补了缺口，而第一代劳动力由于自身条件的限制（如受教育水平低、劳动力技术水平低等）无法完成自我转型，那么他们的后

---

[1] 赵敏：《国际人口迁移理论评述》，载于《上海社会科学院学术季刊》1997年第4期。

代即新生代劳动力中，就有相当一部分依靠自身的努力，一方面通过提高受教育水平（如考入一流大学）；另一方面通过提高专业技术水平，弥补了他们和本地高技术劳动力之间的差别，甚至超过了后者，从而进入了资本密集型劳动力市场，实现了劳动力的自我转型升级。这种变化是现有的劳动力市场发展理论的二元市场框架所不能解释的。

（3）近年来发达国家普遍遇到了经济发展问题，其高福利制度在经济危机的背景下也难以持续，因此原有资本密集型劳动力市场所能够提供的良好的社会保障水平不复存在。社会保障水平的降低，导致原有高技术劳动力在资本密集型市场的薪酬优势降低，甚至削弱了其仅存的心理优势；更为关键的是，这种变化使得原有的二元劳动力市场格局发生了改变，资本密集型劳动力市场和劳动密集型劳动力市场之间的藩篱被大大削弱。

（4）西方发达国家中产阶级的减少，使得原有的较为充足的资本密集型劳动力市场的供给数量开始减少甚至短缺。当前资本主义国家的阶级结构在发生变化。其中最值得注意的是中产阶级朝着两个方向裂变。一个方向是极少部分中产阶级通过勤奋和机遇迈入精英阶层的门槛；另一个方向是相当一部分中产阶级在蜕变为贫穷的阶层。两个因素使得这种裂变成为可能。一是包括英国在内的资本主义世界贫富差距持续拉大。如果说工业化时期的贫富差距拉大促生了中产阶级，那么后工业时代贫富差距的持续拉大则有可能埋葬中产阶级。如英国最富裕的20%人口和最贫困的20%人群之间的财富差距是欧盟中最严重的三个国家之一——财富高度集中在少数人手中意味着中产阶级能够分到的财富已经越来越少了——当这种差异达到一个临界值的时候，再加上资本主义生产方式所固有的瓜分平民财富的途径诸如金融危机，股市暴跌和房地产泡沫，中产阶级被重新踢回无产阶级行列的可能性就增加了。二是技术进步在一定程度上扩大了失业群体的规模。对于包括英国在内陆续进入后工业化社会的资本主义国家来说，技术进步会削弱中产阶级，因为每一项技术进步都会减少低技术含量的工作岗位数量，而低技术工人构成了中产阶级的主力军。由此，随着更多的中产阶级加入贫穷和失业的队伍，极化思潮的人口基数成倍扩张。由此，原有的资本密集型劳动力市场供给充足而劳动密集型劳动力市场供给短缺的格局，很有可能转变为资本密集型劳动力市场供给不足而劳动密集型劳动力市场供给增加。这种变化也是劳动力市场发展理论所始料未及的。

（二）规模发展理论的不足

如果说古典理论主要聚焦于劳动力转移的成因及其机制的话，那么规模发展理论更关注于劳动力转移的规模及其发展问题。艾弗雷特·李（Everett Lee）在20世纪60年代首次提出了人口迁移规模的问题。人口规模取决于以下几个要素。一是地区间或国家间差异程度。地区之间或国家之间差异程度越大，则人口迁移规模越大。这就可以解释发展中国家城乡之间的人口迁移往往规模较大，也就是我们所说的农村劳动力转移规模较大。二是人口之间的差异程度。人口之间差异程度越大，则人口迁移规模越大。这里的人口之间的差异，既包括种族、民族的差异，也包括文化、习俗等方面的差异。三是迁移的阻碍程度。迁移的阻碍程度越小，则人口迁移规模越大。四是迁移时间跨度。迁移的时间跨度越大，则人口迁移规模越大。

当然，李的研究也有局限。如人口之间的差异问题，虽然可以用来解释18世纪和19世纪从非洲到美洲大陆的人口迁移，但却无法解释某一国家内部（尤其是多民族、广大领土国家）如中国西部少数民族和内陆汉族之间的人口迁移规模不及内陆汉族不同地区之间的人口迁移规模。虽然汉王朝的统治者通过屯田戍边等形式从内陆迁徙了较大规模的汉族人口到西北边疆，但其数量比起历代王朝因战乱等原因由北向南的人口迁徙规模（如两晋之交和五胡乱华等时期）要少。此外，无论是从非洲到美洲大陆的黑人迁徙，还是汉族从内陆到西北边疆的迁徙，其实质都是被迫迁徙（黑奴的贩卖与军屯士兵的流动），和现代意义上的人口迁徙具有本质不同。

比规模论更进一步，世界体系论则结合了地缘政治学，在更大范围和规模上论证了人口迁移的过程。如果以全世界作为人口迁移的研究客体，则世界可以被划分为两个维度——中心国家和边缘国家。中心国家指那些拥有资本和其他形式物质财富的国家，边缘国家本质上是指除去核心国家之外的所有国家，他们依赖于中心国家，中心国家进入边缘国家寻找土地、原材料和新的消费市场等。当资本主义从西欧、北美及大洋洲等中心国家向外扩展，大多数国家和日益增长的人口并入世界市场经济，边缘国家内部的土地、原材料和劳动力均被世界市场经济影响和控制，于是跨境迁移不可避免地产生了。[①] 其中迁移的规律在于劳动力从边缘国家向中心国家迁徙。

不仅如此，外交和军事影响力也成为中心国家影响边缘国家人口转移的干预变量。研究表明，1992年在15个主要向美国输送移民的国家中，有5个是美国曾经直接进行过军事干预和政治干预的国家，如越南、菲律宾、韩国、萨尔瓦多和伊朗；其他国家则与美国有密切的外交关系，如苏联、波兰和中国。这8个国家的移民人数占了全美移民总量的37%。[②]

然而，世界体系论的一些观点也面临挑战。中心国家和边缘国家的界限划分存疑。其划分依据应当是经济规模而不是地理位置。因为如果是按照地理位置，那么发达国家如英国和日本，显然属于边缘国家而非中心国家；而西亚阿拉伯诸国，如叙利亚等国，地理位置属于欧亚大陆的中心地带，而近年来其难民迁移等

[①] 张晓青：《国际人口迁移理论述评》，载于《人口学刊》2001年第3期。
[②] 赵敏：《国际人口迁移理论评述》，载于《上海社会科学院学术季刊》1997年第4期。

问题的产生，显然不符合从边缘国家向中心国家迁移的规律。但是，按照经济规模划分本身，又背离了地缘政治学相关理论体系的基本原则。然而无论如何，世界体系论为劳动力转移的研究打开了一扇大门，使其具有更为广阔的研究空间。

（三）资本发展理论对于中国经验的方法论拓展

对于劳动力转移研究而言，资本发展论是一种新的视角。它将劳动力本身视作资本——人力资本，通过研究劳动力转移过程中的主体即劳动力的变化特征，分析其对劳动力转移所产生的影响。

人力资本的发生背景可以追溯到工业革命时期。在工业革命早期和中期，技术的提升会促进职业的进一步分工，而专业性则会带来人力资本的提升，无形中把工人身上的革命气质转塑为中产阶级所特有的温和品性。同时，人力资本的提升又和收入的增长相辅相成。因此，工人阶级的专业技能和与此带来的收入差异，成为人力资本在事实上的雏形。

诺贝尔经济学奖得主西奥多·舒尔茨（Theodore W. Schultz）是人力资本研究的代表人物。他首先提出了人力资本理论并将其作为经济发展的动力之一。在长期的农业经济研究中，舒尔茨发现促使美国农业产量迅速增长的重要原因已不是土地、劳力或资本存量的增加，而是人的技能与知识的提高。同时，他发现工人工资大幅度增长中有一部分尚未得到解释。他将这一部分归功于人力投资的结果。于是，舒尔茨在1960年提出人力资本学说，其中心论点就是，人力资源的提高对经济增长的作用，远比物质资本的增加重要得多。

进一步，西方当前最为前沿的政治经济学研究，基于"资本主义多样性"理论的框架，在区分自由市场经济制度和协调性市场经济制度的前提下，综合了权力资源理论，即加入了阶级、工会等左派政治因素，进一步把协调性市场经济制度划分为社会民主党的协调性市场经济制度（SME with Social Democratic Regimes）和基督教民主党的协调性市场经济制度（SME With CD Regimes），并由此提出人力资本形成的三个世界（Three Worlds Of Human Capital Formation）。换言之，这种思路是把技术、社会保障、教育投入、选举制度及党派等几个变量有机地联系起来，并用"资本主义多样性"的理论框架，分析人力资本（不同技术类型的工人）是如何在不同的民主选举和福利保障制度下形成的。但人力资本所具有的本质特征并未随着研究前沿的推进而变化，即工人的专业技术水平，如表6-1所示。

表6-1　　　　　　　　　　不同的人力资本特点

	协调性市场经济体和比例代表制		自由市场经济体和多数制
	社会民主党	基督教民主党	自由派
日常护理或学前教育	高	低	低（但保证基本供给）
小学及初高中教育	高	中	中
高等教育	高	中	中（但保证基本供给）
积极劳动力市场政策	高	低	低
职业培训	高	高	低

资料来源：Iversen T and Stephens JD. "Partisan Politics, the Welfare State, and Three Worlds of Human Capital Formation", *Comparative Political Studies*, 2008, 41 (4-5): 600-637.

换言之，以人力资本作为切入口研究资本主义国家之间的差异，成为资本主义国家政治经济学研究的重要途径。而前面提到，国家间的差异性（既包括经济的，也包括地缘的），往往构成劳动力转移的重要动因。由此推之，人力资本视角可以通过探究资本主义国家的内部差异，进而研究由此产生的人口迁移或劳动力转移。

如果把人力资本解剖为人的技能和知识，并在收入增长中占据相当比例，那么劳动力为了获得更高的薪酬，会本能地努力提

第六章　中国农村劳动力转移与农民工市民化实践探索和创新对传统理论的挑战与拓展

高自身人力资本。而假定人的技能和知识在短期内无法迅速提高（长期来看当然是可能的，但这需要数月乃至数年的时间），那么提高自身人力资本的最便利途径便是更新人力资本所处的环境，去一个能够更快速提高技能和知识的地方。于是劳动力转移就发生了。而出于这种动机的劳动力转移有更高概率发生在农村与城市之间，即农村劳动力转移。这样一种思路对分析中国农民工市民化过程中通过人力资本提升实现农民工市民化的全面提升，在方法论上进行了拓展，是西方劳动力转移和农民工市民化相关理论中为数不多能对中国经验的研究方法进行拓展创新的理论之一，这在本书第五章第二节已充分展现。

（四）增长极变迁理论对中国经验的适用程度

"增长极变迁"是通过研究经济增长点在不同国家或地区，以及不同时间点的变化，来探讨由此产生的对劳动力转移的影响。本质上看，它也可归为发展理论的变种。它最早来源于区域经济学的"增长极"理论，由法国经济学家弗朗哥·佩鲁（Francois Perroux）在1950年首先提出。佩鲁指出各种企业的建立，"在地理上是分散"的，并形成各自的势力边界。佩鲁认为空间是一种"受力场"，只要在某种客体之间存在抽象的联系结构，就存在空间；在经济活动中各活动单元都创造它们自己的决策和操作的抽象空间，并产生一种推进效应，这种推进效应是某种确定的多种效应的集合。按佩鲁的观点，经济空间是"存在于经济要素之间的关系"，与一般意义上的地理空间完全不同，其着眼点是经济联系。[①]

"增长极变迁"应用于劳动力转移研究的核心在于，通过增长极的变化来探讨劳动力转移的内在规律。"增长极"对劳动力转移的影响主要体现在短期性和长期性两个方面。

---

① 安虎森：《增长极理论评述》，载于《南开经济研究》1997年第1期。

一是"增长极"所体现的产业差异对劳动力转移的影响。佩鲁认为经济发展的主要动力是技术进步和创新，而创新总倾向于集中在一些特殊的企业。这种特殊的企业一般经营领头产业。领头产业，一般来讲增长速度高于其他产业的增长速度，也高于工业产值和国民生产总值的增长速度，同时也是主要的创新源。① 这种产业是最富有活力的，因而最有可能吸引劳动力尤其是拥有较高专业技术和通用技术的劳动力，由此带动劳动力从其他产业向领头产业转移。然而，由于信息化和后工业化时代技术创新的速率高，领头产业维持的时效性是相对比较短的，"增长极"由此带来的对劳动力转移的影响是短期的。

二是"增长极"所带动的连锁效应对劳动力转移的影响。按佩鲁的观点，占支配地位的企业的推动效应在区域发展过程中起关键作用，因为它可以通过产业之间的连锁效应，把经济增长扩散到各个企业或各个地区。有研究把这种产业之间的连锁效应分为向后连锁和向前连锁两种。前者又称引伸需求，即一种非初级经济活动（包括投资）引发出对前阶段产品（或原料）的需求，这种引申作用一直扩展至最基本的原料供应，所以也就称为向后连锁。与此相反，那些本质上并不满足最终需求的经济活动，它的出现将引发试图利用它作为中间产品或原料的另一些经济活动，这种效应称为向前连锁效应。② 通过"增长极"带来的连锁效应，劳动力的转移可以形成规模性和持续性。"增长极"对劳动力转移的这种影响是长期的。

一个反例是，20 世纪 50~60 年代我国兴起"大三线建设"，在西部地区建立了不少重工业基地，然而，这些企业与当地传统的产业活动之间无法形成产业链，出现产业结构联系的中断，各种资源要素无法向外扩散，只能形成"飞地"式经济，无法通过"增长极"形成一种连锁效应，虽然在短期内从北方以及沿

---

①② 安虎森：《增长极理论评述》，载于《南开经济研究》1997 年第 1 期。

海省市带来了一定数量的专业技术劳动力，但长期而言由于缺乏"增长极"的连锁效应，因而后来这些企业陆续倒闭，劳动力也通过各种机会返回了原籍。可见，增长极理论未必适用于中国劳动力转移的经验，或者说其适用范围具有一定限制性。

三、结构理论对中国经验的贡献与局限

顾名思义，所谓结构理论就是从农村劳动力转移和农民工市民化的内在结构来进行剖析。相关理论主要包括劳动力就业结构理论和产业结构理论。本节将对这两种理论如何作用于农村劳动力转移和农民工市民化，以及对中国经验的价值与局限进行简要分析。

（一）劳动力就业结构理论对于中国经验的价值

最早关于劳动力就业结构理论的观点来自英国经济学家威廉·配第，他认为不同就业领域的劳动力薪酬收入的差别具体表现为：商业劳动力高于制造业劳动力；制造业劳动力高于农业劳动力。[1] 而英国经济学家克拉克进一步发现，随着人均国民收入水平的提高，劳动力会从第一产业转向第二产业，之后继续从第二产业转向第三产业。这就是关于劳动力就业结构理论著名的"配第—克拉克"定律。随着经济发展，第一产业国民收入和劳动力的相对比重逐渐下降；第二产业国民收入和劳动力的相对比重逐渐上升，经济进一步发展之后，第三产业国民收入和劳动力的比重也开始上升。[2]

---

[1] 威廉·配第著，陈冬野译：《政治算术》，商务印书馆1978年版。
[2] 黄宁阳：《中国新时期农村劳动力转移研究》，科学出版社2012年版，第23页。

"配第—克拉克"定律的价值主要体现在：一是从结构的视角研究劳动力转移问题。结构主义方法论的特点在于整体性。英国剑桥大学哲学家路德维希·维特根斯坦在其荒诞而不朽之著《逻辑哲学论》中，用短句和编码构成了奇幻般的哲学论述。[①] 其要义正在于编码语句之间的逻辑关联，以及由此构成的整体性结构。单独剥离出某一编码语句，或不具任何意义；唯当其结构为一体时，方具有意义。笔者以为，维特根斯坦的结构主义方法论恰构成了社会科学行为主义定性研究的方法论依据，因为定性研究的核心便是对材料的编码（code）。因此，把结构主义方法论运用于劳动力转移研究，是劳动力就业结构理论的一大创新。二是把劳动力所从事的领域作为研究劳动力转移的自变量。根据不同领域划分产业，并以此作为劳动力转移内在逻辑的动因，这在其他劳动力转移相关研究中很少用到，这也是劳动力就业结构理论的一大创新。

除了"配第—克拉克"定律，就业结构转变滞后论进一步发展了劳动力就业结构理论。它把发展中国家和发达国家进行区别研究。在发达国家工业化演进中，农业产值和劳动力就业向工业的转换基本是同步的，即随农业和工业产值份额的此消彼长，农业人口也相应地向工业转移，如英国便是如此。但是发展中国家，产值结构转换普遍先于就业结构转换。一般地说，开始工业化起点时，产值比重比就业比重大约高 25 个百分点，如果真正同步需要人均国民生产总值达 150 美元以后。一方面在于发展中国家面临着越来越多节约劳动的先进工业技术，现代工业部门创造产值的能力大大高于创造就业机会的能力，特别是对人口众多的落后国家来说，就业结构的转换在初期必然是相当缓慢的。另一方面，工业产值比重高的部分原因在于发展中国家的价格结

---

① 参见路德维希·维特根斯坦，贺绍甲译：《逻辑哲学论》，商务印书馆1996年版。

构，即工业品价格偏高，农产品价格偏低。因此，相比之下，就业结构变动指标比产值结构变动指标更能真实地反映产业结构的实际变动状况。①

就业结构转变滞后论的意义在于对分析发展中国家的就业结构具有帮助作用，进而对于分析中国的就业结构乃至于农村劳动力转移有所帮助。在实践中，一些发展中国家的产业结构已经处于工业化中晚期，但其所表现出来的就业结构仍然不是以制造业为主。有人因此质疑产业结构的研究方法，或是认为发展中国家的发展模式不适用于传统的产业结构分析。而就业结构转变滞后论告诉我们，经济高速增长的发展中国家，其就业结构转变没有跟上产业结构调整的步伐，这是一种自然现象，而不能因此就否定理论本身的适用性。

劳动力就业结构理论不仅适用于一个国家内部的劳动力就业结构问题，也适用于不同国家之间劳动力就业结构问题，因而具有普适性。如经济发展水平相对落后但正在经历工业化初期的国家，更多出现劳动力从第一产业向第二产业的转移；而经济发展水平已经进入工业化中后期的国家，更多出现劳动力从第二产业向第三产业的转移。

（二）产业结构理论之于中国经验的适用性

在劳动力就业结构理论的基础上，有学者进一步挖掘其中产业结构相关的内容，从而发展出了产业结构理论。

美国经济学家库兹涅茨认为，随着时间的推移，第一产业的国民收入在整个国民收入中的比重与该产业中劳动力相对比重都呈现出不断下降的趋势，第二产业的国民收入相对比重和劳动力相对比重是不断上升的，第三产业的劳动力相对比重，几乎在所

---

① 张忠法：《国内外有关劳动力就业结构转换和劳动力市场的几个理论问题》，载于《经济研究参考》2001年第3期。

有国家都呈上升趋势。① 这一观点在其代表作《现代经济增长理论》中，根据57个国家国民收入原始统计之后的表述为：随着经济增长，农业部门的国民收入和社会就业在整个国民收入和总就业中的比重均不断下降；工业部门国民收入比重大体上升，而社会就业比重大体不变或略有上升；服务部门国民收入比重大体不变或略有上升，而社会就业比重呈上升趋势。② 如果进一步对三个产业结构进行划分，则我们会发现在工业化初级阶段，轻工业特别是纺织、食品工业在产业结构中处于重要地位，在生产要素密集程度方面以劳动密集型为特征；进入工业化中、后期阶段，重化工业品的发展又可分为以原材料工业为重点和以加工型工业为重点的两个不同阶段，资本密集度、技术集约度都明显提高。在这一增长过程中，经济增长具有加速趋势。当经济发展在完成工业化任务而进入发达经济以后，增长速度会明显回落。③

产业结构研究对于劳动力转移的这种影响，可以通过发达国家的代表性国家——德国的产业变化情况来证实。在福利政治经济学领域，一个重要话题是，德国经历了福利政策的"双重化"过程——这和德国所经历的产业结构变化导致的劳动力转移密切相关。具体而言，20世纪70年代以后，德国在养老金和失业保障方面经历了显著的双重化过程，即私营机构和企业社会保障供给的扩张的同时，社会保障供给本身的节制。但是，由于雇主提供社会保障的激励下降，雇主对社会保障的支持度也随之下降。原因是德国产业结构的调整，制造业开始向服务业转移（见图6-1）——虽然这种转向不如英美等自由市场经济体明显，但它的确在发生——这导致制造业所需的专业技术（Specific Skill）

---

①③ 彭宜钟：《产业结构理论综述》，载于《产业经济》2010年第12期。
② 王小刚、鲁荣东：《库兹涅茨产业结构理论的缺陷与工业化发展阶段的判断》，载于《经济体制改革》2012年第3期。

工人数量减少（见图6-2），而服务业所需的通用技术（General Skill）数量增加，于是原本制造业的雇主开始变得没有动力为具有通用技术的劳动力提供社会保障；同时，雇主也认为现行的福利制度太过昂贵，希望有效控制成本，这又进一步使得他们选择就业保障制度（Employment Protection）而非失业保障制度（Unemployment Protection），这样可以用较低的成本留住那些具有专业技术的劳动力。

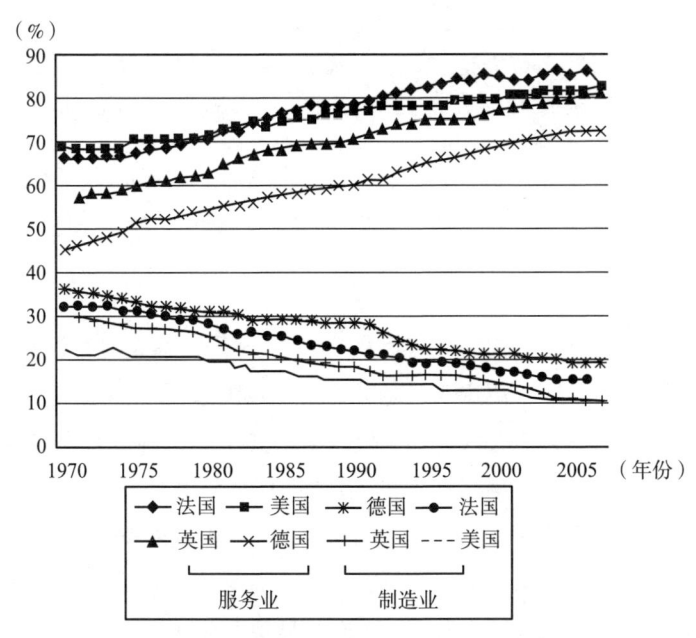

图6-1　1970~2007年英、法、美、德制造业和服务业劳动力百分比变化比较

资料来源：Seeleib‑Kaiser M, Saunders AM and Naczyk M, "Shifting the Public‑Private Mix: A New Dualization of Welfare?", in Patrick Emmenegger, Silja Häusermann, Bruno Palier and Martin Seeleib‑Kaiser (eds), The Age of Dualization: The Changing Face of Inequality in De‑Industrializing Societies. Oxford: Oxford University Press, 2011, pp. 151–175.

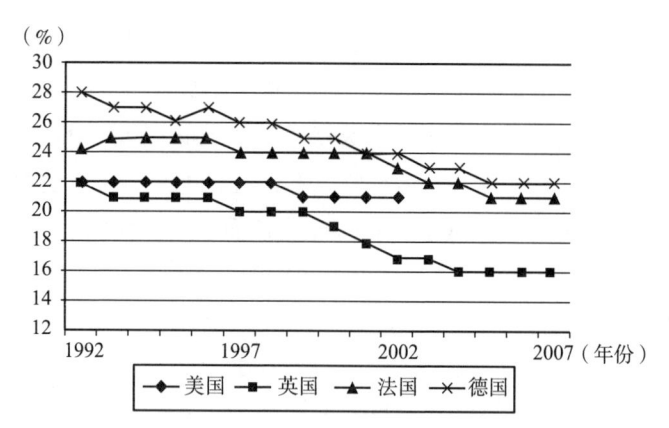

图 6-2　1992~2007 年英、法、美、德所需专业技术劳动力占比变化比较

资料来源：Seeleib - Kaiser M, Saunders AM and Naczyk M, "Shifting the Public - Private Mix: A New Dualization of Welfare?", in Patrick Emmenegger, Silja Häusermann, Bruno Palier and Martin Seeleib - Kaiser (eds), The Age of Dualization: The Changing Face of Inequality in De = Industrializing Societies. Oxford: Oxford University Press, 2011, pp. 151 – 175.

可见，产业结构变化导致的劳动力变化，不仅对德国适用，对于英、美、法、德这四个老牌资本主义国家而言都适用。一个基本规律是，自 20 世纪 70 年代以来，其产业结构一直在发生一致性的变化，其中第二产业的 GDP 占比始终在下降，而第三产业的 GDP 占比始终在上升（见图 6-1）。由此带来的是第二产业所需的专业技术劳动力数量在劳动力总量中的比重一直在下降（见图 6-2），这说明劳动力的技术类型发生了转移——第二产业所需的专业技术劳动力减少了，而第三产业所需的通用技术劳动力无疑增加了。

进一步分析我们会发现，产业结构变化的这一规律，不仅对几个老牌资本主义国家适用，对西方发达国家而言也具有普适性。表 6-2 反映的是 2010 年西方部分发达国家服务业的 GDP 占比情况，我们发现这些国家的服务业（即第三产业）比重总体都比较高，这也反映了对于后工业化国家制造业（即第二产业)对经济贡献较低,因为这些国家制造业所需的劳动力已经陆续发生了两种路径的转移:一种路径是转移为其他技术的劳动力,尤其是第三产业所需的通用技术劳动力;另一种路径是转移到其他新兴市场国家从事同样专业技术的劳动力。而无论何者,因产业结构变化而导致的劳动力转移,在西方发达国家中都是一个不争的事实。

表6-2　2010年西方部分发达国家服务业占GDP百分比　　单位:%

国家	服务业占GDP百分比
美国	76.8
日本	73.8
德国	71.3
英国	77.5
法国	79.5
意大利	72.8
西班牙	70.7
加拿大	71.5
澳大利亚	70.5
比利时	77.4
瑞典	71.6
奥地利	69.1

资料来源:笔者根据相关数据整理而得。

然而问题在于,对于西方发达国家具有普适性的产业结构理论,在分析中国农村拉动力转移问题的时候,是否具有相同的普适性。一方面,我们要承认我国改革开放以来的经济发展借鉴了相当多的西方发达国家工业化的路径,因而我国的产业结构的整体变化,是按照产业结构理论的基本判断进行的。另一方面,一旦当工业化进入尾声、后工业社会来临之时,既然西方发达国家都出现了大量的不可预见和判断,以及不适用于传统产业结构理论的事件,诸如"黑天鹅"事件,那么我们有多大理由相信传统的产业结构理论能够解释中国工业化末期以及后工业化初期的经验？

四、市民化理论的创新

市民化理论涉及的一些理论问题，本身并不构成一个完整的理论框架和逻辑链条，但却又非常重要，而中国在农民工市民化过程中的大量经验和案例，可以为市民化理论的创新提供丰沃的土壤。

（一）市民化的制度型理论创新

一是从具体制度类型对农民工市民化影响的视角进行分析。一种观点认为，"四农"问题的本质，很明显是"一国两制"问题，即城乡两种不同身份居民的制度安排。还有一种观点认为，农民工进入城市和市场的方式比较独特，他们在制度限制与控制的条件下选择"产业—社区"型的进入方式，在城乡接合部生存下来形成群体和社区，通过雇用他人、自我雇用和被他人雇用来发展自己。他们强调制度对农民工的社会行为形成的制约，制度准入在事实上是城市农民工社会行为的一个根本的前提和条件。如有学者从制度结构与社会变迁的互动角度提出了农民工在城市的"产业—社区"型进入方式，他们认为现阶段中国大陆农村人口向城市的流动，是一个在独特背景下发生的独特过程，国家限制农村人口向城市流动的政策、独特的工业化和城市化战略、城乡之间的二元结构、与户籍制度相关的一系列制度规定以及城市中的单位制等均是影响农民工流动的基本制度背景。因此不应把农村人口向城市的流动过程仅看成是空间的流动，而应当将其视为在特定制度结构中发生并同时改变这种制度结构的过程。还有学者从中国长期对峙而不合理的城乡关系和工农关系论

第六章　中国农村劳动力转移与农民工市民化实践探索和创新对传统理论的挑战与拓展

证了中国农民工阶层的出现、存在和发展的重大意义。有人将这种城乡关系概括为二元社会结构，认为二元社会结构是由14种具体制度，即户籍制度、住宅制度、粮食供给制度、副食品和燃料供给制度、生产资料制度、教育制度、医疗制度、养老保险制度、劳动保护制定婚姻制度等构成的，它是中国国情的根本特征；二元社会结构滞缓了中国由二元经济结构向一元经济结构发展转化的通道。有学者把劳动力流动与经济发展过程中的农村城市二元经济结构和城市经济中的二元体制结合起来，研究了劳动力流动与经济结构变迁和经济体制变迁之间的关系，发现在不同时期，农民工问题的表现形式和社会对农民工问题的关注焦点是不同的。

　　二是从城乡二元制度对农民工市民化影响的视角进行分析。相关研究表明，城乡二元制度对农民工市民化意愿有着重要影响。在城乡二元制度下，我国农业剩余劳动力被迫采取农民工的就业模式，即身份转变和职业转换相背离。在这种情况下，农业剩余劳动力转移不能像其他国家那样一次性完成，而是被分割为两个阶段。而且农民工在城市受到各种歧视性待遇，在就业和生存状况方面都远远不如城镇职工，成为漂浮在城乡之间的"边缘人"。正是这种独特的农民工就业模式、生存状态和劳动力转移过程的分割，反过来又降低了他们自身的市民化预期净收益，从而减弱了市民化的动力和意愿，成为造成农民工市民化的障碍。① 此外，城乡二元制度对农民工市民化能力也有着重要影响。在城乡二元制度下，由于就业歧视等制度性歧视的存在，大多数农民工只能在城镇次属劳动力市场上就业，而次属劳动力市场就业稳定性差，劳动强度大，工资和社会福利、社会保障待遇差。因而城乡二元制度使得实际就业率下降，实际工资性收入和

---

① 黄锟：《城乡二元制度对农民工市民化影响的实证分析》，载于《中国人口·环境与资源》2011年第3期。

非工资性收入也低得多。因此，在市民化经济门槛不变的情况下，城乡二元制度导致了农民工市民化能力净值的下降，从而制约了农民工市民化。①

三是从制度供给的层面对农民工市民化进行分析。农民工市民化是新型城镇化的核心，农民工能否顺利市民化取决于政府的制度供给。宏观层面上的农民工市民化对我国经济社会的发展具有公共属性，是政府提供相关的公共服务和制度安排的理论基础。如果以农民工市民化成本为问题研究的基本背景，那么农民工市民化则会在不同层级、不同区域的政府之间形成一个复杂的成本与收益结构，不同行为主体之间不同的成本收益结构将会使农民工市民化面临激励不相容的现实困境。② 因此，制度供给的多元性和优质性，在很大程度上也会对农民工市民化进程产生重要影响。

（二）市民化理论中行政层级的经验归纳分析创新

关于中国农民工市民化的经验分析，一般都是以不同的内容或主题来进行分析，而把不同内容和主题统合到一个系统之中，并运用行政层级的经验归纳法来进行分析，是市民化理论的重要创新。可以按照行政区划层级，我们可以从三个维度来分析。

一是省一级维度。有研究以浙江省为例，模拟分析了农民工市民化对经济结构和经济增长的影响，主要关注了其中的农民工居民与城市居民的储蓄/支出结构趋同效应和农民工工资待遇公平化效应。对于浙江省经济而言，农民工市民化的两种经济效应彼此间相辅相成，在其综合作用下，能够有效促进浙江省经济形成居民收入提高、消费和内需增长以及产业结构升级的良性运

---

① 黄锟：《城乡二元制度对农民工市民化影响的实证分析》，载于《中国人口·环境与资源》2011年第3期。
② 陈怡男、刘鸿渊：《农民工市民化公共属性与制度供给困境研究》，载于《经济体制改革》2013年第4期。

第六章　中国农村劳动力转移与农民工市民化实践探索和创新对传统理论的挑战与拓展

转,并实现经济增长和就业扩大。鉴于这两种效应对需求侧和收入分配侧的直接影响间接地关联带动了生产侧,还有必要考察农民工市民化与针对生产侧的产业结构升级政策的关系,结果发现它们的效果之间具有协同性,能彼此放大对经济的积极影响。[1]

有研究以江苏省为例,采用核算的方法测算了不同视角下江苏省外来农民工市民化的费用。结果显示,江苏一个外来农民工市民化,需要支出12.3万元。其中,第一代农民工的市民化成本约为11.2万元,新一代农民工市民化的成本约为14.3万元。此外,江苏省三大区域之间农民工市民化成本差异明显,苏南、苏中、苏北对应的成本分别为14.6万元、12.4万元和11万元。如果一次性实现农民工市民化,公共财政需要为每个农民工一生支付的成本为92.7万元。[2]

有研究以广东省为例,对广东农民工积分入户政策进行分析,发现这是一场区域的、城市的、过渡的户籍改革,在率先打开普通农民工落户大中城市大门的同时也存在特定的限度。[3]

有研究以湖北省为例,发现湖北省农民工在市民化进程中出现自边缘化倾向,农村劳动力转移的彻底性受到影响。从湖北省农村劳动力的农村退出环节、城镇进入环节、城镇融合环节的分析发现,相较于计划经济时代政府行为推进的农村劳动力转移,经济利益诱致的农村劳动力转移至今不顺利、难彻底、欠稳定,户籍制度及其衍生的隐性藩篱仍是其深层次原因,应破除制度障碍推进农民工市民化进程。[4]

---

[1]　胡秋阳:《农民工市民化对地方经济的影响——基于浙江CGE模型的模拟分析》,载于《管理世界》2012年第3期。
[2]　张继良、马洪福:《江苏外来农民工市民化成本测算及分摊》,载于《中国农村观察》2015年第2期。
[3]　刘小年:《农民工市民化与户籍改革:对广东积分入户政策的分析》,载于《农业经济问题》2011年第3期。
[4]　董延芳、刘传江:《农民工市民化中的被边缘化与自边缘化:以湖北省为例》,载于《武汉大学学报》(哲学社会科学版)2012年第1期。

有研究以重庆市为例，分析重庆市农民工市民化面临诸多障碍，需要从户籍制度、农村土地流转制度、农民工进城安居制度、劳动就业制度、劳动培训制度、社会保障制度和城市公共服务制度等方面进行创新才能为农民工市民化铺平道路。[1]

二是地市一级维度。有研究以广东省湛江市农民工为调研对象，通过"湛江市农民工市民化现状、意愿及障碍情况"问卷数据，从非正式制度的视角，分析了农民工市民化的意愿及障碍。结果显示，湛江市农民工市民化意愿比较高；农民工市民化非正式制度方面的障碍包括城市归属感、故土情怀和进城成本。进一步，基于湛江市新型城镇化发展的现状及未来系列重大项目带来的经济发展潜力，探讨了促进欠发达地区农民工市民化的措施。[2]

有研究以浙江省宁波市为例，对"十二五"时期宁波市农民工及其家属市民化的成本进行了测算。测算表明，地方政府为农民工提供与本市户籍居民同水平的子女义务教育、公共卫生、就业培训、社会保障和改善住房条件等公共服务，人均需投入13 507.4~25 507.4元。因此，应当完善农民工市民化的成本政府间以及政府与企业间的分担机制，中央政府重点加强跨省农民工集中流入地区的支持，企业主要在农民工权益保障、职业培训、社会保险和住房条件改善方面发挥积极作用。[3]

有研究以湖北省武汉市436位农民工的调查为基础，对代表农民工市民化偏好的市民化意愿进行了实证分析，发现农民工未来归属倾向和自我身份判断发生了背离，并在此基础上，将农民工划分为5个亚群体，发现中间不定者具有中间选民特征。在对

---

[1] 钟德友、陈银容：《破解农民工市民化障碍的制度创新——以重庆为例证的分析》，载于《农村经济》2012年第1期。
[2] 许抄军、陈四辉、王亚新：《非正式制度视角的农民工市民化意愿及障碍——以湛江市为例》，载于《经济地理》2015年第12期。
[3] 申兵：《"十二五"时期农民工市民化成本测算及其分担机制构建——以跨省农民工集中流入地区宁波市为案例》，载于《城市发展研究》2012年第1期。

中间不定者诉求分析的基础上，提出国家应加强农民工职业培训、构建农民工社会保障体系、加大农业改革和促进农民工子女教育改革等措施。①

三是跨区维度。有研究以河南省 18 个地市为例，分析河南省新生代农民工的收入状况和消费行为。2013 年样本农民工月均收入低于 2011 年河南省城镇非私营单位在岗职工平均月工资，恩格尔系数是 40.3%，与 2011 年农村居民家庭恩格尔系数相当。农民工精神需求方面的支出增长较快，但缺乏长远规划。政府和企业应承担的市民化成本，赋予农民工农村土地和城镇公共服务的双重保障，优化收入结构，引导农民工向"发展型"消费模式转变，是实现农民工市民化的有效途径。②

有研究以广东省 3 个地市为例，通过对广州、深圳、东莞三市外出务工人员的调查数据，运用理性选择理论，分析了新生代农民工市民化意愿及其影响因素。结果发现，年龄、性别、受教育程度和月收入都对新生代农民工的市民化意愿产生了影响；是否在城市购买住房、城市融入感和自我身份认同也影响了新生代农民工的市民化决策；购买城市社会保险能够显著提高市民化意愿。而务农经历、婚姻状况和是否获得技术等级证书则未对其市民化意愿产生影响。③

（三）市民化理论的三段论式分析创新

三段论式分析，即从内涵、现状和途径三方面着手进行分析。而市民化理论以往这几个方面的分析，都是割裂开来的，如果把三段论串联成具有逻辑性的有机整体，那么它对市民化理论

---

① 徐建玲、刘传江：《中间选民理论在农民工市民化政策制定中的运用——基于武汉市 436 位农民工的实证研究》，载于《管理世界》2007 年第 4 期。
② 王萌：《收入状况、消费行为与新生代农民工市民化——基于河南省十八地市的实证分析》，载于《中国青年研究》2014 年第 9 期。
③ 张丽艳、陈余婷：《新生代农民工市民化意愿的影响因素分析——基于广东省三市的调查》，载于《西北人口》2012 年第 4 期。

创新的贡献也就不应当被忽视了。

一是关于农民工市民化的内涵研究理论创新。我国农村劳动力转移与农民工市民化研究课题组认为,农民工市民化是在城市务工的农民定居在城市,并逐渐成为市民的一种过程和状态,这个过程会伴随着思想意识、生活方式和行为的变化。一方面,农民工市民化既是一个过程,又是一种结果,在某一个时段上,它是一种过程,在某一个时点上,它是一种结果;另一方面,农民工市民化必然伴随着文化的交融和生活、行为方式的变化。[①] 有学者认为,农民工市民化包括职业地位和身份地位的改变以及自身文化道德素质、社会待遇的提高等多个方面。[②] 还有学者认为,农民市民化是指作为一种职业和社会身份的农民在向市民转化的过程中,获得相应的生存能力、取得市民基本资格、逐渐融入城市、具备城市居民基本素质的过程。[③] 另有学者认为,农民工市民化是农民逐步向城市市民转化的过程,是从农民身份转化为城市居民身份。它包括户口的变动,由农村户口变为城市户口;地域的转换,由居住在农村转向居住在城市;产业的转换,由从事农业生产变为非农业生产;文化的转变,农民的生活观念、行为习惯、思维方式等发生变化。[④] 再有学者认为,农民工市民化首先是制度市民化,农民工由农民身份转为市民身份;其次是经济市民化,农民工在城镇中有相对稳定的工作,收入足够支撑家庭在城镇的基本生活,有稳定、舒适的住所,家庭团聚;最后是社会与文化市民化,农民工要形成城市化的生活、

---

① 我国农村劳动力转移与农民市民化研究课题组:《农民市民化的趋势与国内相关理论学派的主张》,载于《经济研究参考》2003 年第 5 期。
② 刘传江:《城乡统筹发展视角下的农民工市民化》,载于《人口研究》2005 年第 4 期。
③ 郑杭生:《农民市民化:当代中国社会学的重要研究主题》,载于《甘肃社会科学》2005 年第 4 期。
④ 赵立新:《城市农民工市民化问题研究》,载于《人口学刊》2006 年第 4 期。

行为方式和价值观念。①

二是关于农民工市民化的现状研究创新。现有研究普遍表明，农民工还没有顺利实现市民化，他们的城市适应水平较低，是一种"半城市化"和"虚城市化"，其在城市社会中普遍处于边缘化或底层地位。② 如有学者研究发现，农民工在城市社会分层体系中处于底层地位，二元劳动力市场将大部分农民工排斥在城市社会之外。③ 还有学者认为，绝大多数农民工在城市的边缘和自我空间领域里"沉淀"为"外来边缘人口"，而且这种边缘性还存在代际传递现象。④ 另有学者认为，农民工在城市缺乏市民待遇，导致他们对城市没有认同感和归属感；绝大多数农民工处于"半城市化"状态，并产生了社会隔离和边缘化问题。⑤ 再有学者认为，尽管越来越多的农民工进入城市工作，但事实上，从享受城市文明、满足人的基本生存需求和各种不同层次需求来看，他们不仅缺少制度性接纳，还缺乏城市社会的认同；农民工只是城市边缘群体，他们处于一种"虚城市化"状态，而不是真正的城市化。⑥

三是关于农民工市民化的途径研究创新。我国农村劳动力转移与农民工市民化研究课题组认为，加快农民工市民化，需要推动政策、制度和机制等的改革；加快产业结构调整，推动产业升级换代，通过产业调整吸纳农村剩余劳动力；推动并完善城镇化建设，增强城镇功能，加快我国城镇化的步伐；加快户籍制度和社会保障制度改革；加快土地流转改革步伐，把农民从土地中解

---

① 胡杰成：《农民工市民化问题研究》，载于《兰州学刊》2010 年第 8 期。
② 杨莉芸：《农民工市民化问题研究综述》，载于《经济纵横》2013 年第 5 期。
③ 李强：《户籍分层与农民工的社会地位》，载于《中国党政干部论坛》2002 年第 8 期。
④ 刘传江：《中国农民工市民化研究》，载于《理论月刊》2006 年第 10 期。
⑤ 王春光：《农村流动人口的"半城市化"问题研究》，载于《社会学研究》2006 年第 5 期。
⑥ 陈丰：《从"虚城市化"到市民化：农民工城市化的现实路径》，载于《社会科学》2007 年第 2 期。

放出来。① 有学者认为，为了实现农民工市民化必须要克服制度障碍、思想障碍、组织障碍、农民工自身素质障碍等的制约，通过加快法制进程、强化宏观调控、消除制度阻隔、重视教育培训、倡导人文关怀、参与国际经济竞争等来加快农民工市民化。② 还有学者认为，根据我国国情，农民工市民化要以政府为主导、以市场为导向、以发展城镇化为方向，加快土地、户籍和社会保障制度改革，建立完善统一的劳动力市场，并大力发展第三产业。③ 另有学者基于社会分层理论，认为农民工市民化要根据农民工群体的不同特征渐进、分期、分批加以实现。④ 再有学者认为，为了实现农民工市民化应在六个方面下功夫，即，建立城乡统一的户籍管理制度；保障农民工基本劳动权益，缩小其与城市市民的差异；建立和完善农民工社会保障制度；创新有利于农民工市民化的社会管理制度；建立形式多样的廉租房制度；将农民工真正纳入城市的社会救助体系。⑤ 以及还有学者认为，推进农民工市民化，应当分区域推进户籍制度改革；构建过渡性农民工社会保障制度；把农民工的住房安排纳入城市住房制度；建立城镇和工业征用农地与农民工转为市民的指标挂钩制度；为退出土地、举家落户城镇的农户建立专项扶持基金；进一步完善农民工子女教育制度；加强对农民工的职业技能培训。⑥ 国务院发展研究中心课题组认为，推进农民工市民化的整体性政策框架与思路包括：促进农民工在城镇稳定就业，合理稳定提高农民工工

---

① 我国农村劳动力转移与农民市民化研究课题组：《农民市民化的趋势与国内相关理论学派的主张》，载于《经济研究参考》2003 年第 5 期。
② 何晓红：《农民工市民化的对策探析》，载于《前沿》2005 年第 11 期。
③ 朱信凯：《农民市民化的国际经验及对我国农民工问题的启示》，载于《农业经济导刊》2005 年第 5 期。
④ 谢建社：《农民工分层：中国城市化思考》，载于《广州大学学报》（社会科学版）2006 年第 10 期。
⑤ 林永博：《关于推进农民工市民化的几点思考》，载于《福建论坛》（人文社会科学版）2009 年第 3 期。
⑥ 欧阳慧：《"十二五"时期推进农民工市民化的思路建议》，载于《宏观经济管理》2010 年第 5 期。

资水平；健全覆盖农民工的公共服务体系；建立覆盖农民工的住房保障体系；建立覆盖农民工的社会保障体系，提高其参保比例和保障水平；推进农民工行使民主权利；完善农民工市民化过程中土地权利的实现机制，保护农民工的土地权益；以城市群为主体，增加城镇对农民工的吸纳和服务能力；建立福利和户籍合一的社会管理制度。①

---

① 国务院发展研究中心课题组：《农民工市民化进程的总体态势与战略取向》，载于《改革》2011年第5期。

结 语

农村劳动力转移与农民工市民化的中国道路

虽然农村劳动力转移与农民工市民化的中国道路不平坦，整个过程充满了荆棘，但我们对其未来走向充满信心，原因在于两个方面。一方面是中国农村劳动力转移与农民工市民化自身所处背景和客观环境变化趋势都更加有利于其自身的发展；另一方面是中国农村劳动力转移与农民工市民化本身的未来发展趋势也是可以预见的和具有规律性的，这就为我们研判其走向并制定相应的政策奠定了基础。

一、中国特色的农村劳动力转移与农民工市民化发展的有利条件

中国特色的农村劳动力转移与农民工市民化发展的有利条件，不仅仅体现为既有的生产力发展水平和生产关系基础，还体现为未来农村劳动力转移与农民工市民化发展所处的背景和趋势，即工业化和城镇化不可逆转的大背景、劳动力市场供求的新变化和配套制度改革带来的新机遇。

（一）快速发展的工业化和城镇化，为农民工就业提供了广阔的发展空间

城镇化是扩大内需促进消费的最大潜力所在，一方面，城镇化将产生巨大的城镇投资，带动基础设施和第二、第三产业发展；另一方面，城镇化和工业化提供了大量就业机会，吸引着农村人口涌入城镇，带来消费需求的大幅增加，将为服务业提供更大的发展空间。"十二五"期间，我国仍处于城镇化和工业化快速发展的阶段，服务业增加值年均增长7.5%左右，服务业从业人员年均增长4%以上，至2015年服务贸易要达到7 000亿美元，经济增速至少可以保持在7%以上，农民工就业和市民化空间巨大。

（二）劳动力市场供求新变化和国民收入倍增计划，为农民工提高工资收入创造了条件

进入21世纪，我国劳动力供求关系发生变化，总体上处于"总量过剩，结构性短缺"的阶段。"十二五"期间，我国外出农民工的数量大致年均增长500万人，远远低于20世纪90年代的增长水平。"十三五"时期，"招工难"和用工成本上升将成为常态发展。党的十八大报告指出，到2020年国内生产总值和城乡居民收入比2010年翻一番，实施"国民收入倍增计划"，这意味着今后每年城乡居民收入的实际增长速度需要达6.5%以上。如果新型城镇化战略和国民收入倍增计划能得到有效实施，将会提供更多的就业机会，显著提高劳动力的工资和报酬。城市服务产业也是培育中产阶级最重要的产业载体，农民工在这一产业群体人数最多，其工资收入在初次分配中的比重会有更多的提升空间。

(三)户籍制度改革和公共服务均等化建设,农民工市民化面临新的机遇

21世纪以来,针对农民工以户籍制度为基础的不合理的歧视性制度逐步被取消,2006年《关于解决农民工问题的若干意见》提出要从统筹城乡发展的战略高度,解决农民工问题。2010年中央一号文件首次将解决新生代农民工问题纳入国家议程。2014年相关文件进一步提出加快户籍制度改革,有序推进城镇基本公共服务常住人口全覆盖。农民工市民化将是未来推进新型城镇化建设的突破口,其核心是实现进城农民工获得与城市居民同样的公共服务、社会保障和平等权利,实现向市民的真正转变。

二、中国农村劳动力转移与农民工市民化的未来趋势

未来中国农村劳动力转移与农民工市民化有可能存在三种趋势,即"主体觉醒"趋势、差异化趋势和回流性趋势。

(一)"主体觉醒"趋势

所谓农民工市民化的"主体觉醒"趋势,就是农民工个体成为市民化的主体,强调农民工个体对行为决策与社会环境的自主选择与理性行动。得益于现代性特质的支撑,"主体觉醒"趋势更多指向新生代农民工,他们"通过职场、社会交往、生活方式与社会认同的主动选择,建构性地完成自身的城市适应"。相对于前两代农民工更多被动依赖政府层面的制度设计与制度安排,新生代农民工则企图激发自身的潜力,通过解构旧我和重构新我的能动实践完成市民化的目标。

新生代农民工市民化进程中的自主性人格，往往通过"主体觉醒"的三个构成要素表达出来并最终完成既定的任务。（1）行动意识。新生代农民工与城市的联系越来越紧密，同时对城市的依赖性也越来越强，有着强烈的市民化愿望和改变现状的自觉性，迫使他们采取更加积极的主动行为。（2）行动能力。新生代农民工文化综合素质普遍较高，具备对周遭发展环境与自身发展潜能进行理性分析的基本能力，市民化行动显得更加切合实际、更具有计划性。（3）行动方向。新生代农民工有别于前辈，他们已不仅仅把务工当作谋生的手段，更视为寻求美好发展前途、实现个人理想价值、追求社会地位全面提升的契机，这个行动方向与国家的政策导向是完全相合的。

"主体觉醒"趋势强调新生代农民工的自主行为与主观努力，主要表现为提高自身素质、扩大社群关系、捍卫正当利益等方面，有着鲜明的积极向上的特点。

一是提高自身素质。新生代农民工的文化综合素质相对于前辈较高，但相对于市民却又普遍偏低，迫使他们看重人力资本积累的作用。学习普通话和当地方言、参与多种渠道的职业技能培训、获取执业资格证书、积累工作经验等，都是他们弥补自身素质"天然劣势"的自觉行为。通过持续努力，新生代农民工的文化知识水平、职业技能水平普遍得以提高，谋生能力进一步增强。更为重要的是，新生代农民工对新生事物的接受性尤其是对异己事物的宽容性增强，独立自主、积极进取、迎接开放、乐观宽容、顺应现实、平等待人等方面的意识也随之增强。

二是扩大社群关系。调查显示，农民工流动特别是初次外出所依靠的社会资源主要不是政府扶持和市场选择，而是乡土社会网络，即亲朋好友的介绍和引见。这种"城市版"差序格局容易在城市形成"二元社区"，从而严重阻碍市民化进程。新生代农民工已经感觉到这种狭隘的社会网络给自身发展带来的束缚，积极建构次级社会关系网络，改变人际关系网络的同质化倾向，提高自组织化程度和合作意识，建立起超越地缘和血缘限制的各种新型的社会关系，从"熟人社会"走向"陌生人社会"。其行动策略包括：人情投资（拜访、宴请、赠礼）、关系移植、扩大社交范围、加入相关群体组织（正式与非正式）等。

三是捍卫正当权益。面对利益侵害，新生代农民工越来越多地选择了通过抗争行动这个"弱者的武器"来维护自己的合法权益。虽然其中不乏"富士康式"极端的抗争形式，但频繁出现的新生代农民工抗争事件，无疑展现了他们具有较强的自我保护意识和维权意识。由于自身条件的限制，大多数新生代农民工的抗争形势依然是偷懒怠工、集体罢工、辞职跳槽等"非合作"方式。当利益受到较大损害时，相当多的新生代农民工也不畏惧，通过法律途径捍卫自己的正当权益。在新的历史条件下，准确把握新生代农民工的利益诉求，探索实现新生代农民工利益诉求的有效机制，是"主体觉醒"的内在要求。

（二）差异化趋势

经过三十多年的发展演变，农民工的内部分层差距俨然超出了同时期的社会贫富差距，新生代农民工的内部结构分层也由之成为有史以来差距最大的分层。在这种情况下，新生代农民工市民化的差异化趋势得以不断强化。无论是国家对农民工重点扶持对象的确定，还是"主体觉醒"能力的考量，都需要按照差异化趋势进行甄别。特别是在国家下决心在未来若干年内让1亿符合条件的农业转移人口转为城镇居民的新形势下，差异化趋势更加强化。新生代农民工差异化不断强化的诱因，从根本上说还是来源于内部分层的加剧。而内部分层加剧的原因，则具体归纳为主客观两个方面的差异。

1. 先赋差异。

虽然同为农民工身份，彼此所拥有的先赋条件却有着天壤之别。(1) 成长环境。有些新生代农民工长期生活在农村,甚至曾是留守儿童;有些则随父母在城市长大,甚至与城市同龄儿童共同成长。不同的成长环境,使得他们的思维视野、知识阅历、行为能力呈现出某些差异,并可能成为市民化的影响因子。(2) 家庭环境。在新生代农民工当中,虽然富二代的比例并不太高,但彼此在收入高低、父母婚姻、打工经历等家庭环境方面的差异却是显而易见的。(3) 人际环境。能人带动、亲缘资源、区域优势,这些有利的人际环境通常是可遇而不可求的。发展起点的差异虽然不是发展结局的决定因素,往往却与结局正相关。

2. 能力差异。

新生代农民工城市适应并非仅仅是地域方面的适应,也是价值观念、生活方式和心理认知等方面的适应,是经济活动与社会、制度和文化等的相互嵌入。这里所说的能力,正是与此要求相对应的广义能力,包括知识积累、行为与思维能力、道德品性、心理素质等方面。从某种意义上说,抓住机遇也是能力的一种表现。由于能力的差异,新生代农民工在谋生手段获取、生活方式转变、适应城市生活结构、社会行动自我调整等方面都存在着较大差异,直接影响着市民化的进程。

新生代农民工市民化的差异化,依据结构层次分为三个方面。第一,"率先式"。新生代农民工当中的先富者进一步提高自身文化综合素质,逐步融入城市,率先实现市民化。第二,"带动式"。在共同富裕的过程中,具备条件的新生代农民工在先富者的示范带动下,不断增强自己的城市适应性,最终实现市民化。第三,"扶持式"。那些新生代农民工当中的弱势群体,通过国家、社会以及其他外界因素的扶持帮助,得以在城市生存立足,以期实现市民化。

(三) 回流性趋势

"回流式"市民化是一种主动建构型的城市融入，是新生代农民工对自身所拥有的市民化能力、所处的境遇和客观条件、所确定的未来发展期望进行不断反思调节的能动选择的结果。其实，新生代农民工的选择空间是非常狭小的，重归乡村的路已然被堵死，要么漂泊在大城市等待时机；要么回流到中小城市量身打造。一个不容回避的现实是，许多新生代农民工从一开始就选择中小城市实现市民化，或者只把大城市的先期经历当作必要的历练和经验积累，最终还是要回流到中小城市。作为能动的自主探索主体，新生代农民工本着利益最大化的原则选择"回流式"路径。

"回流式"路径绝不是逃离大城市。新生代农民工选择离开大城市迁移到中小城市，并不是在竞争面前胆怯退缩，而是在更高的层次上重新选择适合自己的市民化路径，以便更好地融入城市。如果纯粹以谋生为目的或以失败者的身份从大城市迁到中小城市，这属于传统的漂泊，并不是真正意义上的"回流式"路径。所以，"回流式"路径的根本特点是谋求"定居"，必须以相对稳定或具有发展潜能的职业岗位作为支撑，以便完成"农民→农民工→市民"的市民化进程。

因此，本质上说，回流也是一种市民化，不过不再是农村劳动力大范围和大幅度的转移，取而代之的是就地市民化。其实现条件在于：一是县城等中小城市房价便宜，在农民工的工资不断提高的情况下，农民工可以负担县城等中小城市的房价。二是中小城市生活便利，具有规模效应。城市过大会带来污染、贫民窟、犯罪现象增加等大城市病，而像乡镇等城镇则市场过小，难以发挥城市的规模效应、聚集效应。三是全国有2 000多个县，促进县城的发展有利于缩小东西地区之间差距，促进"经济的全国化"。四是一些中西部地区的县城近年来通过招商引资等，利用人力资本、土地价格成本等优势，发展起了一些劳动力密集型的产业。五是县城具有便利的公共服务设施，可以满足城市生活的基本需求。县城具有教育、医疗、文化、科技等方面的有利条件，可以解决农民工的子女教育、住房、医疗等基本需求。因此，促进县城为主的中小城市发展，是解决中国农民工市民化的适宜选择。

参 考 文 献

1. 蔡昉、都阳、王美艳：《劳动力流动的政治经济学》，上海人民出版社 2003 年版。
2. 常凯：《劳动关系·劳动者·劳权——当代中国的劳动问题》，中国劳动出版社 1995 年版。
3. 戴勒·米维等：《布莱克维尔政治学百科全书》，中国政法大学出版社 1992 年版。
4. 单菁菁：《中国农民工市民化研究》，社会科学文献出版社 2012 年版。
5. 胡杰成：《农民工市民化研究》，知识产权出版社 2012 年版。
6. 黄宁阳：《中国新时期农村劳动力转移研究》，科学出版社 2012 年版。
7. 李竞能：《现代西方人口理论》，复旦大学出版社 2004 年版。
8. 李君如：《协商民主在中国》，人民出版社 2014 年版。
9. 陆学艺：《当代中国社会阶层研究报告》，社会科学文献出版社 2002 年版。
10. 路德维希·维特根斯坦著，贺绍甲译：《逻辑哲学论》，商务印书馆 1996 年版。
11. 钱宁：《社会正义、公民权利和集体主义》，江苏人民出版社 2007 年版。
12. 孙立平：《断裂》，社会科学文献出版社 2003 年版。
13. 王竹林：《城市化进程中农民工市民化研究》，中国社会科学出版社 2009 年版。

14. 吴忠民：《社会公正论》，山东人民出版社 2004 年版。

15. 亚诺什·科尔内著，张晓光、李振宁、黄卫平等译：《短缺经济学》，经济科学出版社 1986 年版。

16. 张国胜：《中国农民工市民化：社会成本视角的研究》，人民出版社 2008 年版。

17. 国家卫生和计划生育委员会流动人口司：《中国流动人口发展报告 2016》，中国人口出版社 2017 年版。

18. 国务院发展研究中心课题组：《农民工市民化——制度创新与顶层政策设计》，中国发展出版社 2011 年版。

19. 《中共中央关于全面深化改革若干重大问题的决定》，人民出版社 2013 年版。

20. 安虎森：《增长极理论评述》，载于《南开经济研究》1997 年第 1 期。

21. 包小忠：《刘易斯模型与"民工荒"》，载于《经济学家》2005 年第 4 期。

22. 蔡昉：《"民工荒"现象：成因及政策涵义分析》，载于《开放导报》2010 年第 2 期。

23. 蔡昉：《农民工市民化与新消费者的成长》，载于《中国社会科学院研究生院学报》2011 年第 3 期。

24. 陈秉公、颜明权：《马克思主义公正观与农民工在市民化过程中社会公正的实现》，载于《政治学研究》2007 年第 3 期。

25. 陈丰：《城市化进程中的流动人口管理模式研究》，载于《求实》2008 年第 12 期。

26. 陈丰：《从"虚城市化"到市民化：农民工城市化的现实路径》，载于《社会科学》2007 年第 2 期。

27. 陈鹏：《公民权社会学的先声》，载于《社会学研究》2008 年第 4 期。

28. 陈怡男、刘鸿渊：《农民工市民化公共属性与制度供给困境研究》，载于《经济体制改革》2013 年第 4 期。

29. 陈元刚、李雪：《我国基本养老保险统筹层次的现状和抉择分析》，载于《重庆理工大学学报》（社会科学版）2011年第6期。

30. 崔传义：《进入新阶段的农村劳动力转移》，载于《中国农村经济》2007年第6期。

31. 崔传义：《农业富余劳动力转移与城乡居民收入差距变动——基于中国改革以来的情况分析》，载于《农村经济》2010年第9期。

32. 崔传义：《为什么要加强农村劳动力转移培训》，载于《人民日报》2006年9月1日第9版。

33. 崔岩：《流动人口心理层面的社会融入和身份认同问题研究》，载于《社会学研究》2012年第5期。

34. 戴建中：《加快北京新经济组织与新社会组织的培育与发展》，载于《北京社会科学》2009年第4期。

35. 单菁菁：《农民工市民化的成本及其分担机制研究》，载于《学海》2015年第1期。

36. 丁萌萌、徐滇庆：《城镇化进程中农民工市民化的成本测算》，载于《经济学动态》2014年第2期。

37. 董楠、李莉莉：《从"民工潮"和"民工荒"看中国农村劳动力的转变》，载于《法制与社会》2006年第9期。

38. 董延芳、刘传江：《农民工市民化中的被边缘化与自边缘化：以湖北省为例》，载于《武汉大学学报》（哲学社会科学版）2012年第1期。

39. 杜旻：《我国流动人口的变化趋势、社会融合及其管理体制创新》，载于《改革》2013年第8期。

40. 杜宇：《城镇化进程与农民工市民化成本核算》，载于《中国劳动关系学院学报》2013年第6期。

41. 冯俏彬：《构建农民工市民化成本的合理分担机制》，载于《中国财政》2013年第13期。

42. 冯俏彬：《农民工市民化的成本估算、分摊与筹措》，载于《经济研究参考》2014年第8期。

43. 冯婷：《基本养老保险全国统筹的可行性分析及路径选择》，载于《华商》2008年第7期。

44. 傅崇辉：《流动人口管理模式的回顾与思考——以深圳市为例》，载于《中国人口科学》2008年第5期。

45. 高峰：《苏南地区外来农民工市民化长效机制的构建》，载于《城市发展研究》2006年第4期。

46. 高国力：《区域经济发展与劳动力迁移》，载于《南开经济研究》1995年第2期。

47. 高君：《推进我国农民工社会保障与市民化制度创新问题研究》，载于《城市发展研究》2009年第1期。

48. 高拓、王玲杰：《构建农民工市民化成本分担机制的思考》，载于《中州学刊》2013年第5期。

49. 贡森：《加快建立农村社会保障制度，实现城乡共赢》，载于《决策咨询通讯》2007年第6期。

50. 郭建玉：《农民工市民化的新思路——对中山市流动人口积分制管理的解读》，载于《江西农业大学学报》（社会科学版）2010年第3期。

51. 郭熙保：《发展中国家人口流动理论比较分析》，载于《世界经济》1989年第12期。

52. 郭熙保、黄灿：《刘易斯模型、劳动力异质性与我国农村劳动力选择性转移》，载于《河南社会科学》2010年第2期。

53. 郭夏娟、吴理俊：《城市社区治理中的道德调控——来自杭州市德加社区的实践》，载于《浙江社会科学》2005年第5期。

54. 郭秀云：《流动人口市民化的政策路径探析——基于城市人口管理创新视角》，载于《中州学刊》2008年第4期。

55. 韩俊：《农民工市民化与公共服务制度创新》，载于

《行政管理改革》2012年第11期。

56. 韩俊强：《农民工房与城市融合——来自武汉市的调查》，载于《中国人口科学》2013年第2期。

57. 何晓红：《农民工市民化的对策探析》，载于《前沿》2005年第11期。

58. 何晓红：《农民工市民化的战略地位探析》，载于《红河学院学报》2006年第3期。

59. 胡桂兰、邓朝晖、蒋雪清：《农民工市民化成本效益分析》，载于《农业经济问题》2013年第5期。

60. 胡杰成：《国家、市场与农民工的互构：农民工权益保障的内在逻辑》，载于《经济研究导刊》2012年第21期。

61. 胡杰成：《农民工市民化问题研究》，载于《兰州学刊》2010年第8期。

62. 胡秋阳：《农民工市民化对地方经济的影响——基于浙江CGE模型的模拟分析》，载于《管理世界》2012年第3期。

63. 胡拥军、高庆鹏：《处理好农民工市民化成本分摊的五大关系》，载于《中国发展观察》2014年第6期。

64. 胡拥军：《构建农民工市民化的合理成本分担机制》，载于《学习时报》2017年1月16日。

65. 黄佳豪：《社会排斥视角下新生代农民工市民化问题研究》，载于《中国特色社会主义制度研究》2013年第3期。

66. 黄锟：《城乡二元制度对农民工市民化进程的影响与制度创新》，载于《经济研究参考》2014年第8期。

67. 黄锟：《城乡二元制度对农民工市民化影响的理论分析》，载于《决策参考》2011年第22期。

68. 黄锟：《城乡二元制度对农民工市民化影响的实证分析》，载于《中国人口·资源与环境》2011年第3期。

69. 黄锟：《农村土地制度对新生代农民工市民化的影响与制度创新》，载于《农业现代化研究》2011年第2期。

70. 黄秀玲：《基于人的城镇化视角下新生代农民工政治参与路径探讨》，载于《福建农林大学学报》（社会科学版）2015年第18期。

71. 黄卓宁：《农民工住房来源及住房水平的实证研究》，载于《珠江经济》2007年第9期。

72. 江小容：《新生代农民工市民化问题研究》，载于《河南社会科学》2011年第3期。

73. 姜玉婷：《中国农民工市民化途径探析》，载于《新学术》2007年第4期。

74. 金萍：《论新生代农民工市民化的住房保障》，载于《社会主义研究》2012年第4期。

75. 金三林：《解决农民工住房问题的总体思路和政策框架》，载于《开放导报》2010年第3期。

76. 冷向明、赵德兴：《中国农民工市民化的阶段特性与政策转型研究》，载于《政治学研究》2013年第1期。

77. 黎民、杨惠：《民工潮、民工荒与中国农村劳动力的战略转移》，载于《社会科学战线》2006年第3期。

78. 李奋生、梁舒禹：《城乡二元结构对农民工的影响及对策探析》，载于《特区经济》2007年第11期。

79. 李俊：《工业化与城市化的变奏曲：我国人口流动历史考察》，载于《理论月刊》2012年第2期。

80. 李乐军：《非均衡政治对农民工市民化的影响与对策》，载于《改革与开放》2016年第23期。

81. 李丽纯、李灿：《关于当前我国二元经济结构转型困境的几个理论问题分析》，载于《湖南省社会主义学院学报》2004年第3期。

82. 李强：《户籍分层与农民工的社会地位》，载于《中国党政干部论坛》2002年第8期。

83. 李小敏、涂建军、付正义、贾林瑞、哈琳：《我国农民工市民化成本的地域差异》，载于《经济地理》2016年第4期。

84. 李新磊、张荣：《基于实证分析的新生代农民工市民化与经济增长关系探讨》，载于《中国管理信息化》2015年2月。

85. 李迎生、袁小平：《新型城镇化进程中社会保障制度的因应——以农民工为例》，载于《社会科学》2013年第11期。

86. 厉以宁：《论城乡二元体制改革》，载于《北京大学学报》（哲学社会科学版）2008年第3期。

87. 廖艺萍：《农民工政治参与的边缘化：基于和谐社会视角的分析》，载于《中共四川省委党校学报》2005年第4期。

88. 林娣：《新生代农民工市民化的社会资本困境与出路》，载于《社会科学战线》2014年第6期。

89. 林永博：《关于推进农民工市民化的几点思考》，载于《福建论坛》（人文社会科学版）2009年第3期。

90. 刘传江：《城乡统筹发展视角下的农民市民化》，载于《人口研究》2005年第4期。

91. 刘传江、程建林：《第二代农民工市民化：现状分析与进程测度》，载于《人口研究》2008年第5期。

92. 刘传江、程建林：《双重"户籍墙"对农民工市民化的影响》，载于《经济学家》2009年第10期。

93. 刘传江：《中国农民工市民化研究》，载于《理论月刊》2006年第10期。

94. 刘豪兴：《"民工潮"的发展趋势初探》，载于《复旦学报》（社会科学版）1995年第3期。

95. 刘洪玲：《困境与出路：新时期农民工政治参与探微》，载于《安徽农业大学学报》（社会科学版）2011年第2期。

96. 刘林平、雍昕、舒玢玢：《劳动权益的地区差异——基于对珠三角和长三角地区外来工的问卷调查》，载于《中国社会科学》2011年第2期。

97. 刘小年：《农民工市民化与户籍改革：对广东积分入户

政策的分析》,载于《农业经济问题》2011年第3期。

98. 刘晓宇、张林秀:《农村土地产权稳定性与劳动力转移关系分析》,载于《中国农村经济》2008年第2期。

99. 鲁燕、于素秋:《中国农业剩余劳动力转移问题研究》,载于《人口学刊》2006年第1期。

100. 吕惠琴:《农民工劳动权益救济方式选择意愿调查》,载于《国家行政学院学报》2015年第5期。

101. 侣传振:《市民化进程中农民工政治认同方式的实证研究——基于C市农民工的调查与分析》,载于《中共南京市委党校学报》2009年第6期。

102. 罗锋、黄丽:《人力资本因素对新生代农民工非农收入水平的影响——来自珠江三角洲的经验证据》,载于《中国农村观察》2011年第1期。

103. 罗卫国:《创新流动人口区域化管理、推动流动人口均等化服务》,载于《人口与计划生育》2014年第9期。

104. 罗忠勇:《农民工劳动权益的性别差异研究——基于珠三角3 000多位农民工的调查》,载于《中国软科学》2010年第2期。

105. 马侠:《人口迁移的理论和模式》,载于《人口与经济》1992年第3期。

106. 马颖:《地区收入差距、剩余劳动力流动与中西部城镇化战略》,载于《福建论坛》2007年第3期。

107. 欧阳慧:《"十二五"时期推进农民工市民化的思路建议》,载于《宏观经济管理》2010年第5期。

108. 彭华民:《社会福利理论中的制度研究与制度主义的发展》,中国社会学网,2010年8月。

109. 彭宜钟:《产业结构理论综述》,载于《产业经济》2010年第12期。

110. 钱正武、李艳:《社会公正:农民工市民化的理念支撑》,载于《长白学刊》2011年第2期。

111. 申兵:《"十二五"时期农民工市民化成本测算及其分担机制构建——以跨省农民工集中流入地区宁波市为案例》,载于《城市发展研究》2012年第1期。

112. 宋晶:《从民工潮到民工荒:基于劳动力市场管制视角的分析》,载于《财经问题研究》2005年第10期。

113. 苏熠慧:《城市化进程中国家与流动人口的关系——以深圳市流动人口管理模式的变迁为例》,载于《甘肃行政学院学报》2011年第2期。

114. 粟娟、孔祥利:《中国农民工消费结构特征及市民化趋势分析——基于全国28省1294份有效样本数据检验》,载于《统计与信息论坛》2012年第12期。

115. 孙立平等:《中等收入陷阱还是转型陷阱?》,载于《开放时代》2012年第3期。

116. 孙中伟:《从"个体赋权"迈向"集体赋权"与"个体赋能":21世纪以来中国农民工劳动权益保护路径反思》,载于《华东理工大学学报》(社会科学版)2013年第2期。

117. 孙中伟、贺霞旭:《工会建设与外来工劳动权益保护——兼论一种"稻草人机制"》,载于《管理世界》2012年第12期。

118. 万向东、刘林平、张永宏:《工资福利、权益保障与外部环境——珠三角与长三角外来工的比较研究》,载于《管理世界》2006年第6期。

119. 王春光:《农村流动人口的"半城市化"问题研究》,载于《社会学研究》2006年第5期。

120. 王恒彦:《刘易斯模型及相关争论的评析》,载于《技术经济》2007年第9期。

121. 王金红、黄振辉:《制度供给与行为选择的背离:珠江三角洲地区农民工利益表达行为的实证分析》,载于《开放时代》2008年第3期。

122. 王进孝:《关于城市流动人口服务与管理信息化建设的

思考》，载于《电子政务》2011年第4期。

123．王凯、侯爱敏、翟青：《城市农民工住房问题的研究综述》，载于《城市发展研究》2010年第1期。

124．王美艳：《城市劳动力市场上的就业机会与工资差异——外来劳动力就业与报酬研究》，载于《中国社会科学》2005年第5期。

125．王萌：《收入状况、消费行为与新生代农民工市民化——基于河南省十八地市的实证分析》，载于《中国青年研究》2014年第9期。

126．王小刚、鲁荣东：《库兹涅茨产业结构理论的缺陷与工业化发展阶段的判断》，载于《经济体制改革》2012年第3期。

127．王兴周、张文宏：《城市性：农民工市民化的新方向》，载于《社会科学战线》2008年第12期。

128．王一：《农民工市民化的政策支持研究》，载于《改革与开放》2011年第2期。

129．王玉峰：《新生代农民工市民化的现实困境与政策分析》，载于《江淮论坛》2015年第2期。

130．王竹林、吕俊涛：《农民工市民化政策演进的实质和路径选择》，载于《农业经济与管理》2014年第4期。

131．王竹林：《农民工市民化的行为因素分析》，载于《西北工业大学学报》2007年第2期。

132．王竹林、王征兵：《农民工市民化的制度阐释》，载于《商业研究》2008年第2期。

133．吴琦、肖皓、赖明勇：《农民工市民化的红利效应与中国经济增长的可持续性——基于动态CGE的模拟分析》，载于《财经研究》2015年第4期。

134．夏建中、张菊枝：《我国社会组织的现状与未来发展方向》，载于《湖南师范大学社会科学学报》2014年第43卷第1期。

135．夏丽霞、高君：《新生代农民工进城就业问题与市民化的制度创新》，载于《农业现代化研究》2011年第1期。

136. 谢建社：《农民工分层：中国城市化思考》，载于《广州大学学报》（社会科学版）2006年第10期。

137. 谢勇：《农民工劳动权益影响因素的实证研究——以南京市为例》，载于《中国人口科学》2008年第4期。

138. 徐建玲、刘传江：《中间选民理论在农民工市民化政策制定中的运用——基于武汉市436位农民工的实证研究》，载于《管理世界》2007年第4期。

139. 许抄军、陈四辉、王亚新：《非正式制度视角的农民工市民化意愿及障碍——以湛江市为例》，载于《经济地理》2015年第12期。

140. 闫海涛、杜秀娟：《乡镇企业的崛起及发展历程》，载于《社会科学辑刊》2003年第2期。

141. 严善平：《地区人口流动的年龄模型及选择》，载于《中国人口科学》2004年第3期。

142. 颜明权：《农民工市民化过程中社会公正诉求与政府职责界定》，载于《长春市委党校学报》2007年第2期。

143. 杨莉芸：《农民工市民化问题研究综述》，载于《经济纵横》2013年第5期。

144. 杨世箐、陈怡男：《农民工市民化成本分担的现实困境及对策分析》，载于《湖南社会科学》2015年第5期。

145. 张斐：《新生代农民工市民化现状及影响因素分析》，载于《人口研究》2011年第6期。

146. 张国胜、陈瑛：《社会成本、分摊机制与我国农民工市民化——基于政治经济学的分析框架》，载于《经济学家》2013年第1期。

147. 张国胜：《基于社会成本考虑的农民工市民化：一个转轨中发展大国的视角与政策选择》，载于《中国软科学》2009年第4期。

148. 张继良、马洪福：《江苏外来农民工市民化成本测算及分摊》，载于《中国农村观察》2015 年第 2 期。

149. 张丽艳、陈余婷：《新生代农民工市民化意愿的影响因素分析——基于广东省三市的调查》，载于《西北人口》2012 年第 4 期。

150. 张晓辉、陈良彪：《农村劳动力跨区域流动中性别因素的影响》，载于《新观察》1999 年第 3 期。

151. 张晓青：《国际人口迁移理论述评》，载于《人口学刊》2001 年第 3 期。

152. 张忠法：《国内外有关劳动力就业结构转换和劳动力市场的几个理论问题》，载于《经济研究参考》2001 年第 3 期。

153. 赵德余：《广东积分落户管理政策的经验及其对上海的启示》，载于《科学发展》2013 年第 8 期。

154. 赵立新：《城市农民工市民化问题研究》，载于《人口学刊》2006 年第 4 期。

155. 赵立新：《社会资本与农民工市民化》，载于《社会主义研究》2006 年第 4 期。

156. 赵敏：《国际人口迁移理论评述》，载于《上海社会科学院学术季刊》1997 年第 4 期。

157. 赵树凯：《劳动力流动：出村和进村——15 省 28 村劳动力流动调查的初步分析》，载于《中国农村观察》1995 年第 4 期。

158. 赵耀辉：《中国劳动力流动及教育在其中的作用》，载于《经济研究》1997 年第 2 期。

159. 郑杭生：《农民市民化：当代中国社会学的重要研究主题》，载于《甘肃社会科学》2005 年第 4 期。

160. 钟德友、陈银容：《破解农民工市民化障碍的制度创新——以重庆为例证的分析》，载于《农村经济》2012 年第 1 期。

161. 钟水映、李魁：《农民工"半市民化"与"后市民化"衔接机制研究》，载于《中国农业大学学报》（社会科学版）

2007年第3期。

162. 朱农:《论收入差距对中国城乡迁移决策的影响》,载于《人口与经济》2002年第5期。

163. 朱信凯:《农民市民化的国际经验及对我国农民工问题的启示》,载于《农业经济导刊》2005年第5期。

164. 邹晓涓:《1978年以来中国乡镇企业发展的历程回顾与现状解析》,载于《石家庄经济学院学报》2011年第2期。

165. 国务院发展研究中心课题组:《农民工市民化对扩大内需和经济增长的影响》,载于《经济研究》2010年第6期。

166. 国务院发展研究中心课题组:《农民工市民化进程的总体态势与战略取向》,载于《改革》2011年第5期。

167. "我国农村劳动力转移与农民市民化研究"课题组:《农民市民化的趋势与国内相关理论学派的主张》,载于《经济研究参考》2003年第5期。

168. "中国农村劳动力流动"课题组:《农村劳动力外出就业决策的多因素分析模型》,载于《社会学研究》1997年第1期。

169. Atkinson A B, "The Economic Consequences of Rolling Back the Welfare State", MIT Press, 1999.

170. Du Yang, Alberk Park and Wang Sangui, "Is Migration Helping China's Poor?", Paper prepared for the Conference on Poverty, Inequality, Labour Market and Welfare Reforming China Australia National University, August 25 – 27, 2004.

171. Esping – Andersen G, "After the Golden Age? Welfare State Dilemmas in a Global Economy", in Welfare States in Transition: National Adaptations in Global Economies, ed. Gøsta Esping – Andersen, Sage, 1996.

172. Fleckenstein T, Saunders A M and Seeleib – Kaiser M, "The Dual Transformation of Social Protection and Human Capital:

Comparing Britain and Germany", *Comparative Political Studies*, 2001, 44 (12): 1622 - 1650.

173. Hall P A and Soskice D. eds, "Varieties of Capitalism: The Institutional Foundations of Comparative Advantage", Oxford University Press, 2001.

174. Hall P, "Policy Paradigms, Social Learning and the State: The Case of Economic Policy Making in Britain," *Comparative Politics*, 1993, 25 (3): 275 - 294.

175. Marshall T H, "Citizenship and Social Class". Pierson, C and Castles, F. G. (eds.), "The Welfare State Reader", Polity Press, 2000.

176. North D C and Thomas R P, "The Rise of the Western World: A New Economic History", Cambridge University Press, 1973.

177. Palier B, "From Frozen Landscape to Structural Reforms, How did the Bismarckian Welfare Systems Change?", Keynote Speteh at the Social Policy Association, 2009.

178. Pierson, P, "Coping with Permanent Austerity: Welfare State Restructuring in Affluent Democracies", in Pierson, P. (ed.). The New Politics of the Welfare State, Oxford University Press, 2001.

179. Pierson P, "Increasing returns, path dependence and the study of politics", *American Political Science Review*, 2000, 94 (2): 251 - 267.

180. Schultz, T W, "Investment in Human Capital", *The American Economic Review*, 1961, 51 (1): 1 - 17.

181. Scruggs L A, "Database: Comparative Welfare Entitlements Data Set 1960 - 2002", Storrs, CT: University of Conneticut, Department of Political Science, 2004.

182. Shi, Xinzheng, Terry Sicular, and Zhao Yaohui, "Ana-

lyzing Urban Rural Income Inequality in China", Paper presented at International Symposium on Equity and Social Justice in Transitional China, Beijing, 2002.

183. Skocpol T and Amenta E, "States and Social Policies", *Annual Review of Sociology*, 1986, 12 (1): 131-157.

184. Skocpol T, "Bringing the State Back In: Strategies of Analysis in Current Research", in Bringing the State Back in, ed. Peter B. Evans, Dietrich Rueschemeyer, and Theda Skocpol, Cambridge University Press, 1985.

185. Streeck W and Thelen K, "Introduction: Institutional Change in Advanced Political Economies", in Wolfgang Streeck and Kathleen Thelen (eds) Beyond Continuity: Institutional Change in Advanced Political Economies, Oxford University Press, 2005.

186. Zhao Yaohui, "Labor Migration and Earnings Differences: The Case of Rural China", *Economic Development and Cultural Change*, 1999, 47 (4): 767-782.